청각장애인을 위한 미술치료

시각적으로 말하기

청각장애인을 위한 미술치료

시각적으로 말하기

Ellen G. Horovitz 편저

최은영 · 정명선 · 박지순 · 이진숙 공역

Visually Speaking
Art Therapy and the Deaf

학지사

Visually Speaking: Art Therapy and the Deaf
by Ellen G. Horovitz

역자의 글

역자들은 장애인의 재활심리 분야에서 다양한 경험을 하면서 청각장애인을 심리적으로 지원하는 미술치료의 유용성을 확신하게 되었다. 수화, 구화 등의 한계 속에서 청각장애인의 심리적 안정과 역량을 증진할 방안에 대해 고심하기도 했다. 청각장애인에 대한 심리적 지원의 중요성을 절실히 느끼던 중 접하게 된 이 책은 청각장애인에 대한 기본 이해를 바탕으로 실제적인 해결방안을 제시해 주는 것 같아 반가운 마음이 들었다.

이 책은 청각장애의 기본 개념 및 심리적 특성 등 전반적인 내용을 담고 있다. 특히 서문에서부터 청각장애를 지닌 사람의 이중문화 등 철학적 사고를 불러일으키는 사색이 담겨 있다. 역자는 청각장애를 가진 부모와 건청 자녀를 대상으로 한 미술치료에서 수화통역사의 역할이 얼마나 중요한지 실제로 경험하였다. 이를 기반으로 이 책이 청각장애인과 작업할 때 그들과 효율적으로 소통하기 위한 수화통역과정 등에서 고려해야 할 사항을 제시하고 있다는 점에서 더 큰 의미가 있다 하겠다. 또한 청각장애인의 건강한 심리적 안녕감, 나아가 더욱 행복한 가족 및 학교생활을 위해 미술치료를 제공할 방법 등에 대해 기술하고 있다.

이 같은 점에서, 우리 역자들은 청각장애인과 미술치료에 관심을 둔 독자에게 보다 구체적인 정보를 제공할 수 있으리라는 믿음을 가지고 이 책을 번역·출간하게 되었다. 이 책이 청각장애인에 대한 인식, 청각장애인을 위한 미술치료 서비스 계획과 효율적인 매체활용 등에 조금이나마 도움이 되기를 바란다.

끝으로 이 책이 세상에 나올 수 있도록 도움을 주신 학지사 김진환 사장님과 편집부 김경민 차장님께 감사드린다. 그리고 역자들의 교정작업 과정에서 많은 도움을 주신 손은경 선생님께도 감사의 마음을 전한다.

2013년 1월
역자 일동

추천의 글 1

미술치료사로서 나의 첫 직무는 '아동기 정신분열증' 진단을 받고 입원한 청소년기 아동과의 작업이었다. 4세의 조니는 자기만의 세계에서 살고 있는 귀여운 소년이었다. 그는 개인 미술 회기를 좋아하였고, 이젤 위에 놓인 커다란 종이에 템페라 물감으로 빠르게 색칠하는 작업에 몰두하였다. 비록 그 과정을 매우 즐기고 있기는 했지만, 그는 단지 좌우로 그리고 위아래로 붓을 움직이면서 이젤의 칸막이마다 모든 붓을 부딪히며 다양한 색깔의 얼룩을 만드는 데만 이상하게 몰두하고 있었다. 이러한 습관은 어떠한 변화도 없이 매주 반복되었고, 나는 그의 강박적인 작업활동에 어떠한 변화를 줄 수 있는지에 대해 고민하기 시작하였다. 어느 날 나는 그의 종이를 수평으로 사용하는 대신에 수직으로 사용할 수 있도록 옆으로 돌려 주었다.

이젤 위에 놓인 종이가 모든 색을 사용할 수 있을 만큼 충분히 넓지 않았기 때문에, 그는 다양한 방식을 시도해야만 했다. 그는 처음으로 붓을 수평, 수직, 대각선의 여러 방향으로 움직여 나가는 모습을 보였다. 곧게 뻗어 나가기만 하던 색깔들은 서로 혼합되기 시작했다. 처음에 색깔은 우연히 혼합되었지만 이후에 조니는 이러한 배색에 흥미를 보였고, 계획적으로 색을 혼합하기 시작했다. 그로 인해 물감 활동은 더 흥미로워졌고, 매력적으로 보였다. 비록 말을 하지는 않았지만, 조니는 활동의 결과에 분명 행복해하였다.

말없이 움츠러드는 철회(withdrawal) 증상으로 정신분열증으로 의심받았던 조니는, 이후 시카고로 이사를 가게 되었고, 그의 부모는 평가를 위해 또 다른 의료센터에 그를 의뢰하였다. (피츠버그 센터의 직원이 곤란했던 것은 물론) 모두를 놀라게 했던 것은 조니에게서 심도 난청이 발견되었다는 사실이었다. 이후 정신병 치료를 하는 것 대신 그는 청각장애 아동으로서의 적절한 치료를 받았고, 다른 사람과 관계를 가질 수 있는 실질적인 요구에 대한 도움을 받을 수 있었다. 1963년에는 이런 비극적인 오진은 흔한 일이었고, 오늘날에도 일어나고 있다.

이 일화는 이제 갓 치료사로서의 일을 시작한 나에게 전문가 의견의 힘과 그로 인한 결과에 의한 기대가 얼마나 대단한 것인지에 대한 교훈을 안겨 주었다. 4년 후 나는 '지체장애아를 위한 집(Home for Crippled Children)'이라는 곳에서 미술 프로그램을 시작하도록 초대받았다. 그곳의 관리자는 나에게 그룹홈 거주자의 약 10%만이 참여할 능력이 있다고 말했지만, 나는 이전의 경험에 따라 가능한 한 그들을 각각 개별적으로 사정하겠다고 제안하였다. 비록 지금은 놀랄 일이 아니지만, 1967년 당시의 직원은 미술이 무언가 창조적인 적응성을 부여하여 누구나 미술에서 무언가를 할 수 있다는 사실에 감탄하는 경우가 많았다.

그중에서도 그곳의 교사와 치료사가 가장 놀라워했던 것은 미술 평가를 통해 많은 아동이 가진 잘 알지 못했던 재주와 잠재력을 찾아냈다는 것이었다. 그중 클레어라는 소녀가 있었다. 10세 때 그녀는 학교와 언어치료 모두를 포기해야만 했고 직원은 그녀가 학습이나 훈련이 어려운 심한 지체 상태에 있다고 확신했다.

클레어의 미술 사정은 치과 방문 직후로 예정되어 있었다. 그녀는 탁자로 가서 마커와 종이를 잡고 그림을 그렸다. 그녀의 그림은 말보다 더 설득력 있게 치과의사의 도구가 함부로 파고드는 느낌, 그녀의 노출되고 상처입기 쉽고 놀란 느낌을 말해 주고 있었다. 치과 의자에 앉아 있는 환자처럼 클레어에게는 아무런 도움도 주어지지 않았지만, 그녀는 스스로 수동적인 자세에서 능동적인 자세로 전환하여 미술을 통해 외상적 사건에 대한 그녀의 감정을 표현하고 그 감정을 다스릴 수 있게 되었다([그림 P-1] 참조).

그녀의 미래와 관련하여, 그림을 통해 알 수 있었던 더 중요한 점은 그것이 클레어의 연령에 적합한 그림으로 그녀의 지능은 다른 이들이 생각하던 것보다 더 높았다는 것이다. 그 결과, 그녀는 교실로 돌아올 수 있었고 언어치료도 받을 수 있게 되었다. 그로 인해 그녀는 교실이나 언어치료실에서 다른 사람과 의사소통을 하기 위해 말하는 책인 '토킹북(talking book)'을 사용하였다([그림 P-2] 참조). [그림 P-2]는 클레어가 그린 것인데, 클레어가 그린 의사, 간호사 그림 위에 교사 · 언어치료사가 의사, 간호사라는 단어를 써 주었다.

조니와 달리 클레어의 청각장애는 이미 알려져 있었고, 말을 하지 못하는 특징이 분명하게 나타나 있었다. 다행히 그림이 그녀의 지적인 면모를 알려 주었지만, 그러한 그녀의 능력은 다른 사정 방식을 통해서는 가시화되지 않았던 것이었다. 클레어는 미술을 통해 잘 표현할 수 있었기 때문에 이후의 기간 동

[그림 P-1]

[그림 P-2]

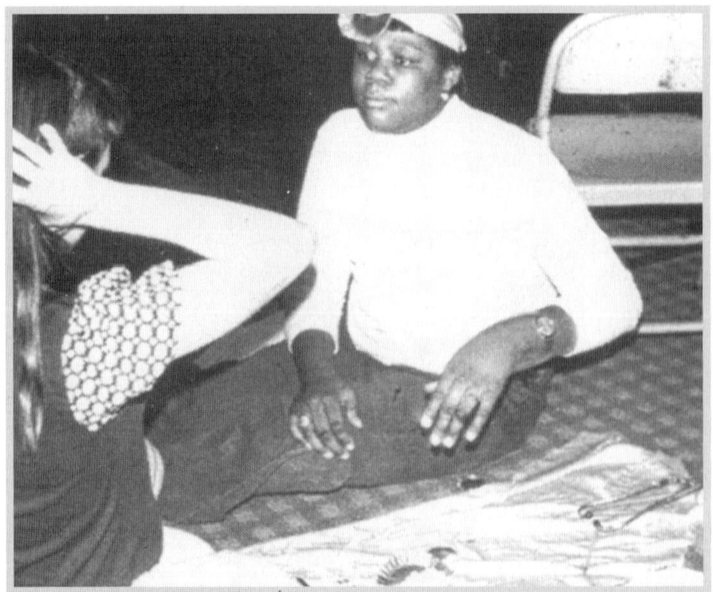

[그림 P-3]

안 더 성장할 수 있었고, 몸짓과 수화를 학습하여 그녀의 친구가 있는 지역사회에 통합되어 갈 수 있었다([그림 P-3] 참조).

이러한 이야기에서 배울 수 있는 교훈이 있다. 말하기나 이해하기 모두에서 어려움을 보였던 조니의 경우처럼, 들을 수 없다는 사실로 인해 진단 과정에 문제가 생길 수 있다는 것이다. 또한 그가 보인 방어적인 수단은 정신증의 징후가 아니라 다른 많은 아동이 스트레스 상황에서 보일 수 있는 강박적 습관에 불과한 것이었다. 비록 조니는 아직 이 혼돈스러운 세상에 완전히 참여할 수는 없지만 이러한 세상에서 질서를 만들어 갈 방법을 찾아낼 필요가 있다.

누군가가 반응하지 않는다면 의례히 그러한 정보를 처리할 수 없는 것으로 쉽게 가정하는 경향이 있는데, 클레어로부터 사실 우리는 청각장애를 가진 것이 말하지 못하고 표현하지 못한다는 것과 일맥상통하는 것은 아니라는 사실을 배웠다. 클레어는 '최중도 정신지체'로 이름 붙여졌지만 미술은 그녀가 이야기하는 다른 방법으로서 그녀의 잠재력을 표현하였고, 또한 그녀가 가진 문제에 대해 표현할 수 있도록 해 주었다. 또한 그룹홈 언어치료사의 지도를 받은 것은 그녀에게 행운이었다. 그녀의 언어치료사는 창의적인 '토킹북'을 개념적으로 도입하였고, 의사소통 학습의 과정을 놀라울 정도로 촉진하였다.

한 이야기를 더 추가한다면, 1983년에 나는 청각장애인을 위한 학교에서 행동미술치료 프로그램을 실시하도록 초대받았다. 진단 면접을 위해 의뢰받은 16명의 아동 대부분은 그들이 말로 할 수 없는 강력한 감정을 다루고 표현할 기회가 필요하다는 의견을 나에게 재빨리 전달하였다. 미술교육 프로그램은 이미 인지적, 창조적 성장에 효과적인 것으로 입증되었기 때문에, 나는 미술과 드라마를 사용하여 그들이 겪는 혼란과 갈등, 감정, 환상을 처리하고 표현할 수 있도록 자유로운 촉진과 격려를 제공하였다([그림 P-4] 참조).

그들에게 있어 이 같은 도움의 요구가 얼마나 강렬한 것인지는 수화기술이 형편없이 부족했던 나와 상호작용하는 그들의 능력에서 찾아볼 수 있다. 나는 그들의 구어 중 극히 일부만을 이해하였고 글씨나 그림을 일부 이용하기는 했

[그림 P-4]

지만, 시간이 지날수록 수화를 알고 있는 미술치료사가 필요하고 적절한 시점에 통역사를 사용해야 한다는 믿음이 생겨나고 있었다. 내가 그들의 의사소통을 더 잘 이해할 수 있다면 그들을 더 잘 도울 수 있다는 사실은 분명했다.

직원의 보고에 따르면, 16세의 엘리너는 자살 충동을 종종 보였으며, 미술치료 회기를 4회기도 채 진행하기 전에 9번이나 손목을 긋는 시도를 하였다. 그녀가 어떤 일이 있었는지 나에게 기술한 내용에 따르면, 엘리너는 자신의 분노의 대상이 되는 실제 대상을 다치게 하는 대신 스스로를 해한 것이었고, 후에는 매우 흥분된 상태로 그림을 통해 자신을 화나게 했던 성인에게 그녀가 하고 싶은 행동을 표현하였다([그림 P-5] 참조).

그림에는 많은 치아를 가진 괴물 같은 창조물이 거대한 칼을 잡고 있었고, 작고 두려움에 떨고 있는 사람이 그려졌다. 그녀는 처음에는 큰 인물이 자신이고 작은 인물은 어른이라고 이야기했다. 후에 그녀는 이러한 인물상을 바꾸어 말하며, 자신이 작은 인물이며 그녀가 느끼는 무력감에 대해 설명했다. 나는

[그림 P-5]

그녀가 자신의 분노로 인해 그림 속 성인에게 무엇을 하려고 했는지에 대해 그녀 스스로 두려움의 감정을 느끼고 있을지도 모른다고 생각하였다. 그녀가 그 자신에 대한 처벌로 분노를 스스로에게 돌릴 뿐만 아니라 그것이 그녀를 걱정해 주는 어른을 보호하는 것은 아닌지 궁금했다.

그녀는 회기 중 남은 시간을 첫 번째 그림의 무서운 심상을 막아 내고 있는 것으로 보이는 배구 네트를 그리는 데 시간을 보냈고, 또 다양한 색채의 풍선 4개를 그렸다. 엘리너는 미술치료 회기에서 두려움과 충동을 표현할 수 있었

고, 그에 대항하여 방어할 수도 있었다. 이 두 과정 모두 그녀의 자아의식과 자아통제의 과제에 도움이 되었다.

엘리너를 포함한 몇몇 다른 대상과 관련하여 주별로 실시된 예비 연구에서는 수화를 알고 있는 비상근 미술치료사가 학교에 고용되어 몇 해 동안 개인회기와 집단회기를 진행하였다. 이러한 작업에 대해 다루고 있는 Carole Kunkle-Miller의 장은 이 책에서 매우 중요한 부분이며, 내가 처음 조니와 클레어를 만난 1960년대나 엘리너를 만난 1980년대 초에는 생각할 수도 없는 내용이었다. 그리고 이 책의 기고자들이 언급했듯이, 청각장애인에게 적합한 치료적 방식에 대한 거부감이나 농문화에 대한 편견은 여전히 존재하였다.

뿐만 아니라 이 책의 많은 저자는 청각장애 개인은 창조적이거나 지적이지 않다는 잘못된 신념과 동시에 그들이 심리치료를 통해 도움을 받을 수 없다는 생각 또한 널리 퍼져 있다고 강조하고 있다. 지적장애라는 꼬리표로 인한 전문가의 낮은 기대는 미술의 시행과 정신건강 상황에서의 실제에서 지나치게 조심스러운 접근을 이끌어 낼 수밖에 없다. 이러한 생각을 없앨 수 없다면 청각장애를 가진 개인은 창조적이 될 수 없고 성장할 수도 없을 것이다.

이 책에서 제시하고 있는 가장 훌륭한 점 중 하나는 청각장애를 가졌다고 할지라도 그들이 우리가 제공하는 자원 모두에 완전히 접근할 수 있어야 하고, 항상 완전한 인간으로서 인식되어야 한다고 강조하는 것이다. 그들의 결함보다는 그들의 독특성에 대한 인식이 이 책 전체를 통해 나타나고 있으며, 그들을 대하는 긍정적이고 현실적인 태도를 강조하고 있다. 그리고 정말 멋지게도 민감성, 정보 제공, 격려하기에 대한 내용이 각 장에 담겨 있다. Ellen Horovitz는 청각장애를 가진 사람을 위한 미술치료의 제공은 누구에게나 도움을 줄 수 있다고 하였다. 듣기 손상을 가진 사람을 위한 더 나은 미술치료 프로그램을 제공함으로써, 그들은 더욱 풍족한 삶을 살며 더 보상받고 더 창조적인 삶을 준비할 수 있을 것이다.

–Judith A. Rubin, Ph.D., ART–BC, HLM

추천의 글 2

사람들은 오랫동안 청각장애 아동이 비언어적이고 언어를 가질 능력이 없다고 생각해 왔다. 이러한 신념이 여전히 만연한 가운데 조용하게 혁명이 일어나고 이러한 개념이 변화하였다. 이러한 혁명은 여전히 계속 널리 퍼지고 있다.

혁명적인 이러한 새로운 사고에 뒤이어 나타난 통찰은 새로운 창의적 미술치료의 영역을 개척하였다. 창조적인 미술치료사는 청각장애 아동이 심상을 만들어 낼 수 있을 뿐만 아니라 오히려 다른 사람보다 더 뛰어나다는 사실을 인식하였다. 심상이 학습과 사고에 있어서 단어만큼 중요한 역할을 한다는 Joe Khatena(1983)와 다른 연구자에 의한 연구는 이러한 인식이 증가하고 있음을 보여 주고 있다. 또한 청각장애 아동은 그들이 활용할 수 있는 기술을 활용하는 시각예술에서 매우 뛰어나다. 많은 청각장애 아동은 시각적인 미술 작업에서 매우 우수한 모습을 보여 주는 것으로 인정받고 있다.

운동감각 학습 영역에서의 최근 발달은 청각장애 아동의 교육과 학습 방식에서의 태도 변화를 가져왔다. 어떤 아동은 이러한 기술을 학습하고 창조적인 춤, 발레와 같은 영역에서 뛰어난 능력을 보였다. 다시 말하지만, 여기에 사용되는 기술은 건청인뿐만 아니라 청각장애인 역시 이용할 수 있는 기술이다.

그러나 모든 청각장애 아동이 운동훈련을 받는 것은 아니다. 학령 전기 청각장애 아동을 대상으로 한 연구에서, 아동은 운동 검사를 받지 못했을 뿐만 아니라 다양한 경험을 가지지 못하고 있는 것으로 나타났다. 이것은 행동과 동작에서의 창의적 사고 검사(Thinking Creatively in Action and Movement: TCAM; Torrance, 1981)에 의해 증명되었다. 그러나 이러한 아동이 창조적인 운동훈련을 받게 될 경우, 그들은 유의미한 발전을 보였다.

청각장애 아동을 학교 프로그램에 배치하기 위해 전형적으로 실시되는 검사에서는 주로 그들의 결핍된 능력에 주목한다. 이는 검사 자체가 청각장애 학생의 우수한 측면의 능력에 대해서는 주의를 기울이지 않기 때문이다. Rawley A. Silver(1978), Bill Kalstounis(1970), 그리고 그 외 다른 연구자들은 토랜스 창의적 사고력 검사(Torrance Tests of Creative Thinking; Torrance, 1984)를 통해 청각장애 아동이 건청 아동만큼 창조적인 사고 기술을 보일 수 있다는 사실을 보여 준다. 청각장애 아동에게 그들의 능력과 조화를 이룰 수 있고 그들의 생각을 표현하고 나타낼 수 있는 양식을 허용해 주자, 그들은 최고의 수행을 나타냈다.

Walter B. Barbe(1985)와 같은 이들은 학습을 시각, 운동, 청각 형태의 관점으로 보거나 생각하지 않는다. 그러나 불행히도 학교는 대개 청각 형태의 학습에 그 강조점을 두는 경향이 있다. 따라서 그 외 다른 방식의 교육과 학습에 대한 중요성을 인식하는 것은 청각장애 아동뿐만 아니라 모든 아동에게서 더 좋은 학습 경험을 이끌어 낼 수 있을 것이다.

청각장애인의 언어와 창조적인 미술치료에 바탕을 둔 이 책은 그동안 소홀히 취급해 왔던 이러한 표현의 여러 양식을 강조한다. 교육자가 청각장애인의 언어에 대한 통찰력을 얻는 만큼 그들을 이해할 기회도 증가하게 될 것이다.

—E. Paul Torrance

참고문헌

Barbe, W. B. (1985). *Growing up learning: The key to your child's potential.* Washington, DC: Acropolis.

Khatena, J. (1984). *Imagery and creative imagination.* Buffalo, NY: Bearly Limited.

Kalstounis, B. (1970). Comparative Study of Creativity in Deaf and Hearing Children. *Child Study Journal, 1*(1), 11-19.

Silver, R. A. (1978). *Developing cognitive and creative skills through art: Programs for children with communication disorders or learning disabilities.* Baltimore: University Park Press.

Torrance, E. P. (1981). *Thinking creativity in action and movement.* Bensenville, IL: Scholastic Testing Service, Inc.

Torrance, E. P. (1984). *Torrance Test of Creative Thinking: Streamlined Manual.* Bensenville, IL: Scholastic Testing Service, Inc.

감사의 글

먼저 나의 가족, 친구, 동료, 그 외 다른 기고자들, 이전 나의 환자에게 감사하며 이 마음을 모두에게 전하고 싶다. 그러나 무엇보다 과거와 현재의 나의 세 학생에게 특별히 감사의 말을 전하고 싶다. 그들 중 Christie Linn은 나의 책장 위에 있던 먼지 덮인 원고의 일부를 발견하고는 왜 그것이 빛을 보지 못했는지에 대해 물었다. 그렇게 그녀는 엄한 감독자로서의 역할을 시작하였다. 두 번째, Elizabeth (Lizzie) Brandt는 과거의 자료와 내담자에 대한 나의 메모를 지칠 줄 모르고 디지털화하였고, 내가 휘갈겨 쓴 메모 뭉치에서 '숨겨진 금덩이'를 찾아내 주기도 하였다. (게다가 그녀는 졸업을 했음에도 지속적으로 이 작업을 계속해 주었고 내 개인적인 고민의 시간에 휴식의 여유를 주었다. 그녀는 이 프로젝트에 실로 헌신적이면서도 충성스러웠다.) 세 번째, Christie와 Lizzie가 졸업한 후 발탁된 성실한 Sarah Eksten은, 주제/저자 색인이나 쪽 교정지 등 대부분의 힘든 과제를 수행하며 나를 도와 이 원고의 결실을 맺었다.

내가 감사를 전해야 할 매우 중요한 두 사람이 또 남아 있다. 로체스터 대학 스트롱 메모리얼 병원(Strong Memorial Hospital)에서 청각장애인 복지 프로그램을 맡고 있는 의사인 Robert Pollard는 이 책에 많은 기여를 하였다. 또한 친애하는 친구이자 동료인 코넬 대학의 William D. Schulze 박사는 상당히 많은 원고를 하나하나 읽고서 사려 깊은 충고와 수정점을 제공해 주었다. 그의 지원은 정말 비할 데 없이 중요한 것이었다.

차 례

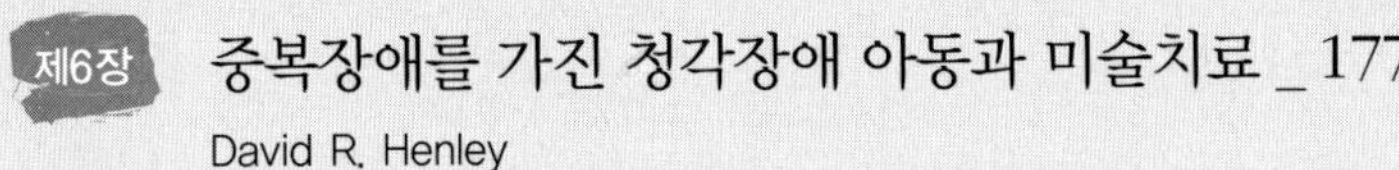

서론

배경

이 책에 제시하였듯이, 수많은 경험을 통해 지금의 내가 있게 되었다. 이러한 경험은 지극히 개인적인 것이며 일생을 통해 이루어진 파급효과의 결과다. 6세에 나는 큰 열병을 앓았고, 그 결과 거의 일주일 동안 듣지 못하는 상태가 되었다. 그에 따라 가족의 걱정도 커져서, 아버지는 내가 빨리 건강을 회복하지 못하면 진짜로 청각장애를 가지게 될지도 모른다고 말씀하셨다.

그러나 내가 진짜 힘들었던 것은 소리를 듣지 못한다는 사실이 아니라, 내 동생의 피아노 소리를 듣지 못한다는 사실이었다. '단절되다' 는 말이 내 동생 렌과 나 사이의 관계를 설명하는 수식어가 되어 버렸다. 어렸을 때 나는 내 동생이 검고 흰 건반 위에서 손가락을 움직이며 연주하는 것을 들으며 수많은 시간을 보냈다. 이러한 아름다운 선율이 침묵으로 바뀌어 버렸을 때, 그 순수한 소리를 듣지 못한다는 사실 그 자체가 가장 힘들었다.

이러한 사실이 너무나 싫게 느껴진 어느 날 나는 볼드윈 피아노에 기대어 들을 수 없는 그 소리를 느끼고자 했다. 그러다가 울음을 터뜨리기도 했다. 그러던 어느 순간 내 귀가 다시 열리고, 나는 다시 들을 수 있게 되었다. 내 주치의였던 Feinberg 박사는 이틀 전에 나의 어머니에게 최악의 사태(수술의 필요성)에 대비하라고 말했었기 때문에, 이러한 회복을 이해하지 못했다. 또한 내 귀는 여전히 매우 민감한 상태를 유지했으며, (때로는 내 의지보다 더 잘 들리기도 했을 정도였기에) 이러한 청각적 경험을 회상해 보는 것이 매우 즐겁게 느껴지기도 했다. 이러한 경험으로 나는 언어에 통달한 사람이 되었고, 새로운 언어 체계를 배울 기회가 생기면 언제나 즐겁게 받아들였다.

역설적이게도, 나는 학교 졸업 직후에 뉴욕의 로체스터에 자리를 잡았고, 지화(finger spelling)가 고안된 대도시에서 직업을 얻게 되었다. 로체스터에는 로체스터 청각장애인 학교도 있었고 국립미국농기술대학(National Technical Institute for the Deaf: NTID)도 있었기 때문에 청각장애인과 어울리는 것은 매우 흔한 일이었다.

1981년에 나는 PS 29에서 일하였고 그 후에는 정형외과 손상이나 지각 이상을 가진 아동이 있는 큰 공립학교로 옮겼다. 그 결과 나는 수화를 사용하는 한 청각장애 아동과 작업을 시작하였다. 그와 의사소통하기 위해 나는 그의 언어체계를 배워야 했다. 나는 로체스터에 있는 먼로 카운티 청각장애 협회(MCAHI)에 등록하여 그와의 의사소통 능력을 높이고자 했다.

곧 나는 NTID에서 계속 훈련받으며 스스로 청각장애 문화에 최대한 동화하려고 하였다. 그중 가장 기억에 남는 경험은 '침묵 훈련' 으로, 이는 이틀 동안 '광역음(white-noise)' 보청기를 끼고 생활하며 다른 보조도구 없이 건청 세상에서 기능하도록 시도하는 훈련이었다. 가장 절망적인 것은 단순한 소리의 이해가 아니라 건청인이 입안에서 내는 소리를 해석하는 것이 너무 어렵다는 것이었다. 나는 종이와 연필에 의존했고, 때때로 입술을 읽어서 내가 알아들을 수 있었던 한두 단어로 그 뜻을 파악해야 했다.

그 후 나는 기숙형 치료 시설에 있는 정서장애를 가진 청각장애 아동과 함께 작업하였고, 그와 동시에 개인적으로도 청각장애 아동과의 작업을 시작하였다. 나는 청각장애인이 아니었기 때문에 청각장애인이나 난청인의 세계에 완전히 수용되지는 못하겠지만, 청각장애를 가진 임상가, 전문가와 많은 우정을 나누었다. 그때 나는 그들의 세상에 대한 관점이 비언어적 의사소통에 초점을 두는 미술치료와 놀랍도록 잘 어울린다는 것을 발견하였다.

Deaf/deaf

이 책의 내용을 논하기 전에, 농인(Deaf)의 첫 글자가 왜 대문자가 되었는지를 설명하고자 한다. 독자들이 이를 이해하도록 돕기 위해, Amy Szarkowski 박사가 쓴 내용을 인용하고자 한다.

> 농인(Deaf)이라는 단어는 최근 학술 장면이나 연구자에 의해 흔히 사용되는데, 이 뜻은 농 문화로 자신을 정의하고 동일시하는 사람을 뜻한다. 청각장애인(deaf)이라는 단어도 사용되는데, 청력 손실을 가진 사람을 뜻하는 맥락으로 사용되기는 하지만, 그 자체가 농 사회의 구성원임을 나타내지는 않는다. 어떤 의미에서 농이라는 것은 수화를 사용하며 자국의 농 문화를 이해하고 농 사회에 포함되는 사람까지 관련된 정체성이라는 사회적 구조를 의미한다. 이러한 정체성을 적용하는 농인은 장애에 대한 담론에 청각장애를 포함하는 것에 반대하곤 한다……. 그들 자신을 농인으로 여기는 사람과 청각장애를 가진 것으로 여기는 사람, 자신을 장애를 가진 사람으로 여기는 사람에 대한 [설명은 곧 논의되겠지만] 이러한 모든 현실은 중요하며 현재에도 통용되고 있는 개념이다.

요컨대, 청각장애는 청력손실로 인한 갈등에 따라 '장애'로 생각될 수도 있고 아닐 수도 있다. 그러나 분명 언어 체계의 차이로 인해 나타나는 물리적 차이는 있다. 언어가 문화로 나타나듯이 청각장애인 언어는 이제 일종의 민족학으로 개간되고 있다. 그 결과 이 책에서 대부분의 저자는 이러한 문화를 반영하고자 대문자로 된 농(Deaf)이라는 단어로 나타내고 있다.

내용

짧게 정리하면, (분명한 시각적 언어인) 수화는 다양한 느낌으로 다가왔다. 청각장애인의 조용한 언어인 수화는 3차원적인 언어체계를 가지고 공간을 통해 전달되며, 단순한 신체 동작과 표정으로 과거와 현재, 미래를 아우른다. 수화는 마법과도 같은 언어로, 범문화적이며 그만의 독특한 체계로 분류되고 정의된다.

이 같은 체계의 복잡성을 고려하며, 나는 농인의 발달적, 인지적, 정서적 입장을 견지하는 다양한 영역의 전문가가 저자로 참여할 수 있기를 바랐다. 이를 통해 이 책을 읽는 미술치료사나 다른 정신건강 전문가에게 영감을 주고자 하였다. 이렇게 아름다운 언어 체계의 복잡한 특성이 농 문화의 내적 작업과 합해짐으로써 이해, 해석, 명료화로의 연결점이 된다.

1장에서 McCullough와 Duchesneau는 청각장애를 가진 사람의 정신건강에 대한 역사적 경향에 관해 개관하면서 청각장애인이란 어떠한 사람을 일컬으며 지금까지 쉽게 접할 수 있고 가능했던 치료에는 어떠한 종류가 있었는지 밝히고 있다. 또한 청각장애인의 심리와 통역사 사용에 관한 문제, 이러한 청각장애 집단을 대상으로 한 미술치료 활용에 있어 실질적인 함의를 다루고 있다. 2장에서는 사례연구와 비교문화적 분석을 통해 미술치료의 선구자인 Silver가 농인을 대상으로 실버그림검사(Silver Drawing Test)를 사용한 것에 관해 다루고 있다. 농인을 대상으로 작업한 첫 미술치료사 중 한 명이기도 한 Silver의 공헌은 역사적으로나 과학적으로 모두 의미 있는 것이다. 3장에서 Horovitz는 한 재능 있는 아동의 장기 치료에서 가족 미술치료에 관해 개관하고 복잡한 가족 미술치료 일화를 통해 통역사의 활용에 대해 논의하였다. 4장에서 Brucker는 여러 가지 정신질환으로 고통받고 있는 청각장애나 청력손실을 가진 성인을 대상으로 하여 치료적 수단으로서의 미술치료 활용에 대해 설명하였다. 5장에서는 Atkinson과 Horovitz가 다소 난해한 문화와 세상 속에서 살아가고 있는, 의학적 질병을 가진 코다([hearing] Kids of Deaf Adults: KODA; 농인 부모의 매우 어린 건청 자녀)를 대상으로 한 작업에 대해 기술하였다. 이 사례는 몇 가지 과일과 야채를 제외하면 음식을 섭취하는 것도 제한되어 있고 다양한 수술과 그로 인한 입원을 요하는 호산구성 위장염(Eosinophilic Gastroentreitis: EG)이라는 심각한 의학적 상태가 아동에게 진행되고 있어 매우 복잡한 것이었다. 6장에서는 Henley가 1980년대 청각장애인 기숙학교에서의 자신의 작업에 대해 소개하였는데, 그는 다양한 이유로 구어나 언어를 기반으로 한 치료에 도움을 받지 못했던 농 아동을 대상으로 작업하였다. 이는 청각장애이자 법적 시각장애로 분류되는 9세 소년과의 작업이 상세하게 기술된 대단히 흥미로운 사례다. 7장에서는 Szarkowski가 몇몇 현장의 '농 문화'에 관해 탐색하고, 전 세계에서 사용되고 있는 농과 장애의 정의적 차이에 대해 다루었다. 또한 여기서는 장애 연구에 있어서 최근의 패러다임이 언급되고 있으며 청각장애 분야로까지 장애 연구가 확대되고 있다. 8장에서는 Horovitz가 컴퓨터의 활용과 다양한 매체와 컴퓨터 애니메이션을 결합한 문화를 적용하는 것의 효율성에 대해 설명하고 이러한 활용을 특수교육적 도구로 활용하여 정서장애를 가진 청각장애/청력 손상 내담자와의 작업에서 교수 절차로 활용하는 것에 대해 논의하였다. 또한 Horovitz는 청력 손상을 가진 사람에 대해 구어와 문어를 활용한 의사소통기술의 촉진에 대한 방법론을 개관하면서 구어, 언어적 구조, 쓰기와 같은 언어 체계를 조사하고 이들과 작업하면서 도입할 수 있는 다양한 의사소통 양식에 대해 설명하였다. 9장에서 Kunkle-Miller는 기숙학교 장면의 미술치료 프로그램 이론 및 실제에 대해 개관하였다. 그녀는 치료사가 청력 손상을 가진 아동에게 효율적으로 치료 프로그램을 계획 · 작업할 수 있는 다양한 치료 양식을 제시하였다. 마지막 장에서 Horovitz는 정서장애를 가진 두 명의 청소년과의 개인 치료와 가족 미술치료 양식을 요약하면서 예술적인 개인의 회복 과정에 대해 기술하였다.

제1장

청각장애인과 정신건강

–Candace A. McCullough and Sharon M. Duchesneau

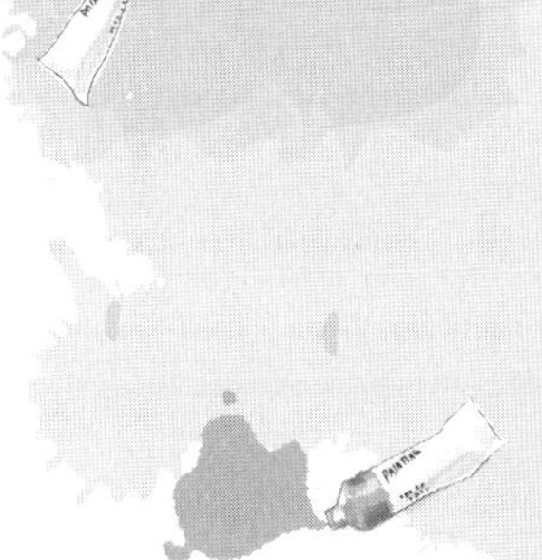

청각장애인과의 미술치료가 의미 있는 효과를 발휘하기 위해서는 다양화된 소수 집단으로서의 독특성을 띠고 있는 청각장애인에 대해 정확하게 이해하여야 한다. 마찬가지로 청각장애인과 미국 정신건강체계 간에 존재하는 역사적으로 중요하고 복잡한 관계를 인식하는 것 또한 중요하다. 21세기에 들어선 오늘날까지도 청각장애인에 대해 깊게 뿌리박힌 가부장적이고 억압적인 태도는 계속해서 그들이 받고 있는 정신건강 서비스의 질에 영향을 미치고 있다. 고의든 아니든 임상가에 따라서는 청각장애 내담자의 요구를 오해하거나 간과하기도 하고, 일부 청각장애를 가진 내담자의 경우 적절하고 효과적인 정신건강 서비스를 받는 방법이나 권리에 대한 지식이 부족한 실정이다. 즉, 청각장애인에 대한 정신건강 서비스 접근성과 관련된 문제는 여전히 이슈로 남아 있다. 이러한 난제에도 불구하고, 청각장애인과 정신건강 분야에서 희망적인 신호가 포착되고 있다. 그러한 신호 중 하나는 학생에게 청각장애인과 효과적으로 작업하는 방식을 가르치기 위해 마련된 전문적인 훈련 프로그램(specialized training programs)의 졸업생 수가 증가하고 있다는 사실이다(Leigh, 1991; Sussman & Brauer, 1999). 또 다른 신호는 이 책을 포함하여 청각장애 및 정신건강 관련 학문이 성장하고 있다는 것이다. 따라서 청각장애 집단에 있어서 미술치료의 뛰어난 효용 가치를 바르게 이해하기 위해 청각장애인은 어떠한 사람을 일컫는 것이며, 듣는 것이 중요한 사회의 주변인으로서 그들은 어떤 경험을 하고 있고, 정신건강체계의 내담자로서 지금까지 어떤 대우를 받아 왔는지부터 살펴보고자 한다.

청각장애인은 어떠한 사람을 말하는가

청각장애인은 풍부한 문화적 · 언어적 · 역사적 유산을 공유하고 있는 개인으로 구성된 활동적인 공동체라고 할 수 있다. 건청인이 흔히 생각하는 바와는 달리, 청각장애인이라는 존재는 단순히 청각이 없다는 것 이상의 설명이 필요하다. 단순히 듣는 것과 관련된 청력 상태로 청각장애인의 삶을 정의하고 해석하는 것은 그들의 다양하고 대단히 놀라운 진면목을 간과하는 편협된 접근법이다(Padden & Humphries, 1988). 청각장애인은 청각장애라는 가족력, 인종, 민족성, 사회경제적 · 교육적 배경, 그리고 자기 지각(self-perception) 등과 같은 다양한 요인이 복합되어 지역사회 내에서 각양각색의 다양한 인간적 속성으로 나타난다. 예컨대, 녹색 계열에 속하는 색조는 모두 같다고 말할 수 있을지 모르지만, 모든 청각장애인이 근본적으로 유사하다고 가정할 수는 없다.

건설적인 방향으로 청각장애인에 대해 정의를 내려 보면, 그들은 주로 시각지향적인 사람으로 기술될 수 있다(Bahan, 2004). 아프리카계 미국인에 대한 정의가 모든 아프리카계 미국인을 정의하기에는 충분치 않고 모든 여성을 특징지을 만한 여성에 대한 정의는 없는 것처럼, 이 이상으로 청각장애인에 대한 정의를 일반화하지는 말아야 할 것이다. 청각장애인에 따라서는 6대에 걸쳐 혹은 그보다 훨씬 많은 세대에 걸쳐 청각장애가 유전되고 있는 사람도 있을 것이며, 가족 중에 유일하게 청각장애를 가진 구성원인 사람도 있을 것이다. 미국식 수화(American Sign Language: ASL)를 태어날 때부터 사용하는 청각장애인이 있는가 하면, 청각장애인이 전혀 없는 가족에서 태어났기 때문에 학교나 대학에 들어가서나 혹은 그 이후에 수화를 배우게 되는 청각장애인도 있을 수 있다. 의사소통을 위해 가족 모두가 수화를 사용하는 것이 대수롭지 않은 가정이 있는가 하면, 수화를 사용하는 가족 구성원이 아무도 없어 고립감을 경험하는 청각장애인도 있을 것이다. 선천적인 청각장애를 가진 사람이 있는가 하면, 살아가면서 후천적으로 청각장애를 가지게 된 사람도 있다. 일부 청각장애인은 보청기나 인공와우 이식을 선택하지만, 증폭 기기를 사용하지 않는 청각장애인도 있다. 전문학위를 가진 청각장애인이 있는가 하면, 8학년 미만의 교육경험을 가진 청각장애인도 있다. 그리고 건강한 자존감과 자신감을 보이는 청각장애인이 있는 반면, 압박감에 사로잡혀 열등감을 가지고 있는 청각장애인도 있다.

청각장애에 대한 인구 자료와 병인론적 정보는 일반적으로 청각장애의 병리학적 측면보다는 문화적이고 사회적인 이슈에 더 관심이 있는 청각장애인을 대상으로 할 때 그 중요도가 상대적으로 떨어지지만 청각 관련 연구자에게는 오랜 관심 분야였다. 이에 흥미를 가진 이들을 위한 청각장애 집단에 대한 정확한 인구통계학 정보는 여러 연구가 청각장애에 관해 서로 다른 폭넓은 범위의 정의를 내리고 있기 때문에 확보하기 어렵다고 볼 수 있다. 그럼에도 1990년과 1991년에 3세 이상의 미국인 약 2000명을 대상으로 한 건강면접 조사에서는 인구의 8.6%가 임상 범위로 고려할 수 있는 난청을 가지고 있는 것으로 나타났다(National Center for Health Statistics, 1994). 이는 대략 55만 명의 미국인 또는 전 인구의 0.23%가 어떤 말도 듣거나 이해하지 못한다는 것을 의미한다(National Center for Health Statistics, 1994). 성별 구성 비율로 보자면, 남성이 여성보다 농이나 난청이 더 많이 나타나는 경향이 있으며, 이러한 현상은 18세 이후에 더 확연히 드러난다(National Center for Health Statistics, 1994). 인종 및 민족 간에는 백인의 9.4%가 농 또는 난청으로, 아프리카계 미국인의 4.2%, 히스패닉계의 4.2%와는 다소 차이가 있는 결과를 보여 주었다(National Center for Health Statistics, 1994).

영유아 청각장애에서 가장 널리 알려진 원인은 유전, 뇌수막염, 그리고 Rh 혈액형부적합이나 미숙아, 출산외상 등을 포함한 임신/분만 관련 합병증이다(Annual Survey, 1992-1993). 유전이 이들 병인 중 약 50%를 차지하는 것으로 간주되고 있는데(Marazita et al., 1993), 그 밖의 뚜렷한 원인이 없을 때에도 종종 유전에 의한 것으로 표시되고 있으므로 유전적인 청각장애의 실제 비율은 더 낮을 수도 있다(Moores, 2001).

청각장애인에 대한 견해

건청인 전문가나 비전문가뿐만 아니라 일부 청각장애인 또한 일반적으로 청각장애인에 대해 다음과 같은 두 가지 방식 중 한 방식으로 접근한다. 가장 지배적인 것은 병리적 관점으로, 청각장애인에 대해 교정이 필요한 손상을 가진 것으로 간주한다. 반면에 사회적 소수의 관점은 청각장애인을 독특한 문화를 가진 구성원이자 언어적 소수 집단으로 간주하는 것이다(Padden, 1980; Padden & Humphries, 1988; Lane, Hoffmeister, & Bahan, 1996).

병리적 관점 또는 의학적 관점에서 청각장애는 보청기를 사용하거나 인공와우를 이식하는 외과적 수술, 혹은 그 밖의 다른 의학적 개입에 의해 교정되어야 하고 또 교정될 수 있는 불능 상태로 가정된다. 이러한 견해를 지지하는 사람은 다수가 사용하는 언어를 말할 수 있도록 학습하고 증폭 장치나 외과적 개입을 통해 청력을 극대화함으로써 듣는 것이 주가 되는 보다 넓은 주류 문화로 가능한 한 많이 동화하는 것이 청각장애인의 최고 관심사라고 생각한다. 즉, 청각장애인 자신이 형성할 수 있는 청력의 표준에 가까워질수록 그들의 삶이 더 나아질 것이라고 보고 있다. 의사소통의 일차적인 방식이 구두이며 듣는 것이 주가 되는 주류 사회에 맞추어 자신의 삶을 살아가고자 결정한 청각 손실이 있는 사람이 이에 해당된다.

그러나 청각장애에 대한 병리적 견해가 함축하는 바는 대단히 광범위하고 때로는 부당하기도 하다. 증폭이라는 것은 정밀한 과학 기술이 아니며 듣지 못하는 청각장애인을 건청인으로 되돌리지는 못한다. 말하기를 학습하는 청각장애 아동은 매년 사회화의 기회를 놓칠 뿐만 아니라 교실에서의 학습 시간을 희생시키는 언어치료에 많은 시간을 소비할지 모른다. 이러한 노력의 결과로 청각장애인 모두에게 명확한 말하기를 요구하는 것도 아니다. 청각장애인의 말을 이해하지 못하는 종업원이 있는 식당에서 저녁을 주문할 수 있을 정도의 '바람직한 말하기 기술'을 성취할 수 있도록 교사나 가족 구성원에게서 촉진 · 칭찬받는 청각장애인은 드물지 않다. 그 예로, 한 청각장애 여성은 그녀가 어릴 때 우유 한 잔을 주문하려 했던 것을 떠올렸다. 그녀는 자신의 최대 능력을 발휘하여 주문을 하기 위해 정확하게 발음하려고 여러 차례 시도했고, 그러는 동안 웨이터의 당황한 얼굴을 보고서 자신이 아무 성과도 얻지 못했다는 것을 알게 되었다. 좌절하고 자존심이 상한 그녀는 이내 포기하고는 대신 루트비어를 주문하였다.

입술 모양을 읽고 소리 없는 단어를 음성화하는 지속적인 노력에 대한 신체적 · 정서적 대가는 소모적일 수 있으며 자부심을 꺾기도 한다. 청각장애인은 보통 말하는 것의 약 30%를 입술 모양을 보고 읽으며 나머지 대화의 약 70%는 추측으로 채운다. 다수 청각장애인의 공통적인 경험은 말의 내용을 완전히 이해하지 못했음에도 건청인이 말한 의견을 인정한다는 제스처에 의존하는 것으로, 이에는 '청각장애 특유의 고개 끄덕임(Deaf nod)'이 있다. 건청인에게 몇 번이나 다시 말해 달라고 요청했는데도 여전히 이해가 되지 않을 때 수반되는 어색함과 당황스러움은 보통 대화가 충분하고 끝나기를 희망하는 최후의 수단인 '청각장애 특유의 고개 끄덕임'으로 이어진다. 건청인 교육자, 청력학자, 언어치료사뿐만 아니라 청각장애인의 건청인 가족 구성원은 끊임없이 청각장애인이 단어를 더욱 명확하게 발음하도록 노력해야 하고 입술 모양을 읽을 때 더욱 세심한 주의를 기울여야 한다고 가르친다. 일부 청각장애인에게는 청각장애가 존재한다는 현실이 오히려 그들을 청각장애가 아닌 것으로 만들려는 분위기에 편승하여 밀려날지도 모른다. 주류 사회로의 동화를 강조함과 더불어, 병리적 상태로 청각장애를 간주하는 사람은 수화나 수화통역사를 사용하는 것을 그들의 약점이 표현된 것으로 보거나 주류 사회에서의 연이은 실패로 해석할 수도 있다. 청각장애라는 사실을 부정하거나 최소화하고자 노력을 지속하는 사람에게 미칠 심리적 영향에 대해서는 거의 관심을 두지 않는다.

청각장애인에 대한 병리적 견해와는 달리, 사회적 소수의 일부로 청각장애인을 바라보는 이들은 청각장애인 정체성의 중심에 듣는 상태가 아닌 언어와 문화를 두고 있다. Padden과 Humphries(1988)가 언급하였듯이, 청각장애인에 대한 더욱 긍정적인 정의는 주류 사회의 주요 기준점에 따라 그들을 정의하기보다는 그 대신 미국식 수화(ASL)나 청각장애인의 문화라는 '상이한 중심'에 따른다. 청각장애인은 비록 건청인과는 상이한 방식이기는 하지만 타인과 의사소통하고 기능하는 완전한 능력을 가진 전체로 볼 수 있다.

역사적 관점에서 보면, 청각장애인을 사회적 소수인으로 보기 시작한 것은 최근의 일이다. 청각장애인은 수년 동안 압박의 역사 속에 청각장애인 기숙학교, 동호회 및 협회에서 서로 긴밀한 유대를 맺으면서 자신들을 시각적인 사람으로 부각하기 위해 함께해 왔다(Lane, Hoffmeister, & Bahan, 1996). 그럼에도 미국식 수화(ASL)는 1960년대에 William C. Stokoe와 동료들의 연구가 이루어진 후에야 공식적인 언어로 처음 인정받기 시작하였다(Stokoe, Casterline, & Croneberg, 1965). 그러나 미국식 수화(ASL)가 인정받은 이후 수십 년 동안 청각장애인의 문화는 성장하였다. 이는 청각장애인의 자부심을 일깨우면서 워싱턴 · 컬럼비아 특별구에 위치한 전 세계 청각장애 학생을 위한 최고 고등교육기관인 갈루뎃 대학교의 1988년 '청각장애 총장을 지금 당장(Deaf President Now: DPN)'이라는 운동[1]에서 최고조에 달하였다. 청각장애인과 그들을 지지하는 건청인 동맹은 한 주 동안 정치적으로 열띤 항의와 시위를 함께 벌이면서 갈루뎃 대학교 최초의 청각장애 총장 취임이라는 자신들의 요구를 관철하였다. 또한 이러한 DPN 운동에 의해 주목된 언론의 관심은 청각장애인을 사회적 소수의 관점으로 조명하면서 더욱 확대된 주류 사회로 안내하는 결과를 가

1) 역주: 갈루뎃 대학교는 세계 유일의 청각장애인을 위한 대학교로서 1864년 인가받은 이후 100년이 훨씬 넘은 1988년에야 청각장애인 총장이 처음으로 선출되었다. 1988년 당시, 원래는 건청인이 제7대 총장으로 선출되었으나 일주일 동안의 격렬한 DPN 운동에 의해 청각장애인 총장이 재선출되었다. 즉, 청각장애인 총장의 부임은 시대 변화에 따라 자연스럽게 이루어졌다기보다는 장애 학생을 비롯한 당사자의 강한 요구와 다소 과격하다고 할 수 있는 방법론을 통해 이루어졌다.

져왔다. DPN 운동 이후 수년 동안 전국 대학에서는 청각장애학이라든가 이와 관련된 언어학 및 통역 대학원 과정이 설립되었으며, 이는 청각장애인으로 하여금 사회적 소수 집단으로서 스스로 비전을 가지고 살아가는 데 활기를 불어넣었다.

정신건강치료의 어제와 오늘

역사적인 관점에서 볼 때, 미국의 정신건강체계는 부끄럽게도 청각장애 내담자의 요구를 충족하는 데 소홀히 해 왔다고 할 수 있다(Pollard, 1994; Steinberg, Sullivan, & Loew, 1998). 1960년대 이전에는 심각한 심리치료가 필요한 청각장애인의 경우 종종 대규모 공공시설에 수용되거나 정신병원의 오래된 병동에 맡겨지면서 흔히 생계유지나 단순보호 정도의 처치밖에는 받지 못했다. 청각장애 내담자가 지적장애로 오진되거나 그들 삶의 많은 시간을 정신병동에 갇혀 지냈다는 것을 지금 처음 들은 이야기는 아닐 것이다. 어쩌면 오늘날에도 이전에 생각해 왔던 것처럼 지적장애나 자폐가 아닌 청각장애로 밝혀진 장기수용 내담자에 관한 보도가 있을지도 모르는 일이다.

정신건강체계를 두루 살펴보면, 청각장애 내담자의 경우 그들의 치료를 맡은 건청 전문가의 가부장적이고 억압적인 태도에 마주해 있음을 알 수 있다. 임상가는 대개 청각장애 문화에 관해 잘 알지 못했고 수화를 통한 의사소통을 하지 못했으며, 청각장애 내담자가 치료에 반응할 수 없을 것이라는 생각이 팽배하였다. 이들 전문가는 청각장애인의 경우 인지적이고 지적인 능력이 부족하며 추상적 사고나 추리가 불가능할 것이라고 지각하였으며, 이는 당시 청각장애인에 대한 사회적 견해를 반영하는 것이었다. 청각장애인에게는 그들이 향상될 것이라는 기대 없이 그 성격과 범위에 있어서 주로 지시적이고 극도로 단순화된 치료가 제공되었다. 인지적이거나 정서적 성격을 가진 심리치료뿐만 아니라 통찰 또는 정신분석 지향의 심리치료는 청각장애 내담자에게 사용하기에는 부적합하다고 생각되었다(Sussman & Brauer, 1999). 청각장애 내담자를 위한 전문외래 서비스는 1960년대에 비로소 발달하였다. 그러한 프로그램을 처음으로 도입한 곳 중의 하나가 워싱턴 · 컬럼비아 특별구 소재의 성엘리자베스 병원과 뉴욕주립 정신의학연구소 클리닉이었다(Robinson, 1978; Altshuler, Baroff, & Rainer, 1963).

1970년대 미국 정신건강 탈시설화 운동의 확산에 이어서 지역사회 중심의 정신건강 서비스로 그 초점이 이동되고 청각장애인의 정치 세력화가 가동되자, 미국 정신건강체계 내의 청각장애인을 대상으로 한 치료 부분에 큰 변화가 일어났다. 미국식 수화(ASL)의 공식언어 인정, 앞서 언급했던 1988년 갈루뎃 대학교에서의 역사에 길이 남을 만한 힘을 실어 준 DPN 운동, 그리고 1992년에 제정된 미국 장애인법(American with Disabilities Act)에 용기를 얻은 청각장애인과 그들의 건청인 동맹은 정신건강체계가 청각장애 내담자에게 가하고 있는 많은 불이익에 대해 목소리를 높이기 시작하였다. 그들의 요구는 갈루뎃 대학교에서 상담 및 사회복지 프로그램의 첫 졸업생이 등장함에 따라 1970년대와 1980년대에 청각장애인의 날(Deaf day)이 제정되고 더 많은 거주 기숙형 프로그램이 설립되도록 하였다.

메릴랜드에서의 1982년 Nancy Doe 사건(Doe v. Buck, 1983)은 정신과 입원 서비스에 대한 청각장애인의 접근성을 개선하기 위한 첫 번째 판례 중 하나다. 메릴랜드 주는 Doe를 '반치료적 구금 격리'로 20년 동안 감금했다는 혐의를 받고 메릴랜드 장애지원법률센터(Maryland Disability Law Center)와 전미청각장애법률소송기금협회(National Association of the Deaf Legal Defense Fund)로부터 고소당했다. Doe는 정신분열증으로 인한 입원기간 동안 수화통역사의 접근이 거의 허용되지 않았고 다른 청각장애 내담자와 떨어진 별도의 주거병동에서 거주하도록 강요당했으며, 정신건강 전문가와의 상담이나 청각장애 내담자와 함께 작업하는 경험 및 특수교육을 전혀 제공받지 못하였다(Raifman & Vernon, 1996, New Rights). 1986년, 사건은 메릴랜드 주가 '적절

한 의사소통 방법을 사용하여 청력이 손상된 정신질환자 치료 모델'을 공급할 수 있는 입원병동을 마련한다는 양자 간 합의가 이루어진 판결과 함께 마침내 해결되었다(Raifman & Vernon, 1996, New Rights). 또한 법원의 판결은 입원 치료 팀의 인력 수준을 정확히 제시한 것 이외에도 공인된 통역사나 수화에 유창한 직원을 24시간 병동에 상주하도록 요구하였다.

문서상에 나타난 지시 사항은 청각장애 내담자에 대한 서비스 질 향상을 위한 요구를 인정한다는 새로운 추세를 반영하고 있다. 현실적으로 이를 보장하기 위해 가야 할 길은 아직도 멀다. 하루 24시간 동안 통역사가 상주하거나 수화를 사용하는 직원이 존재한다는 것이 반드시 청각장애 내담자가 병동에서 발생하는 모든 의사소통에 완전히 접근할 수 있다는 의미는 아니다. 이것은 수화를 사용하지 않는 직원 간의 모든 대화가 청각장애 내담자를 위해 해석될 것이라는 점까지 포함하지는 않는다. 이미 병원 밖 세상에서 의사소통 문제로 스트레스를 받은 청각장애 내담자는 병원 접수처에서 간호사들이 서로 웃고 떠들 때 무엇이 그리 재미있는지, 자신들이 전혀 알지 못했음에도 신경 쓰지 않는 모습을 보면서 다시 한 번 정신적인 충격을 받을지도 모른다. 편집증이 있는 내담자의 경우, 치료 환경이 방금 기술한 것과 같은 상황을 나타낼 때 편집증 수준은 심화될 수 있으며 치료는 임상가가 언어적 문제의 잠재적 영향을 경시했기 때문에 더욱 힘들어질 수 있다.

또한 이 글을 쓴 필자 중 한 명이 정신병원의 청각장애 입원병동에서 일했을 때 목격한 일화를 생각해 보면 그리 놀라운 일도 아니었다. 그 층에 청각장애 담당직원이 없는 동안에는 더 많은 청각장애 내담자가 격리되어 있었다. 이는 정신건강 서비스 제공 환경에서 수화가 유창한 직원이 반드시 필요하다는 점을 반영하는 것 외에도, 입원 환경에서 청각장애인 전문가에게서 치료받고자 하는 청각장애 내담자의 요구를 반영한다. 격리를 하게 되는 상황은 내담자와 직원 모두에게 긴장감과 압박감을 줄 것이다. 많은 경우 청각장애 내담자는 격리 상황에 놓이게 될 때 건청인 전문가보다는 청각장애인 전문가에 의해 행해지는 변화나 단계적인 중재 개입을 더 잘 수용한다. 이는 감정 대립 상황에 있는 아프리카계 미국인이 백인의 피드백보다는 또 다른 아프리카계 미국인의 의견을 더 쉽게 수용하는 상황에 비유할 수 있다. 두 사례 모두 몹시 동요된 사람의 경우, 역사상 독재 집단 대표자의 반대편에 선 자의 말을 더 쉽게 따른다는 것을 의미한다.

현재 미국에 존재하는 청각장애인을 위한 정신건강 서비스 프로그램에는 약 123개의 외래전문 프로그램과 24개의 입원전문 프로그램이 있다(Kendall, 2002; Morton & Kendall, 2003). 그러나 불과 1994년까지만 해도 청각장애 내담자와의 경험이 부족한 정신건강 전문가의 비율이 유의미하게 높은 것으로 연구에서 보고되면서, 청각장애 내담자에 대한 종합진단 보고서를 작성하기에는 그들의 지식이 충분치 않을 뿐만 아니라 청각장애인을 위한 서비스 접근성이 부족하다는 점이 계속해서 지적되고 있었다(Pollard, 1994). 또한 동일한 연구에서 보면, 건청인 수요자에게 제공된 치료와 비교했을 때 청각장애 수요자에게 제공된 치료에는 사정 및 치료가 부족한 반면, 사례관리 및 추수평가는 더 많은 비중을 차지하고 있는 것으로 나타났다. 소수 집단에 속하는 다수 수요자의 경우에도 주요 대도시권의 인근 거주가 더 나은 서비스 접근성과 필요한 치료 선택권을 누릴 가능성을 높여 준다는 것이 맞을 것이다.

기술의 발달은 최근 몇 년간 청각장애인의 정신건강 서비스에 대한 접근성 확대에 결정적인 역할을 해 왔다. 1990년대 초반 이후, 시골이나 의료취약 지역에 거주하는 청각장애인은 정신의학적 평가나 치료 예약을 위해 점점 영상전화 및 청각장애인용 화상전화(video relay services: VRS)[2]를 이용할 수 있게 되었다. 치료사는 자격 있는 치료사가 없는 지리적 위치에 거주하거나 약속을 위한 이동이 어려운 청각장애 내담자와의 치료 회기를 실시하고자 영상전화

2) 역주: 전화를 걸면 화면에 수화통역사가 등장하여 수화를 모르는 상대방과 통화할 수 있도록 도와주는 서비스.

및 웹 카메라를 사용하기 시작하였다. 통역사가 없는 지역에 거주하는 지리적으로 고립된 내담자를 위한 최후 수단인 VRS는 청각장애 내담자와 수화를 하지 못하는 정신과 의사 또는 치료사 간의 의사소통을 위해 통역사를 통해 전달할 수 있도록 하고 있다. 청각장애 내담자는 통역사가 화면에 나타나는 VRS 센터에 전화를 걸 수 있도록 영상전화를 설치한다. 그다음에 통역사는 수화를 하지 못하는 건청인에게 전화를 걸어 청각장애 내담자가 화면에서 하는 수화를 말로 전달하고, 역시 건청인이 말한 것을 듣고 수화로 전달해 주어 대화를 계속해서 진행한다.

한편 영상전화와 웹 카메라는 아직도 무수한 발달 단계에 놓여 있다. 이러한 기술은 광대역 통신 및 케이블 서비스의 신뢰성과 일관성에 상당히 의존하고 있기 때문에 때때로 흐릿하거나 불분명한 화면을 전해 줄 수도 있다. 치료사나 심지어 통역사까지도 미국식 수화(ASL)가 주 사용 언어는 아니므로 이러한 상황에서 청각장애 내담자의 수화나 눈물이 가득 고인 눈과 같은 비언어적 표현의 미세한 차이를 파악하고 이해하는 것은 어려울 것이다. 최악의 경우에 인터넷이 다운되거나 기기가 제대로 작동되지 않을 때 약속(예약)을 결국 취소해야 할 수도 있고, 어쩌면 그러는 도중에 연결이 갑자기 끊어질 수도 있다. 이는 치료 관계 및 치료에 모두 불리하게 작용한다. 그렇기에 이러한 기술을 사용하는 것은 내담자가 미국식 수화(ASL)를 구사하는 치료사와 작업할 수 있다는 이점이 치료의 다른 대안보다 더 중요한 상황으로 대부분 제한하고 있다. 마찬가지로, 통역사가 없거나 건청인 정신과 의사와 의사소통할 때 필요한 가능한 선택권이나 수단이 없는 지역에 거주하는 청각장애 내담자에게는 VRS가 유일한 선택권일지도 모른다.

심리학 그리고 청각장애인

청각장애인과 건청인 간의 정신 질환 및 손상 비율을 직접적으로 비교하는 것이 언제나 가능하지는 않겠지만, 대부분의 연구에서 청각장애인의 정신질환 유병률이 건청인의 정신질환 유병률과 유사하다고 보고되고 있다(Altshuler & Rainer, 1966; Pollard, 1994). 안타깝게도 청각장애인을 사정하는 임상가가 그들에 대한 이해가 거의 없거나 전무한 전문가일 때 여전히 공통으로 일어날 수 있는 문제다. 대체로 이들 전문가는 자신이 청각장애인을 진단할 자격이 부족하다는 것을 인지하지 못한다. 예를 들어, 건청 환자보다 청각장애 환자 사이에 편집증 또는 편집형 정신분열증의 발생률이 더 높지는 않다는 연구가 발표되고 있음에도, 지난 수년간 청각장애 환자에게 편집성 인격장애라는 진단이 부적절하게 내려져 왔다(Robinson, 1978). 이러한 행동은 일부 청각장애인의 경우 건청인에게 이용당한 경험 때문에 건청 전문가를 믿지 못하는 의심에서 비롯된 반응일 수도 있지만, 전적으로 편집증에 해당된다기보다는 적응적인 방어기제로 보는 것이 더욱 적합할 것이다. 이는 다른 인종이나 소수민족 집단 구성원에게도 적용되는 사실이다.

청력의 장애, 이 하나만이 정신병리를 일으키지는 않는다. 그보다는 오히려 유전적 요인, 신경계 기능, 환경적 스트레스원, 회복 탄력성 등의 복합적 요인이 정신병리를 야기한다(Leigh & Pollard, 2003). 이러한 차이를 고려한 연구에 따르면, 청력 손실의 특정 병인은 특정한 정신과 질환과 연관되어 나타난다. 청각장애의 원인으로 충분히 입증된 거대 세포바이러스 감염(cytomegalovirus infection), 뇌수막염, 풍진은 모두 학습장애, 주의력장애, 인지기능장애, 또는 정신지체, 충동적 행동 및 정서 불안정과 관련이 있다(Gulati, 2003). 이들 감염은 각각 반드시 그렇지는 않지만, 청각장애를 일으키는 것과는 서로 다른 방식으로 두뇌 발달에 영향을 줄 수 있다.

청각장애 내담자를 대상으로 하는 전문가 사이에 자주 거론되는 문제는 진단보고서의 축 3에 내담자의 청력 상태에 관해 기록을 해야 하는지 여부다. 축 3은 내담자의 정신건강에 영향을 미칠지 모르는 의학적 문제를 코딩하기 위해 마련된 것이다. 예를 들어, 만성 피로증후군을 가진 내담자는 내담자의 신체

질환에서 오는 제약으로 인해서 우울 증상을 경험할지 모른다. 전통적으로 난청을 주로 병리적 관점에서 보는 정신과 의사나 다른 정신건강 전문가의 경우, 청력 장애가 내담자의 정신건강에 실제로 영향을 미치는지 그 여부를 고려하지 않은 채 축 3에 청각장애 내담자의 청력 상태를 코딩화해 왔다. 이에 해당하는 사례로 청각장애 내담자가 보이는 문제가 곧 다가올 이혼과 관련된 불안이었을 때 축 3에 이 내담자의 청력 상태를 기록했던 정신과 의사를 들 수 있다. 내담자에게 신경 손상이 없는 이러한 상황에서는 불안을 의학적 상태에 의한 것으로 돌릴 이유가 없다. 이 경우 내담자의 난청이 뇌수막염에 의한 것이며 명백한 증상을 동반한 기관 손상을 일으켰다면, 축 3에 내담자의 청력 상태를 코딩하는 것은 정당할지도 모른다. 다른 시각으로 보자면, 기관이 자체적인 내부 통계를 위해서, 혹은 보조금을 받고자 청각장애인 이용 수에 대한 통계 정보를 유지하고자 하는 하나의 수단으로서 축 3에 청력 상태 기록을 의무화할 수도 있다. 이후 축 3에 의학적 상태를 적용하게 되면서, 청각장애가 치료 중인 정신건강 문제와 연관되지 않을 때 내담자의 청력 상태 증빙 자료는 더욱 적합한 다른 곳에 기재되었다.

진행 중인 쟁점

정신건강 서비스를 찾는 청각장애인을 위해, 미국식 수화(ASL)가 유창하고 청각장애인의 문화에 대해 많이 알고 있으며 청각장애 내담자와의 작업을 정식으로 훈련받은 자격 있는 치료사를 찾는 것은 어렵기도 하고 때로는 힘든 과제가 될 수 있다. 현재 누가 청각장애 내담자를 대상으로 일할 자격을 갖추었는지 결정하기 위해 정신건강 분야에서 인정하는 표준화된 자격인증 과정은 마련되어 있지 않다. 예컨대, 많은 보험회사가 그들의 청각장애 고객에게 회사 네트워크 내에서 수화가 유창한 것으로 확인된 공급자 목록을 제공하지만, 그것은 단순히 자격인증을 나타내는 양식의 '미국식 수화(ASL) 유창'에 체크

된 것을 확인한 후 회사 공급자 목록에 이름을 추가한 것이다. 소위 유능한 치료사를 식별하기 위한 이 과정에 실제 능력이나 자질과는 상관없이 청각장애 내담자를 대상으로 한 작업에 전문성을 가지고 있다고 주장하는 임상가가 포함될 여지가 얼마든지 남아 있다. 이러한 과정의 비효율성을 증명하기 위해 필자 중 한 명은 보험회사가 그녀의 내담자를 '미국식 수화(ASL) 유창'이라고 쓰인 난에 표시된 의사에게 보냈던 이야기를 해 주었다. 그 필자는 약속장소에 당도한 그녀의 내담자에게서 그 의사가 단지 네 개의 수화만을 알고 있었다는 점에 몹시 짜증이 난 모습을 발견하였다. 단지 누군가가 2년 동안 외국어를 공부했다고 해서 그 해당 언어의 검증시험을 반드시 통과할 것이라고는 생각하지 않는 것처럼(Rogers, 2005), 2년 혹은 그 이상으로 미국식 수화(ASL)와 청각장애인의 문화를 공부했다고 하더라도 그 사람이 과연 청각장애 내담자에게 치료를 제공할 자격이 있는지에 대해서는 다시 한 번 생각해 보아야 할 것이다.

청각장애 내담자가 치료사의 수화 기술에 만족하지 못하고 좀 더 쉽게 의사소통할 수 있는 외부 네트워크의 다른 치료사와 작업을 요청할 때, 보험회사가 항상 청각장애인의 요구에 세심하게 신경 쓰는 것은 아니다. 더구나 일부 회사는 청각장애인에게 그들의 제공자 목록에서 '유창한' 수화로 확인되었던 치료사에게서 허가서를 받아 오라고 요구하기까지 한다. 청각장애 내담자는 외부 네트워크의 더욱 자격 있는 제공자를 만나기 위한 보험회사의 승인을 획득하기 이전에, 치료사에게 요청하여 그의 수화 기술이 내담자에게 만족스럽지 않다는 것을 입증해야 한다. 이른바 치료사의 수화 능력과 자질을 비평해야만 하는 청각장애인의 입장에서 볼 때, 그리고 그 청각장애인이 그들의 의사소통에 관해 어떻게 느꼈는지 처음부터 깨달든 그렇지 못했든 간에 치료사의 입장에서 보았을 때에도 그러한 요청이 야기할 어색함은 충분히 상상할 수 있을 것이다. 놀랍게도, 자신의 수화 실력과 청각장애 문화에 대한 지식을 과대평가하는 건청인 전문가의 수는 전문가의 수화 실력이 평균 이하라고 그 전문가에게

직접 말하기를 꺼리는 청각장애 내담자의 수와 동일할 정도로 많다. 청각장애인 공동체의 규모가 작고 청각장애 내담자의 경우 앞으로 언젠가는 건청인 치료사와 만나게 될 가능성이 있기 때문에, 청각장애 내담자는 자격이 없다고 생각되는 치료사를 비판하여 갈등을 불러일으키는 것에 대해 더 많이 주저할지도 모른다.

청각장애 내담자를 대상으로 일하는 치료사는 청각장애 문화에 대한 철저한 이해, 미국식 수화(ASL)의 유창성 및 청각장애인과의 작업에 대한 전문 훈련 경험을 갖추는 것이 무엇보다 중요하다. 수화를 하지 못하는 건청인 치료사라면 최소한 치료 과정에서 언어적 · 문화적 연계를 제공할 수 있는 자격 있는 미국식 수화(ASL) 통역사와 항상 연계성을 가져야 한다. 명확한 의사소통은 청각장애 내담자가 그들의 정당성과 연계성을 느끼도록 보장하는 데 필수적인 요소다(Leigh et al., 1996). 청각장애 문화와 이들 공동체에 대한 지식이나 이해가 거의 없고 청각장애 내담자와의 직접적인 의사소통 수단조차 없는 치료사는 마치 영어를 사용하는 미국인 치료사가 힌디어를 사용하는 인도인과의 치료를 시도하는 것과 마찬가지인 셈이다. 치료사는 내담자의 인생 경험이 어떠했는지에 대한 이해없이, 내담자 문화의 규준이나 가치관을 이해하지 못한 채 그리고 내담자 문화 집단 내에서 전형적인 것과 비전형적인 것이 무엇인지 구분해 줄 수 있는 방법 없이, 내담자의 이야기가 의미하는 바를 알아낼 수 없을 뿐더러 중요한 이해의 장으로 확장해 나갈 수도 없다.

정신건강 분야의 통역사는 이 분야 특유의 정신건강과 질환에 대한 개념 및 용어에 정통할 수 있도록 전문적인 훈련이나 교육을 받아야 한다. 또한 이러한 훈련은 정신건강 서비스 환경에서 통역사로서의 역할과 치료 진행 과정을 이해할 수 있도록 도와준다. 예를 들면, 치료사는 치료 회기 동안 흐느껴 우는 내담자를 관찰해야만 하는 상황에 통역사를 투입할 수도 있다. 정신건강과 관련된 통역을 할 때 요구되는 전문화된 훈련을 받은 통역사라면 내담자에게 휴지를 건넨다거나 우는 것을 달래는 것이 적합하지 않은 행동이라는 것을 인식할 것이다. 그것은 겉보기에 대수롭지 않은 제스처로 보일 수도 있지만, 내담자의 자기표현을 촉진하려는 치료사의 목표를 저해할 수 있다. 또 다른 예로, 훈련받지 않은 미숙한 통역사는 치료적인 사안 중의 하나가 내담자에게 적합한 사회적 기술 발달에 있다는 것을 알아채지 못하고 버스 요금을 바꿔 달라는 내담자의 요청을 들어줄 수도 있을 것이다.

청각장애 내담자를 대상으로 하는 건청인 치료사라면 누구나 서로 다른 문화로 인해 치료적 관계에서 일어날 수 있는 문제에 대해 항상 자각하고 있을 필요가 있다. 압박받고 차별당했던 청각장애인의 경험이 때때로 건청인 전문가를 향해 불신과 분노의 감정을 일으키게 한다는 것은 당연하다. 일부 청각장애인은 종종 자신을 건청인의 보호나 도움이 필요한 불쌍한 존재로 바라보는 잘못된 인식을 가진 이들을 너무나 많이 만나 왔기 때문에 청각장애인을 대상으로 일하려는 건청 전문가의 의지에 의문을 가진다. 이러한 불신 또는 의심은 치료적 관계와는 상치될 수 있다. 서로 다른 문화로 야기되는 문제의 또 다른 예로는 눈 맞춤이 있다. 청각장애인을 대상으로 의사소통 시에 눈 맞춤을 유지하는 것은 사실상 언급할 필요가 없는 당연한 일이다. 누군가가 이야기하는 동안 눈길을 돌리거나 얼굴을 돌리는 것은 무례한 것으로 여겨진다. 건청인 임상가가 청각장애 내담자가 이야기하는 동안 메모를 하느라 구부정한 자세를 취했다면, 아마도 청각장애 내담자는 임상가가 전혀 주의를 기울이고 있지 않다거나 관심이 없다는 감정과 마주치는 것에서 벗어나고 싶어 할 것이다. 이보다 더 나쁜 상황은 임상가가 내담자에게 직접적으로 말하지 않고, 통역사에게 어떤 것을 '그녀에게 물어보세요' 또는 '그에게 말하세요'라고 지시하는 것이다. 신뢰성 있는 관계 형성과 유대감 없이 어떠한 치료적 진전을 기대하기는 어려울 것이다.

정신건강 관련 환경에서 통역사의 존재는 많은 이슈를 가져올 수 있다. 그중 가장 중요한 문제는 통역사를 사용하는 것이 실제적으로 임상가와 청각장애 내담자 간의 모든 의사소통 문제를 자동적으로 해결해 주지 않는다는 점에 있

다. 건청인 사이에는 미국식 수화(ASL)가 단지 단어를 대체하는 신호일 뿐이라는 오해가 널리 퍼져 있는데, 사실 영어와 미국식 수화(ASL)는 각기 고유의 문법 구조와 구문을 가진 완전히 다른 두 개의 언어라고 할 수 있다. 통역을 한다는 것은 통역사의 뛰어난 기술과 판단력을 요하는 정교한 과정이다. 그것은 단순히 대화 순서대로 임상가가 말하는 단어를 수화로 나타낸다든가 청각장애인의 수화를 소리 내어 음성화하는 흑백의 뚜렷한 과정이 아니다. 통역을 하면서 잘못 바꾸어 말할 때, 그 의미는 때때로 잘못 전해지거나 오해될 수 있다. 수화가 제1언어가 아닌 통역사로서는 미국식 수화(ASL)가 제1언어인 청각장애인만큼이나 수화가 항상 유창하지 않을 수도 있다. 이는 통역사의 수화가 실제로 무엇을 말하는지 이해하기 위해 매우 고군분투하고 있는 일부 청각장애 내담자가 존재한다는 사실을 의미한다. 그 결과, 치료사의 질문이나 의견에 대해 청각장애 내담자는 부적절하게 반응할 수 있다. 이러한 상황에서 뭔가 다른 일까지 겹친다면, 건청인 임상가는 관여된 세 사람 중 과연 어느 쪽에서 의사소통 단절이 생기게 되었는지에 관해 혼란과 의문을 가지게 될 것이다. 또 다른 임상가는 통역의 오류로 내담자의 대답이 의미하는 바를 알아채지 못하고 그 청각장애 내담자가 인지적 또는 지적 한계가 있는 것으로 부정확한 가정을 할 수도 있다.

같은 맥락에서 통역사는 청각장애 내담자가 하는 수화를 모두 이해할 수 없을 수도 있는데, 이는 건청인 임상가에게 부정확한 통역을 하도록 만들고 궁극적으로 부정확한 진단과 치료계획을 초래한다. 한번은 통역사가 청각장애 내담자의 수화 단어 '유산(miscarriage)'을 잘못 읽고 대신에 그것을 '낙태(abortion)'로 통역한 일이 있었다. 치료 상황에서 그러한 통역 오류가 존재할 때 일어날 반향은 아마 충분히 상상할 수 있을 것이다. 방에 통역사를 배치하는 간단해 보이는 조치가 들을 수 있는 건청인 임상가와 들을 수 없는 청각장애 내담자 사이에 항상 공평한 활동의 장을 제공하는 것은 아니다.

이에 관한 또 다른 예는 전형적인 정신분열증에서 보이는 와해된 사고과정으로 인한 지리멸렬한 단어와 어구, 일련의 의미 없는 말이 두서없이 이어지는 '말비빔(word salad)' 증상을 잘못 해석하는 것에서 찾을 수 있다(Corsini, 1999). 정신건강 관련 문제에 관하여 잘 훈련되어 있는 통역사는 무슨 일이 일어나고 있는지 인식하고 그 상황을 임상가에게 알려 주기 위해 주의를 기울이며 그에 맞게 바꾸어 말할 것이다. 반면에 말비빔 증상에 생소한 통역사는 수화를 말끔히 '정화(clean up)'하고는 그것을 좀 더 이치에 맞는 어떤 말로 바꾸려고 할 것이며, 그 때문에 임상가에게 중요한 결정적인 증상을 놓치게 된다. 이와는 반대 상황으로, 내담자의 수화를 잘못 이해한 자격 없는 통역사는 내담자의 수화를 미국식 수화(ASL) 구조에 따라 한 마디 한 마디 그대로 전달하거나 음성화할지도 모르며, 이는 전혀 사실이 아니었음에도 건청인 임상가에게 내담자가 말비빔 증상을 취하고 있다는 인상을 줄 수 있다.

통역과 관련된 그 밖의 다른 이슈는 통역사의 일정, 기술 증명, 또는 통역사와 함께 일하는 방식을 알아야 하는 관계자 모두를 확보하는 것과 같은 실질적 업무조직과 관련된 문제다. 전이와 역전이의 문제는 서로 관련되어 있는 상이한 당사자 사이에서 일어날 수 있다. 일부 상황에서 청각장애인은 특히 그들이 서로 아는 친구를 공유하고 있다거나 자주 다른 환경에서 만나게 된다면 비밀을 유지하고자 통역사를 신뢰하지 않을지도 모른다. 그들은 통역사가 자신의 개인적인 문제에 관해 아는 것을 원치 않을 수 있다. 따라서 청각장애 내담자에게 정신건강 서비스 약속을 잡을 때 선호하는 통역사를 선택하도록 하는 것이 효과적이고 최선의 해결책이 될 수도 있지만 그러한 자유가 주어지는 일은 거의 없다. 또한 통역사가 치료 과정에서 가지게 될지도 모르는 긍정적 · 부정적 영향에 대해 인식하는 것은 매우 중요하다. 물론 통역사는 최선을 다하겠지만, 그럼에도 그들이 항상 중립적인 것은 아니다. 일반적으로 용인되고 있는 관례로, 예정된 건청인 전문가와의 만남이나 상호작용에 앞서 대기실에서 청각장애 내담자와 간단히 대화를 나누는 통역사와 관련된 예에 관해 살펴보겠다. 사실 이것은 내담자의 수화 방식을 사정하고 내담자의 요구에 맞추어 수화를 조절해야 하는 통역사를 위한 것이다. 그러나 정신건강 관련 환경에서 이렇게 '알아가고 친밀해지게 되는' 대화는 불쾌감을 주지 않는 주제에 초점을 두고, 또한 통역사가 어떤 한 방향으로 치우치지 않도록 하는 것이 특히 중요하다. 예컨대, 통역사가 대기실에 앉아 있는 동안 교회 모임에서 눈썰매를 타러 갔던 최근 자신의 경험에 관해 내담자와 이야기를 나눈다면, 이는 대화의 맥락상 불쾌감을 주거나 거슬리지는 않지만 예상 외의 결과를 가져올 수 있다. 통역사가 교회 단체와 관계를 맺고 있다거나 특정 종교적 신념을 가질 수 있다는 것을 알게 된 내담자는 이후 낙태 여부를 결정해야 하는 자신의 어려움을 치료사에게 드러내는 데 있어서 남을 의식하거나 경계심을 나타낼 수도 있으며, 이로 인해 치료 과정은 방해받거나 지연되게 된다.

청각장애인에게 사정 도구를 사용하는 임상가는 그 도구가 청각장애인을 대상으로 할 때 과연 적합한 것인지 고려해 보는 태도가 필요하다. 말이나 글로 된 영어가 필요한 도구는 반드시 신중히 고려한 후에 청각장애 내담자에게 실시해야 한다. 청각장애인에게 있어 영어는 대개 제2언어가 되기 때문에, 영어로 된 도구를 실시하기 위해서는 먼저 독해 수준을 확인하는 것이 매우 중요하다. 심지어 청각장애인에게 있어 영어가 구두 또는 정확한 영어를 나타내는 SEE(Signed Exact English)에 의한 제1언어라 할지라도, 청각장애인이 영어에 접근하는 방식은 건청인과는 다르다고 할 수 있다. 오로지 눈이나 제한된 청력 기능을 통해 영어를 학습할 때 언어의 미묘한 차이를 배우지 못하게 되며, 이렇게 미묘한 차이를 파악하지 못하는 것은 예를 들어 라디오 매체나 대화를 거쳐 이야기를 들을 때 더욱 심해진다. 또한 언어적성을 측정하는 검사는 간접적으로 교육과 관련된 것을 측정하기 때문에, 청각장애인 모두가 충분한 교육을 받을 만큼 운이 좋지는 않았다는 사실로 미루어 볼 때 그것이 청각장애인의 언어 수행에 대한 신뢰성 있는 지표로 작용하지 않을 수 있다. 더욱이 많은 사정 도구는 건청인의 관점에서 본 미국 문화에 관한 지식을 다루고 있다는 점을 꼭 염두에 두어야 할 것이다. 예컨대, 음악과 관련된 검사 문항은 청각장애인 수

검자에게 매우 생소할 것이다.

한편 청각장애 인구에 대한 타당성 있는 규준이 확보되지 않은 검사가 많다는 사실은 점수 해석에 있어서 어려움을 가져온다. 게다가 청각장애인에게 정해진 사정을 실시하는 과정은 특별한 주의가 필요하다. 예를 들어, 기억력은 내담자가 일련의 숫자를 들은 다음 그것을 역순으로 되풀이하는 것을 통해 측정된다. 그런데 검사자가 미국식 수화(ASL)를 제1언어로 사용하는 사람이 아니라면, 숫자를 읽는 동안 억양의 강약이나 지화(fingerspelling)가 기억 시 숫자를 정확하게 떠올리는 내담자의 능력에 부정적인 영향을 미쳐 청각장애 내담자가 지각하는 데 어려움을 줄 수 있다. 건청인 내담자를 대상으로 한 예로는 강한 악센트가 있는 검사자가 숫자열을 읽는 것을 듣는 경우를 들 수 있다. 익숙하지 않은 목소리는 의도하지 않게 내담자의 기억에 영향을 미침으로써 사정 결과에도 영향을 미친다. 시각적 기억과 청각적 기억은 다른 방식으로 측정되기 때문에, 청각적 기억 과제를 시각적 기억 과제로 그대로 옮기는 것 또한 그 타당성이 의심스러울 수 있다.

정신상태 검사는 잠재적으로 또 다른 오해의 소지가 있다. 청각장애 내담자를 대상으로 할 때, 임상가는 얼굴에 종종 정서적인 표현을 수반하는 미국식 수화(ASL)의 수식어구를 혼동하지 않도록 주의하며 수화와 감정 간의 차이를 구분할 수 있어야 한다. 유감스럽게도 경험이 부족한 것으로 보이는 한 건청인 임상가는 어떤 청각장애 내담자의 행동을 청각장애인 사회의 언어적 · 문화적 규범 내에서 볼 때 크게 미달하는 것으로 인식하지 못하고 오히려 그 내담자를 '지나치게 감정적인' 것으로 기술하였다. 그러다 보니 방 건너편에 있는 누군가의 관심을 끌기 위해 발을 크게 구르는 것과 같은 행동이 문화적 맥락에 맞추어지지 않고 외현적인 공격 행동으로 잘못 해석되었다. 정신상태 검사에 일반적으로 포함되어 있는 숙어나 구어체 언어 표현은 청각장애 내담자를 대상으로 할 때에는 종종 적합하지 않다. 모국어로 영어를 사용하지 않는 사람에게 '구르는 돌에는 이끼가 끼지 않는다(a rolling stone gathers no moss)'를 설명하도록 요청한 임상가는 아마도 멍하니 바라보는 수검자를 만나게 될 것이다. 그러나 이는 추상적 사고 능력의 부족이나 지능의 부족을 반영하는 것이 아니라 오히려 문화적 장벽을 의미하는 것처럼, 청각장애 내담자에게 '이러쿵저러쿵 하지 마라(no ifs, ands, or buts)'는 표현을 기억했다가 15분 후에 반복하도록 요청하는 것은 적절하지 않다. 건청인의 경우 그러한 표현을 노래가사나 라디오에서 들어 왔을 수 있으며, 그것을 기억에서 인출하는 데 있어 큰 어려움을 겪지 않는다. 그러나 청각장애인에게는 그 표현이 아무런 의미도 없을뿐더러 친숙하지도 않기 때문에 회상하기가 거의 불가능하다. 마찬가지로 '우울하다(feeling blue)'는 표현 또한 영어에 최소한으로 노출된 청각장애인에게는 이해되지 않을 수 있다.

청각장애 내담자를 대상으로 한 미술치료 적용

미술치료는 시각적이고 촉각적인 치료 양식을 취하고 있기 때문에 특히 청각장애인과의 작업에 알맞은 방식이라고 할 수 있다. 자기 표현과 의사소통을 위한 창의적인 표현 수단으로서, 미술치료는 깊은 내면의 생각이나 감정의 의미를 탐색하고 전하고자 하는 내담자를 위해 더욱 쉽고 안전한 방법을 제공한다. 단어 및 수화가 제대로 되지 않을 때 종이에 그려진 색과 형태, 점토 모형, 또는 입체적으로 만들어진 형태는 종종 이전에 표현하지 못했던 생각이나 감정을 전할 수 있다.

미술치료는 수화를 사용한 의사소통을 대체하기 위해서나 임상가의 수화 기술 부족을 보상하기 위해서 사용되어서는 안 되지만 의사소통이 문제가 될 수 있는 특정 상황에서 청각장애 내담자를 대상으로 할 때 효과적으로 사용될 수 있다. 또한 최소한의 언어적 능력을 가진 청각장애 성인과 아동 모두에게 미술치료라는 도구를 사용하는 것은 새로운 표현의 자유를 찾을 수 있도록 하여 의사소통의 단절을 메워 주는 역할을 한다. 미술치료를 통해 건청 아동이 즐기고 활동했던 것과 같은 방식으로 청각장애 아동 역시 그들의 의사소통 능력이나 수화의 유창성과는 관계없이 즐겁게 할 수 있다는 것이 미술치료의 장점이다.

작품을 해석하거나 논의할 때, 치료사는 청각장애 내담자에게서 표면화될 수 있는 특별한 문제나 주제에 관해 잘 알고 있어야 한다. 예컨대, 청각장애 내담자 특유의 외상적 문제로는 음성언어를 사용하는 학교에서 수화가 금지되거나 잔인하고 학대적인 방법으로 처벌받은 경험이 포함될 수 있다. 건청 부모와 청각장애 아동 사이에 좌절감을 불러일으키는 의사소통의 장벽이 있는 일부 가족 내에서 아동은 학대적인 치료에 시달려 왔을지도 모른다. 고립, 열등감, 자기혐오와 같은 특정 주제는 청각장애인이 듣지 못하는 것과 관련된 부정적인 경험을 했을 때 나타날 수 있다. 압박감 역시 또 다른 주제가 될 수 있다. 치료사는 청각장애 내담자의 미술작품이 만들어지는 일련의 과정을 보면서 일반화를 피하기 위한 최선의 노력을 해야 할 것이다. 예를 들면, 그림에서 귀의 유무가 의미하는 바는 청각장애 내담자 개인마다 서로 다를 수 있다. 귀의 생략은 한 내담자에게는 청력 상태의 손실을 나타내지만 또 다른 이에게는 오히려 듣는 것에 매우 몰두해 있는 상태를 나타낼 수 있고, 또는 단순하게 그 내담자에게 귀가 별로 중요하지 않다는 것을 반영할 수도 있다. 마찬가지로, 비율상 상대적으로 큰 귀는 청력 상태에 대한 큰 염려를 암시할 수 있지만 단지 미술적 기교의 부족을 나타내는 것일 수도 있다.

청각장애 내담자를 대상으로 하는 미술치료사는 의사소통에도 신경 써야 하지만 미술치료 내에 존재하는 그러한 의사소통에 주의해야 한다. 치료사는 예를 들어 '당신을 사랑합니다(I love you)'를 뜻하는 손 모양인 'ILY'나 '사랑(love)'을 의미하는 수화를 포함하여 내담자가 그들의 미술작품에 포함할지 모르는 미국식 수화(ASL)를 알아볼 수 있어야 한다. 쓰기에서 문법적 오류가 특징적으로 나타날 때에는 청각장애 내담자의 교육 배경이나 제1언어로 영어를 사용하지 않는다는 맥락에서 보아야 하며, 그것을 반드시 내담자의 지적 수준을 반영하는 것으로 해석해서는 안 된다. 일부 청각장애 내담자는 창조적 표현의 한 수단으로 일부러 미국식 수화(ASL)의 단어 순서대로 영어를 쓸지도 모른다.

가족미술치료는 청각장애 구성원이 고립되어 있거나 소수인 가족을 대상으로 활용될 때 그동안 알아차리지 못했던 상호작용 양식이나 의사소통 양식을 밝혀낼 수 있도록 한다. 청각장애 가족 구성원과 건청인 가족 구성원 간의 가족 역동을 직접 경험하거나 또는 관찰하는 것은 가족 구성원의 관계 내에 통찰과 변화를 이끌어 내는 강력하고 계몽적인 효과를 가질 수 있다. 예를 들어, 어항 만들기 활동은 가족에게 해초, 동굴, 또는 바위와 같은 장식품을 꾸미는 것 외에도 가족 구성원 각자 물고기를 만들도록 하여 그들만의 어항을 2차원으로 설계할 기회를 제공한다. 이때 다른 가족 구성원과 비교하여 각 개인이 만든 물고기의 디자인과 배치, 그리고 작업하는 동안의 상호작용과 더불어 작업 단계 이후의 상호작용 또한 가족관계 형태에 관해 많은 것을 드러내 보일 수 있다.

요약하면, 미술치료는 미술치료 특유의 사정 및 치료 양식 때문에 청각장애 내담자와 그들을 대상으로 하는 정신건강 관련 전문가로 하여금 많은 것을 나타낼 수 있게 해 주는 방식이다. 시각적이며 동시에 촉각적인 미술치료만의 이러한 본질적 성격은 특히 청각장애인을 대상으로 활용될 때 매우 적합한 양식이다. 임상가가 청각장애 인구와 효과적으로 라포(rapport)를 형성할 수 있다는 것은 청각장애인이 미국 정신건강체계 내에서 견뎌 왔던 압박이나 온정주의(paternalism)와 같은 역사적 형태에 대해 민감하게 인식하고 있다는 것이며, 또한 그들의 문화와 언어, 청각장애인의 다양성에 대해 잘 이해하고 있다는 것을 의미한다. 미술치료는 치료적 틀 안에서 이러한 긍정적인 변화를 일으키는 데 중추적인 역할을 하고 있다.

참고문헌

Altshuler, K. Z. (1971). Studies of the Deaf: Relevance to psychiatric theory. *American Journal of Psychiatry, 127*(11), 1521-1526.

Altshuler, K. Z., & Rainer, J. D. (1966). *Comprehensive mental health services for the Deaf.* New York: Department of Medical Genetics, New York State Psychiatric Institute, Columbia University.

Altshuler, K. Z., Baroff, G. S., & Rainer, J. D. (1963). Operational description of pilot clinic. In J. D. Rainer, K. Z. Altshuler, & F. J. Kallmann (Eds.), *Family and mental health problems in a deaf population* (pp. 155-166). New York: Department of Medical Genetics, New York State Psychiatric Institute.

Annual Survey of Hearing Impaired Children and Youth. (1992-1993), Center for Assessment and Demographic Studies, Gallaudet University.

Bahan, B. (2004, April 14). Memoir upon the formation of a visual variety of the human race. Deaf Studies Today 2004 Conference Proceedings, 17-35.

Corsini, R. (1999). *The dictionary of psychology.* Braum-Brunfield: Ann Arbor, MI.

Gulati, S. (2003). Psychiatric care. In N. Gilickman, & S. Gulati (Eds.), *Mental health care of Deaf people: A culturally affirmative approach.* Mahwah, NJ: Lawrence Erlbaum Associates.

Kendall, C. J. (2002). Unpublished predissertation. Psychiatric hospitals and residential facilities in the United States specifically serving Deaf adults with mental illness. Gallaudet University.

Lane, H., Hoffmeister, R., & Bahan, B. (1996). *A Journey into the Deaf world.* San Diego, CA: DawnSignPress.

Leigh, I. W. (1991). Deaf therapists: Impact on treatment. In Proceedings of the Eleventh World Congress of the World Federation of the Deaf: Equality and Self-reliance (pp. 290-297). Tokyo.

Leigh, I. W., Corbett, C. A., Gutman, V., & Morere, D. A. (1996). Providing

Psychological Services to Deaf individuals: A response to new perceptions of diversity. *Professional Psychology: Research and Practice, 27*(4), 364-371.

Leigh, I. W., & Pollard, R. Q. (2003). Mental health and deaf adults. In M. Marschark & P. Spencer (Eds.), *Oxford handbook of deaf studies and deaf education* (pp. 203-215). New York: Oxford University Press.

Marazita, M. L., Ploughman, L. M., Rawlings, B., Remington, E., Arnos, K. S., & Nance, W. E. (1993). Genetic epidemiological studies of early-onset Deafness in the U. S. school-age population. *American Journal of Medical Genetics, 46*, 286-491.

Moores, D. (2001). *Educating the Deaf: Psychology, principles, and practices* (5th Ed.). Boston: Houghton Mifflin.

Morton, D., & Kendall, C. J. (2003). *Mental health services for Deaf people: A resource directory*, 2003 edition. Washington, DC: Gallaudet.

Nancy Doe V. Charles Buck, Case #N-82-2409 (d. Md.).

National Center for Health Statistics. (1994). *Data from the National Health Interview Survey* (Series 10, Number 188, Tables 1, B, C, 2). Washington, DC.

Padden, C. (1980). The Deaf community and the culture of Deaf people. In C. Baker & R. Battison (Eds.), *Sign language and the Deaf community* (pp. 89-103). Washington, DC: National Association of the Deaf.

Padden, C., & Humphries, T. (1988). *Deaf in America: Voices from a culture*. Cambridge, MA: Harvard University Press.

Pollard, R. Q. (1994). Public mental health services and diagnostic trends regarding individuals who are Deaf or hard of hearing. *Rehabilitation Psychology, 39*(3), 147-160.

Raifman, L. J., & Vernon, M. (1996). Important implications for psychologists of the Americans with Disabilities Act: Case in point, the patient who is Deaf. *Professional Psychology: Research and Practice, 27*(4), 372-377.

Raifman, L. J., & Vernon, M. (1996). New rights for Deaf patients: New responsibilities for mental hospitals. *Psychiatric Quarterly, 67*(3), 209-220.

Robinson, L. (1978). Sound minds in a soundless world (DHEW Publication No. ADM 77-560). Washington, DC: U.S. Government Printing Office.

Rogers, P. (2005). Sign language interpretation in testing environments. In J. L. Monty & D. S. Martin (Eds.), *Assessing deaf adults* (pp. 109-122). Washington, DC: Gallaudet University.

Steinberg, A. G., Sullivan, V. J., & Loew, R. C. (1998). Cultural and linguistic barriers to mental health service access: The Deaf consumer's perspective. *American Journal of Psychiatry, 155*(7), 982-984.

Stokoe, W. C., Jr., Casterline, D., & Croneberg, C. (1965). *A dictionary of American sign language on linguistic principles.* Washington, DC: Gallaudet College Press.

Sussman, A. E., & Brauer, B. A. (1999). On being a psychotherapist with Deaf clients. In Leigh, I. W. (Eds.), *Psychotherapy with Deaf clients from diverse groups* (pp. 3-22). Washington, DC: Gallaudet College Press.

미술을 사용한 청각장애 아동·청소년의 인지 기술 사정과 개발

-Rawley Silver

필자가 청각장애 학생을 대상으로 일하기 시작했던 1961년 당시에는 대부분의 학교에서 수지언어(manual language)[1]를 사용하지 못하도록 금지하고 있었다. 이러한 분위기는 청각장애 학생은 구화나 말하기를 배워야만 하며, 그렇게 하지 않을 경우 듣는 것을 통해 정보를 수집하는 것이 주가 되는 주류 사회에서 고립되어야 한다는 의식에 따른 것이었다. 그 결과, 학교 수업의 대부분은 구화에 할애되었으며 다소 학습하기 용이한 수지언어는 금지되었다. 그럼에도 청각장애 아동은 서로 은밀하게 수화를 사용하였고, 이는 각 학교마다 고유의 비밀스러운 수화가 발달되도록 하였다.

필자는 중년기에 우연히 청력을 잃게 되면서 청각장애 아동에게 관심을 갖기 시작하였다. 청력은 점차 대부분 회복되었지만, 얼마 동안 귀가 들리지 않은 경험은 필자에게 매우 놀라운 것이었다. 만약 어렸을 때 청각을 잃었다면 어떠한 삶이 펼쳐졌을지 필자는 깊이 생각하게 되었다. 또한 시각예술은 필자에게 매우 중요한 것이었기 때문에 그것이 청각장애 아동의 삶에도 역시 중요한지 궁금하였다. 그림을 그리는 것은 필자의 천직이었고, 청력을 잃는 사고가 있기 전에는 몇몇 사람에게 개인교습을 한 적도 있었다.

필자는 청각장애 학생이 다니는 각 학교 미술반을 방문하였다. 어느 한 학교 청소년의 경우에는 붓에 초록색 물감을 묻힌 다음 교대로 추상적인 문양의 윤곽선 안을 채우고 있었다. 또 다른 학교의 경우 10세 아동이 크리스마스트리 장식품을 그들 교사를 따라 단계적으로 만들고 있었고, 청소년에게 점토로 만드는 것은 허용되지 않고 그것을 단지 틀에 붓는 것만 가능하였다. 세 번째 학교에서는 크레용을 부러뜨리거나 종이를 허비하는 학생을 식별하여 명단을 게시하고 있었다.

---

1) 역주: 언어 획득과 의사 전달의 한 수단인 수화(기호화한 손짓이나 몸짓)는 대화가 적기 때문에 지문자 등으로 보완할 필요가 있다. 이와 같이 수지를 사용한 기호를 수지언어(manual language)라 한다. 수지기호에는 음소, 문자, 의미 레벨의 것이 있는데, 문자 레벨의 것은 지문자에 해당하며 의미 레벨의 것은 수화에 해당한다.

필자는 미술교사가 없는 학교에서 미술을 가르쳐 보겠다고 자원하였다. 그것은 가능하기는 했지만, 필자가 인가된 연구과정에 있는 대학원생일 경우에만 가능한 일이었다. 따라서 필자는 컬럼비아 대학교의 교육대학에 등록하였는데, 특수교육 분야에서는 필자의 견해에 관심이 없었기 때문에 미술과 미술교육학과 석사과정에 입학하여 특수교육 과정을 추가하였다. 1961년 당시 필자는 미술치료에 관해 들어 보지 못했다. 필자의 제안은 뉴욕시 교육위원회에 받아들여졌으며, 필자는 입술 모양을 읽을 수 없을 뿐만 아니라 말하기도 되지 않는 아동과 작업하기 시작하였다. 필자가 수화를 할 줄 몰랐기 때문에 우리는 처음에 몸짓이나 제스처를 통해 의사소통하였고, 그리는 것으로도 생각을 전달하려고 노력하였다. 필자가 빨리 스케치를 하면 그들은 스케치로 대답을 하기도 하고 어떤 메시지가 감지될 때 멈추기도 하였다. 점차 메시지는 특정 개인이나 그들 간의 관계에 대한 것으로 더욱 개인적인 것이 되어 갔다.

그 학급에 새로운 아동이 합류하였을 때 필자는 나의 가족(두 아이와 남편 및 나 자신)을 빨리 그리기 시작했고, 아동에게도 함께 살고 있는 가족을 그리도록 하였다. 우리의 만남이 그림을 그리는 데 할애되면서 아동은 그들의 상상력으로 그림을 그리기 시작하였다. 아동이 시작하는 데 있어 도움이 필요하다면, 필자는 동물이나 그 밖의 다른 주제에 대해 스케치했다. 가장 인기 있는 스케치는 다른 아동에게도 다시 제시되었고 결국 56장의 자극 그림 카드가 완성되었다(Silver, 1982-2002).

필자는 너무나 표현이 잘된 아동 반응의 일부를 가지고, 청력 손상이 있는 아동의 교육에 있어서 미술의 잠재력이라는 연구를 준비하여 *Volta Review*라는 저널에 게재 신청을 하였다. 3개월을 기다렸지만 응답이 없어 필자는 연구의 반환을 요청한 다음 *American Annals of the Deaf*로 발송하였으나 편집자는 즉시 내 연구를 돌려보냈다. 필자가 *Eastern Arts Quarterly*에 게재 신청을 하였을 때 마침내 연구가 받아들여졌다(Silver, 1962). 게다가 그것은 *Rehabilitation Literature*에 요약되어 실렸으며 갈루뎃 대학교의 부총장이자

*American Annals of the Deaf*의 전 편집장이 편저한 책에 다른 제목으로 실려 출간되었다(Fusfeld, 1967).

필자의 견해가 어느 정도 지지를 받기는 했지만, 이에 반대하는 움직임 또한 일어나 저널에서 또 다른 연구로 성장하였다. 청각장애 학생을 가르치는 일부 교육자는 필자의 접근을 구두 교수법을 위협하는 것으로 보았다. 다른 이들은 미술을 바쁜 업무를 더 늘려 나가는 것 정도로 생각하였다. 1967년 이루어진 조사에 따르면, 청각장애 학생을 대상으로 하는 학교의 단지 54%만이 미술 교사를 고용하고 있었고, 20%는 아예 미술수업을 하지 않았다(Howell, 1967).

미술교육자의 경우, 필자의 접근법이 미술교육에 해가 된다고 판단하였다. 사람에 따라서는 미술을 '심리학적 도구'로 사용하는 데 반대하였으며, 학생들이 쉽고 정당하지 않은 성공을 획득한다면 표준이 되는 기준을 유지할 수 없을 것이라고 경고하였다. 다른 이들은 미술을 의사소통의 수단으로 사용하는 데 반대하였다. 필자는 미국 교육부에서 지원받은 시범사업을 수행하는 데 있어 기대치가 비현실적일 정도로 낮다는 사실을 깨닫게 되었다(Silver, 1967). 이 사업의 목적은 시각예술에서의 적성, 흥미 및 직업 기회에 관한 정보를 구하고 청각장애 아동이나 성인을 가르치는 효과적인 방법을 찾는 데 있었다. 후원조직의 위원장이 이 사업을 승인했음에도 사업 관리자는 의심을 나타냈다. 필자의 미술수업에 와서 지원할 것으로 기대되는 누구라도 내게 그렇게 말했다. 그 외에도 필자가 학생들을 찾기 어려울 것이라는 충고가 있었다. 그러나 그들이 실수한 것이었다. 미술수업을 한다는 공고가 나가자 신청이 쇄도하여 우리는 두 번째 학기를 추가해야만 했다.

두 번째 학기는 새로운 학생들을 위해 계획되었기 때문에, 만약 첫 번째 학기의 학생들이 미술수업을 계속하기 바랄 경우 그들은 다른 곳에서 하는 미술수업을 알아보아야 했다. 그들을 돕기 위해 필자는 23개의 미술학교 외에도 여러 군데의 사회복지관, YMCA, 성인교육 프로그램에 접촉하였다. 몇몇 청각장애 학생의 요청은 기꺼이 받아들여졌지만 대부분은 그렇지 못했기에 첫 번째 학기에 참가했던 8명의 아동 중 5명은 다음 학기 수업을 찾을 수 없었다. 예를 들어, 'Y'라는 방과 후 프로그램 책임자는 자신이 청각장애 아동에 대한 경험은 없지만 아동이 '미술에 대한 진지한 관심을 가지고 있고 일반 아동과 잘 지낼 수 있다면' 고려해 보겠다고 말하였다. 그녀는 추천된 아동을 인터뷰할 것이지만 그들의 포트폴리오를 검토하거나 시범사업으로 이루어진 미술수업을 관찰하지는 않겠다고 말했다.

또한 필자는 뉴욕 현대미술관이 제공하고 있는 아동미술 프로그램의 책임자에게 필자의 (청각장애) 학생 중 1명이 그 프로그램에 참여할 수 있을지의 여부를 묻는 편지를 보냈다. 필자는 그가 14세이며 남다른 재능이 있어 보인다고 썼다. 그는 거의 말을 하지 못했지만 매우 빠른 이해를 보이며 매력적인 성격을 가진 아동이었다.

그 책임자는 뉴욕 현대미술관이 장애 학생을 맡을 만한 '설비를 갖추지 못했다'는 이유로 관심을 보이지 않았다. 아동이 나이가 좀 더 어렸다면 어머니와 함께 참여하는 것이 가능했을지 모르지만, 그는 14세로 그렇게 하기에는 너무 나이가 많았다.

프로젝트는 계속되었고, 필자는 미술수업을 관찰하고 질문지에 대한 응답을 받기 위해 11명의 교육자를 초청하였다. 그중 2명은 청각장애 학생에게 교과목을 가르쳤으며, 3명은 건청 학생에게 미술을 가르쳤고, 나머지 6명(2명은 미술을, 4명은 교과목을 가르침)은 청각장애 학생과 건청 학생 모두를 가르쳤다.

딱 1명의 교육자만이 청각장애 학생이 열등한 것으로 보고하였는데, 그 사람은 오로지 청각장애 학생만을 가르쳤던 2명의 교육자 중 한 사람이었다. 다른 교육자는 독창성, 독립성, 표현력 및 감수성에 있어 청각장애 학생이 우수하다거나 또는 건청 학생과 동등한 수준이라고 평가하였다.

미술수업 프로젝트에 참가한 한 학생(이하 '찰리'라고 부름)은 입술 모양 읽기나 말하기를 할 수 없었음에도 재능 있고 특히 총명해 보이는 소년이었다. 심리학자들이 그를 테스트하는 데 관심이 없었기 때문에 필자는 3명의 저명

한 전문가에게 지원을 요청하는 글을 썼다. 그중 1명은 응답하지 않았고, 다른 1명은 찰리를 테스트하겠다고 제안해 왔으며, 세 번째로 E. Paul Torrance는 다음과 같은 답장을 보내왔다.

> 그에게는 시간을 기록하기보다는 시간 제한을 두지 않고 창의적 사고에 관한 검사를 제공하는 것이 더 가치 있고 흥미로울 것입니다…. 만약 그가 수행에서 높은 수준을 보여 준다면, 그러한 정보는 그 밖에 다른 그의 수행 정보와 함께 그의 가능성을 개발하기 위해 필요한 기회와 훈련이 무엇인지 파악하고 지지하는 데 유용할 것입니다. 여기 당신의 사례에서 당신의 내담자가 흥미로워할 검사 한 세트를 동봉합니다. 당신이 검사를 한 후 나에게 보내 준다면, 나는 기꺼이 그의 수행에 대해 평가해 드리겠습니다.

토랜스 창의적 사고력 검사(Torrance Test of Creative Thinking: TTCT)는 미술적 창의성보다는 일반적인 상황에서의 창의적 사고를 측정하며 언어와 도형의 두 가지 형태로 제작되어 있다. 필자는 찰리에게 도형검사를 실시한 다음 Torrance 박사에게 보냈는데, 그는 찰리가 유창성에서 상위 3%, 융통성에서 상위 10%, 독창성에서 상위 1.5%, 그리고 정교성에서는 '거의 최상'이라는 답신을 보내왔다. 또한 Torrance 박사는 찰리의 수행이 "정말 뛰어나다. 그의 수행은 더 이상 채점이 필요 없을 정도의 상당한 능력을 보여 주는 창조적 사고의 산물이며… 정보나 관계 형성을 습득하고 일반적으로 사고하는 능력에서 매우 높은 수준임을 반영하는 성적이다."라는 말을 덧붙였다.

Torrance 박사는 미술수업 프로젝트에 참여하고 있는 다른 청각장애 학생에게도 실시할 수 있도록 그 검사를 추가로 더 보내왔고 그 결과를 평가하겠다고 제안하였다. 검사를 받은 12명의 학생은 매우 높은 수준의 수행을 나타냈다. 그중 (찰리를 포함하여) 8명의 학생은 백분위수 99를 기록했으며 12명 중 가장 낮은 학생도 백분위점수 93으로 평가되었다.

필자는 이 아동이 다니고 있는 학교로 검사에 대한 정보뿐만 아니라 아동의 점수가 기록된 평가지를 보냈다. 필자는 아무런 답신도 받지 못한 채 찰리가 다니는 학교의 별로 좋은 인상을 주지 못했던 심리학자와 만날 약속을 잡았다. 토랜스 검사에 대한 찰리의 수행을 보고 그녀는 다음과 같이 기록하였다. "언어가 우선이며 언어 없이 할 수 있는 것에는 한계가 있기 때문에 아무것도 변화된 것은 없다."(Silver, 1978, p. 72) 따라서 관찰은 유례없이 청각장애 학생과 작업하는 사람들이 청각장애 학생의 역량이나 적성, 흥미, 직업 기회에 대해 과소평가하는 경향이 있다고 시범사업 보고서에 진술하는 것으로 종결되었다.

시범사업에 참가했던 학생의 부모들조차도 낮은 기대치를 가지고 있었다. 한 어머니는 필자에게 내가 시간을 낭비하고 있다고 말했으며, 또 다른 어머니는 그녀의 아들이 자신이 만든 작품을 보여 주자 "네가 그걸 했다고는 말하지 마라. 넌 그걸 할 수 없어. 네 선생님이 널 위해 그걸 해 주어야만 했겠지."라고 아들에게 말하는 것을 우연히 듣기도 하였다(학생이 직접 만든 것인지의 여부 등 필자의 의견은 항상 학생의 작품에 메모되어 있다).

한편으로는 그 밖에 다른 청각장애 학생의 교사에게서 필자의 기대나 견해에 동의하는 의견을 들을 수 있었다. 어떤 한 사람은 다음과 같이 썼다.

> 특별한 재능을 지닌 아동을 가르칠 수 있어 저에게는 정말 행운이며, 워싱턴 DC에 있는 코코란 미술관에 그의 작품을 가져갈 생각에 저는 매우 들떠 있습니다. 교육국장 역시 마찬가지로 열성적입니다. 불행히도 거의 모든 부모가 무관심하고 비교적 학교에서 받게 되는 격려가 적기 때문에 할 수 있는 것이 거의 없습니다….

우리는 이후 6년 동안 서신을 주고받았으며, 1971년 로스앤젤레스에서 열린 그녀가 마련한 청각장애인을 위한 미술이라는 강연에서 만나게 되었다.

델라웨어의 한 교사가 보내온 내용은 다음과 같다.

…저는 교사가 학생에게 그림을 베낀 다음 그 안을 채우게 하는 스텐실을 하면서 그러한 것이 미술 활동이라고 진심으로 믿는 것을 보아 왔습니다…. 저는 너무나 감성적이고 창의적이며 똑똑한 10대와 매우 가까이서 작업하고 있으며, 그가 대학 수준의 강의 개념까지는 들은 것을 정식으로 말로 표현하지 못한다 하더라도 미술적 개념은 어떠한 것이라도 적용하고 이해할 수 있다는 것을 보아 왔습니다.

영국의 한 교사가 보내온 내용은 다음과 같다.

저는 청각장애 아동의 미술에 깊은 관심을 가지고 있지만 이러한 주제에 대한 작업이나 연구를 찾을 수 없었습니다…. 청각장애인의 미술은 심하게 무시당하고 있습니다…. 저는 정보의 출처를 찾고자 노력했지만 이전에 이루어진 작업을 찾을 수 없었습니다. 반복해서 말하지만 청각장애가 전혀 문제가 되지 않는 것이 바로 이 분야인데, 어떻게 그럴 수가 있는지…?

그리고 테네시 주의 한 교사가 보내온 내용은 다음과 같다.

…저는 당신에게 동의하지 않을 수가 없습니다. 청각장애인의 교육자로서 경험한 것은 대부분 저의 생각과는 반대되는 것이었습니다…. 내슈빌 지역에서는 청각장애인에게 아무것도 개방되어 있지 않았기 때문에 저는 지금 들을 수 있는 일반인을 가르치고 있습니다. 제 마음은 아직도 청각장애인과 함께하고 싶고 제가 작은 돌파구라도 마련하기를 여전히 꿈꾸고 있습니다.

이후의 연구

이후 12년 동안 필자는 13개의 학회지 논문을 썼으며 청각장애나 언어 손상이 있는 아동 및 성인의 인지 기술을 사정하고 발달시키는 것에 대한 책을 집필하였다(Silver, 1968-1977). 게다가 필자는 뉴욕 주 교육부에서 스튜디오에서의 미술 경험을 통한 인지 기술 개발을 위해 보조금을 받았으며(Silver, 1973), 스미소니언 협회에서는 필자의 청각장애 학생들이 그린 그림으로 두 차례나 순회전을 열었다(Silver, 1976-1979). 인정서와 그림, 그 밖에 다른 자료는 모두 모아져서 갈루뎃 대학교의 기록보관소에 기증되었다.

찰리와 실버그림검사

시범사업인 프로젝트가 끝나자 찰리는 학습부진아반에 남게 되었다. 그는 졸업 후 온실에서 직업을 얻었으며 그러고는 자신의 온실을 짓기도 하였다. 그는 또한 계속 그림을 그렸다. 예를 들어, [그림 2-1]은 그가 필자의 집을 방문하여 인근의 숲을 산책한 이후 거의 1년이 지난 때에 그린 그림이다. 그가 묘사한 대로 세 그루의 커다란 떡갈나무가 있으며 단풍나무 묘목은 전경의 떡갈나무 아랫동아리에서 자라고 있다. 찰리는 단 한 번 잠시 방문한 사이에 보았던 떡갈나무 사이의 공간관계를 기억하고 있었으며, 허리케인이 우리 쪽으로 불어 왔던 것을 안 후에 그가 상상했던 초토화된 모습을 그린 것이었다. 그가 방문한 당시 필자는 비언어적으로 인지 기술을 알아보는 검사를 개발하는 중이었고 필자는 찰리에게 그림 과제에 응해 줄 것을 요청하였는데, 그 후에 이것이 표준화되어 실버 인지 및 정서 그림검사(Silver Drawing Test of Cognition and Emotion: SDT)로 출판되었다.

실버그림검사(SDT)는 인지 기술이 언어와 관련되어 있기도 하지만 시각적으로도 표현될 수 있다. 따라서 그림은 언어적 약점을 넘어 시각적 강점을 활

[그림 2-1]

용할 수 있도록 한다는 이론에 근거를 두고 있다. 이 검사는 언어뿐만 아니라 시각적으로도 개념 문제를 제시하여 응답자가 그림을 통해 응답하도록 한다 (Silver, 1983-2002). 이는 예측화(Predictive Drawing), 관찰화(Drawing from Observation), 상상화(Drawing from Imagination)의 세 가지 하위검사로 구성되어 있으며, 이를 통해 문제를 풀도록 하여 응답자의 능력을 사정하는 검사다. 점수는 부분적으로 Piaget(1970)가 관찰을 통해 언급한 읽기와 수학에서 세 가지 가장 기본 개념인 공간, 계열적 순서, 유목화 개념에 바탕을 두고 있다.

예측화 하위검사에 대한 찰리의 반응은 [그림 2-2]에서 볼 수 있다. 이 하위검사 과제는 응답자에게 그림의 외곽에 선을 더하여 대상의 외부에 나타난 변화를 예측하도록 요구한다. 그들의 응답은 수평 개념과 수직 개념 그리고 계열적 순서 개념을 나타내는 능력에 따라 채점된다. 수평 과제에서 그의 그림은 기울어진 병 안의 선이 탁자 표면과 평행했기 때문에 5점 척도 내에서 최고 점

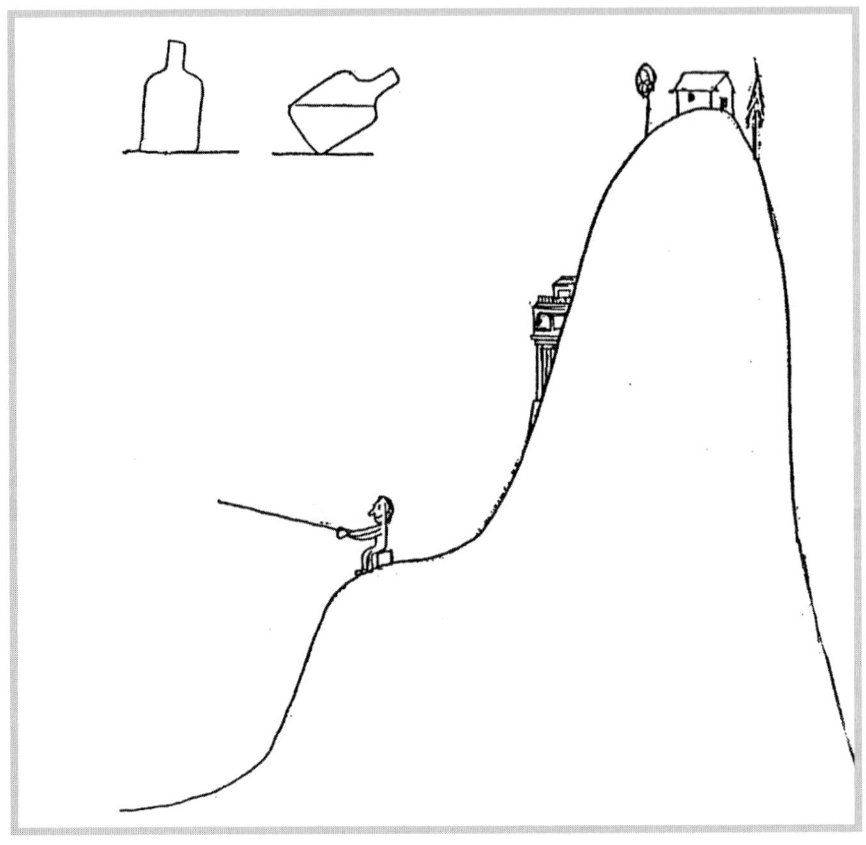

[그림 2-2]

수를 받았다. 수직 과제에서의 그의 그림은 가장 높은 점수를 받았는데, 이는 가파른 산의 경사면 위의 집이 기둥으로 적절하게 지지되어 수직으로 서 있도록 그렸기 때문이다.

관찰화 하위검사에 대한 찰리의 응답은 [그림 2-3]에 제시되어 있다. 과제는 응답자에게 높이와 넓이가 다른 3개의 원통과 1개의 돌을 배열해 놓고 그리도록 요구하는 것이었다. 응답은 수평, 수직, 깊이의 세 가지 차원에서의 공간관계를 나타내는 능력 수준으로 채점하였다. 수평 차원에서 찰리의 그림은 인접해 있는 모든 물체의 좌우 위치가 정확하여 미숙하지 않고 질 높은 식별력

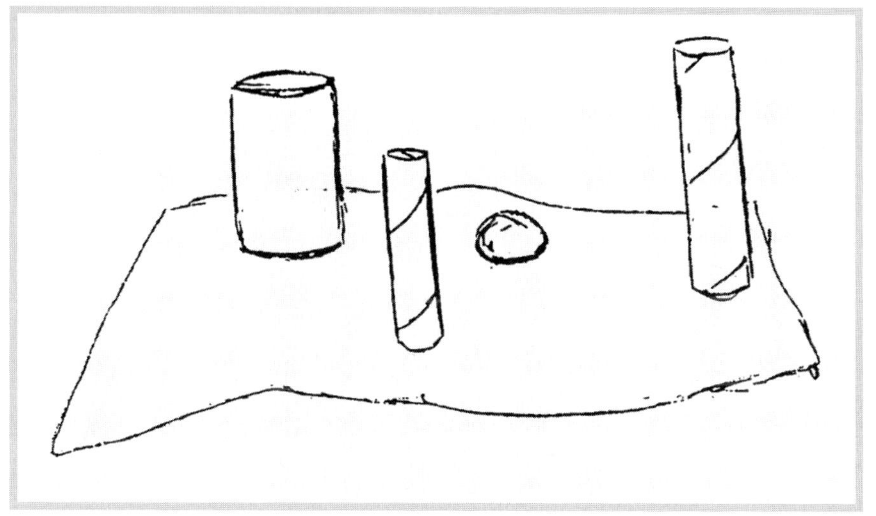

[그림 2-3]

을 보여 주었기 때문에 최고 점수를 받았다. 수직 차원에서도 찰리의 그림은 최고 점수를 받았는데, 네 가지 물체 모두 높이가 정확하게 일치하여 좋은 식별력을 보여 주었기 때문이다. 그의 그림은 깊이에서도 네 가지 대상을 정확히 묘사하면서 훌륭한 식별력을 보여 주어 최고 점수를 받았다.

상상화 주제에 대한 찰리의 응답은 [그림 2-4]에 나타나 있다. 이 상상화 과제는 자극 그림 중에서 두 가지 주제를 선택하고, 선택된 주제 간에 어떠한 일이 일어나고 있는지 상상하도록 한 다음, 응답자로 하여금 상상한 것을 그리도록 하는 것이다. 응답은 (그림 내용의) 선택(select) 능력, (그림 형태의) 결합(combine) 능력, (그림의 창의성 또는 독창성과 같은) 표상(represent) 능력에 따라 채점된다. 찰리가 응답한 그림은 이번에도 가능한 점수 중에서 최고점을 받았다. 그것은 (단지 보이는 것만을 의미하는 것이 아니라) 상상한 것을 추상적 수준으로 체계화한 발상이었다. 전체적으로 조화롭고 그가 선택한 자극 그림에 대한 재구조화를 뛰어넘어 창의성까지 보여 주고 있으며, 독창적이면서도 재미있는 그림이었다.

[그림 2-4]

청각장애 아동과 건청 아동의 SDT 점수 비교

언어 및 청각이 손상된 아동은 종종 그것이 손상되지 않은 아동보다 뒤처진다고 가정된다. 이러한 가정을 검증하기 위해 최근 9~11세의 청각장애 아동 27명과 건청 아동 28명의 SDT 수행을 비교한 연구가 이루어졌다(Silver, 2001).

청각이 손상된 피험자로는 뉴욕 도심에 있는 청각장애 아동을 위한 통학제 특수학교에 다니는 여아 13명과 남아 14명이 참여하였다. 그들은 모두 앞에서 언급했던 시범사업에서 SDT에 응답했던 4학년 아동이었다. 그들의 점수는 WISC(웩슬러 아동용 지능검사) 수행에서 72~130 범위에 분포하였다. 이들 중 여아 1명과 남아 1명은 '중복장애'를 가지고 있었다.

건청 피검자는 청각장애 아동과 연령이 동일한 공립초등학교에 다니는 남녀 각각 14명의 아동이었다. 그들은 뉴저지에서는 담임교사에 의해, 펜실베이니아에서는 미술치료사에 의해 무작위로 선별되었고 교사와 미술치료사에 의해 채점되었다.

수직성에서 청각장애 아동 집단은 건청 아동 집단보다 유의미하게 더 높은 점수를 받았다($F(1, 51)=14.34$, $p<001$). 그들의 평균점수는 각각 3.13과 2.00이었다. 수평성과 계열 능력에서는 두 집단 간에 유의미한 차이가 발견되지 않았다.

관찰화에서는 높이, 넓이, 깊이의 공간관계를 표현하는 능력에서 두 집단 간 차이가 유의하지 않았다.

그러나 상상화의 세 가지 인지기술 각각에서 건청 아동이 청각장애 아동보다 더 높은 점수를 받았다[선택 능력($F(1, 51)=12.85$, $p<.001$), 결합 능력($F(1, 51)=57.66$, $p<.000001$), 표상 능력($F(1, 51)=30.99$, $p<.000001$)]. 평균점수는 선택 능력에서 3.68:2.90, 결합 능력에서 3.93:1.98, 표상 능력에서 3.89:2.27이었다(뒤의 [그림 2-5]~[그림 2-7] 참조).

청각장애 아동이 수직성에서 건청 아동보다 더 우수하다는 발견은 놀라운 일이었다. 전체 55명의 아동 중 단지 4명만이 경사면에 수직으로 된 집을 그렸는데, 이 4명 중 3명이 청각장애 아동이었다. 그들은 더욱 예민한 지각력으로 가파른 경사면에서도 집이 수직으로 유지되려면 기둥에 의해 지지되거나 떠받쳐져야 한다는 것을 발견했다는 것이다. 이 그리기 과제에서 몇몇 심리학자는 경사면에 집을 직각으로 그려 응답하였는데, 아마도 그들은 이러한 발견을 하지 못했기 때문일 것이다.

청각장애 아동은 왜 상상화 하위검사에서는 건청 아동보다 뒤처지는 것일까? 이는 아마도 그들이 단어를 통해 그들의 생각과 느낌을 선택하고 결합하여 표상하는 능력에서 떨어지기 때문일 것이다. 만약 그렇다면 상상화에 있어서 경험이 더해질 경우 언어적 기술로의 전환이 개선될 수 있다. 한편으로는 이미지를 선택하고 그것을 그림에 결합하는 것은 단어를 선택하고 그것을 문장에 결합하는 정신적 조작과는 다르다는 것을 의미한다.

청각장애, 학습장애, 정상 아동의 점수 비교

이후 28명의 학습장애 아동을 추가하여 9~11세, 총 83명의 피험자로 연구가 실시되었다. 추가된 피험자는 코네티컷과 뉴욕에 소재한 3개 특수학교에 다니고 있는 남아 22명과 여아 6명이었다. SDT는 교사와 미술치료사에 의해 실시되고 채점되었으며, 그 결과는 심리학자(Madeline Altabe, Ph.D)에 의해 분석되었다.

전체 ANOVA를 사용하여 분석한 결과 집단에서 효과가 있는 것으로 나타났다(Rao's R=4.21, $p < .000001$). 이후 집단 간 차이를 결정하기 위해 ANOVA와 LSD 검증을 사용하였다. 수직성을 예측하는 능력은 청각장애 아동의 점수(3.13)가 학습장애(2.23)나 정상 아동(2.00)의 점수보다 높았다($F(2, 77)=6.17$, $p < .05$). 수평관계를 표현하는 능력에서 청각장애 아동(3.93)과 정상 아동(3.54)이 학습장애 아동(2.80)보다 더 높은 점수를 얻었다. 선택, 결합, 표상 능력에서는 정상 아동이 청각장애나 학습장애 아동보다 더 높은 점수를 받았다.

비교문화 연구

러시아에서 SDT가 번안되어 표준화 연구가 수행되었으며 연령, 성별 및 국가 간 차이가 비교되었다(Kopytin et al., 2002). 그들은 또한 장애 학생과 비장애 학생 모두에게 SDT를 실시하였다. 그들은 평균적인 언어 기술을 가진 아동과 청소년의 점수와 언어 손상을 가진 이들의 점수 간에 유의미한 차이를 발견하지 못했으며, SDT에 의해 사정되는 인지적 기술은 언어적 기술과 별개의 것이라는 결론을 내렸다.

최종 견해

필자는 1962년과 마찬가지로 1995년에도 청각이 손상된 학생의 교육자를 위한 학회지에 연구 게재를 신청하였지만 응답을 받지 못해 철회한 다음 다른 곳에 그것을 제출하였다. 그 논문은 청각장애, 학습장애, 정상 학생의 SDT 수행을 비교한 연구로 청각장애 학생이 수직성을 표현하는 능력에서는 우수하지만 선택, 결합, 표상 능력에서는 떨어지고, 먼저 언급했던 것처럼 그 외 다른 능력에서는 동등한 수준이라는 것을 보여 주고 있었다.

이 장에서는 1967년의 시범사업에서 관찰한 사항 중 한 가지로 결론을 맺고자 한다. 청각장애 학생과 함께하는 일부 교육자와 그 밖의 다른 사람들 역시 청각장애를 가진 학생이 할 수 있다는 데 대하여 비현실적으로 낮은 기대를 가지고 있는 것처럼 보였다. 낮은 기대는 결국 자기 충족적 예언이 되는 경향이 있다.

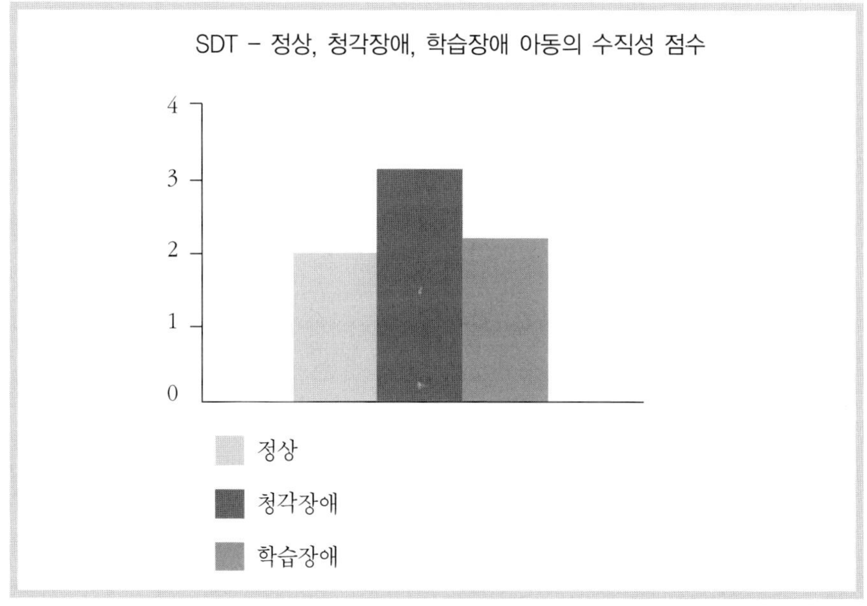

[그림 2-5] 수직성 점수

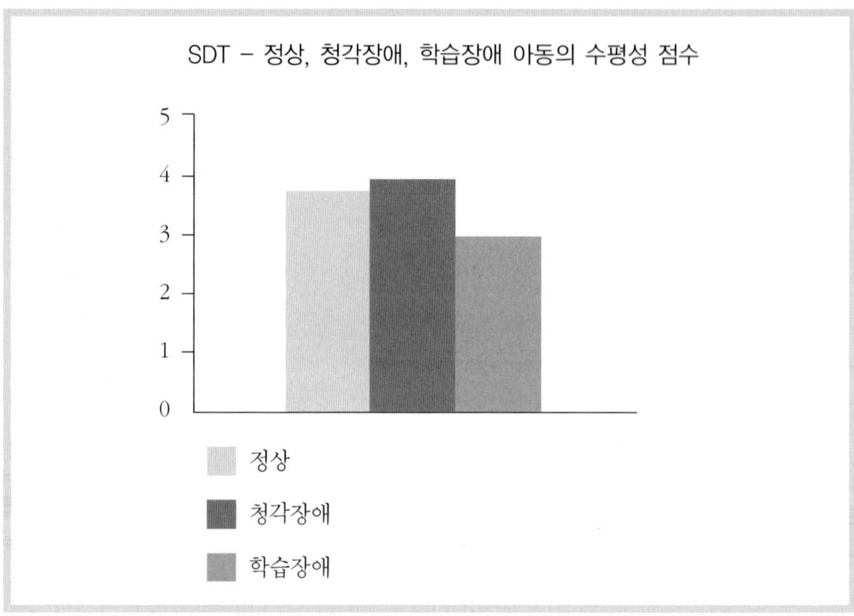

[그림 2-6] 수평성 점수

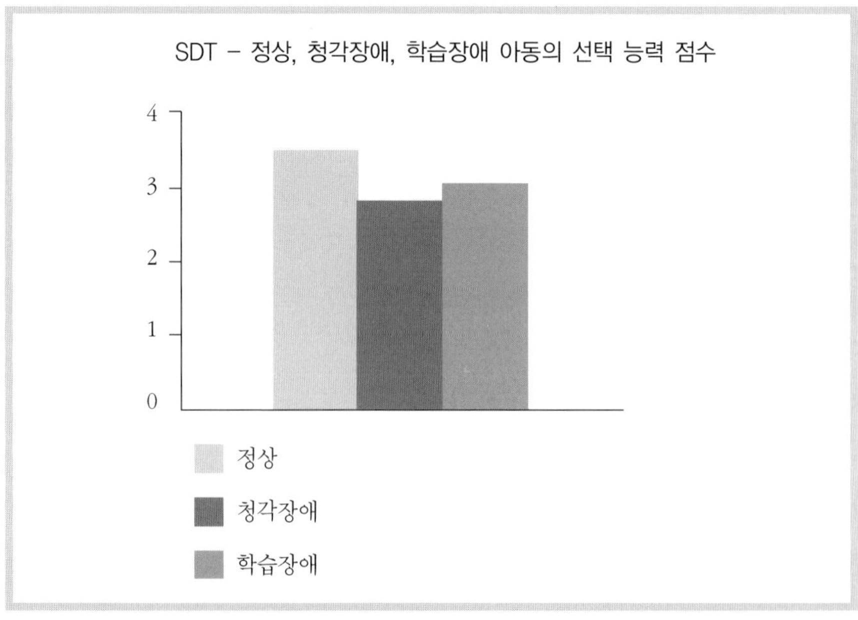

[그림 2-7] 선택 능력 점수

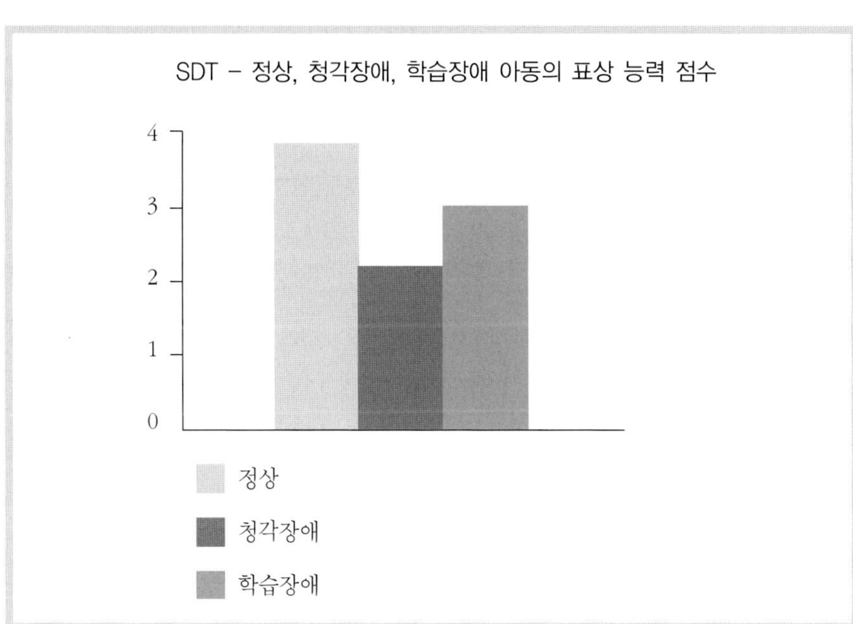

[그림 2-8] 표상 능력 점수

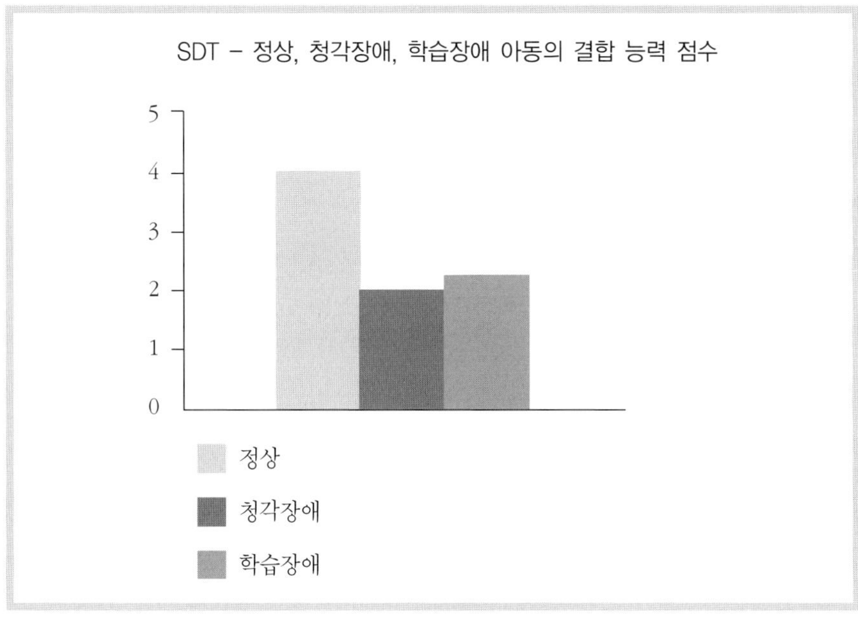

[그림 2-9] 결합 능력 점수

참고문헌

Fusfeld, I. S. (1967). *A handbook of readings in education of the deaf and postschool implications.* Springfield, IL: Charles C Thomas.

Howell, S. S. (1967). *An Evaluation of the Art and Crafts Programs Available for Students Sixteen and Above in the Public Residential and Day School for the Deaf in the U.S.*, Unpublished Master of Science thesis, University of Tennessee.

Kopytin, A. (2002). The Silver Drawing test of Cognition and Emotion: Standardization in Russia. *American Journal of Art Therapy, 40*(4), 223-237.

Piaget, J. (1970). *Science of Education and the Psychology of the Child.* New York: The Viking Press.

Silver, R. (1962). Potentials in Art for the Deaf. *Eastern Arts Quarterly, 1*(2).

Silver, R. (1966). The role of Art in the Conceptual Thinking, Adjustment, and Aptitudes of Deaf and Aphasic Children. *Doctoral Project Report.* Teachers College, Columbia University.

Silver, R. (1967). A Demonstration Project in Art Education for Deaf and Hard of Hearing Children and Adults. *U.S. Office of Education Bureau of Research.* Project # 6-8598.

Silver, R. (1968). Art education and the education of Deaf students, Co-author John Harrington, *The Voltas Review, 70*(60), 475-478. Reprinted in Curriculum, Cognition, and Content, Washington, DC: A. G. Bell Association.

Silver, R. (1970a). Art and the Deaf. *Bulletin of Art Therapy, 9*(2), 63-67.

Silver, R. (1970b). Art breaks the silence. *Children's House, 4*(4), 10-13.

Silver, R. (1971). The role of art in the cognition, adjustment, transfer, and aptitudes of Deaf children. In Claire Deussen (Ed.), *Proceedings of the Conference on Art for the Deaf* (pp. 15-26). Junior Arts Center of the City of Los Angeles.

Silver, R. (1972). The transfer of cognition and attitudes of Deaf and aphasic children through art. *State of Illinois Instructional Materials Center.* No. 62706.

Silver, R. (1973). A study of cognitive skills development through art experiences. *NY State Urban Education Project* No. 147 232 10. ERIC ED No. 084 745.

Silver, R. (1975a). Using art to evaluate and develop cognitive skills: Children with communication disorders and children with learning disabilities. Paper presented at the 1975 *AATA Conference.* ERIC ED No. 116 401.

Silver, R. (1975b). Children with communication disorders: Cognitive and artistic development. *American Journal of Art Therapy, 14*(2), 39-47.

Silver, R. (1975c). Clues to cognitive functioning in the drawings of stroke patients. *American Journal of Art Therapy, 15*(2), 3-8.

Silver, R. (1976a). *Shout in silence: Visual arts and the Deaf.* Exhibition circulated by the Smithsonian Institution, 1969-1976. Catalogue published by the Metropolitan Museum of Art.

Silver, R. (1976b). Using art to develop cognitive skills. *American Journal of Art Therapy, 16*(1), 11-19.

Silver, R. (1976c). Objectives and methods of teaching art to Deaf students. *Viewpoints: Dialogues in Art Education, 3*(1), 26-28.

Silver, R. (1977a). The question of Imagination, originality, and abstract thinking by Deaf children. *American Annals of the Deaf, 122*(3), 349-354.

Silver, R. (1978-2000). *Developing Cognitive and Creative Skills Through Art.* Baltimore, University Park Press, and Lincoln, NE, iUniversity.com, and Author's Guild Backinprint edition.

Silver, R. (1979a). *Art as language for the handicapped.* Exhibition circulated by the Smithsonian Institution, ERIC ED No. 185 774.

Silver, R. (1979b). Teaching handicapped children. *Arts & Activities, 85*(3), 41.

Silver, R. (1982-2002). *Stimulus drawings and techniques in therapy development.* New York: Trillium Press and Brunner-Routledge.

Silver, R. (1983-2002). *Silver Drawing Test of Cognitive and Creative Skills.* Seattle: Special Child Publications, and New York, Brunner-Routledge.

Silver, R. (2001). *Art as language.* New York, Brunner-Routledge.

Torrance, E. P. (1966). *Torrance Test of Creative Thinking, Figural Form A.* Princeton: Personnel Press, Inc.

제3장

청각장애인 가족미술치료에 대한 해석

-Ellen G. Horovitz

■ 서론

필자는 이 장에서 가족 체계 및 청각장애 집단과의 작업과 관련된 연구를 탐색해 보고자 한다. 필자가 구조적, 역설적, 전략적, 그 외에도 가족 체계와 같은 다른 가족치료 이론을 논의하는 데 막대한 시간을 소비하고 있기는 하지만, 이 장에서 독자의 견해까지 변화시킬 의도는 없다. 필자의 작업이 구조적 체계 접근과 함께 Bowen의 이론에 뿌리를 두고 있기는 하지만, 필자의 의도는 가족체계 이론에 초점을 맞추려는 것이 아니라 청각장애인의 문화 내에서 작업할 때 탐색되어야 할 고려 사항에 대해서 밝히려는 데 있다.

다음과 같은 세 가지 관심 영역, 즉 언어 체계, 애도 과정, 통역사의 역할이 청각장애인의 가족 역동을 이해하는 데 관련된다. 이 연구는 이러한 세 가지 요인에 관해 조사하고 가족미술치료의 과정을 두 가지의 매우 다른 임상 사례를 들어 조명해 볼 것이다.

처음에는 청각장애인 가족미술치료가 필자에게는 비교적 매우 단순한 것으로 보였다. Haley(1963), Minuchin(1974), Bowen(1963)과 같은 가족치료 선구자가 쓴 교과서를 이미 접하면서 기존의 가족치료 이론으로 중무장한 필자는 청각장애 아동의 가족미술치료에 대해 위험할 정도로 순진하고 매우 희망적인 기대를 하고 있었다. 곧 미술치료 과정에 청각장애 아동과 그들의 가족을 참여시키는 방법이 지금까지 탐색되어 오지 않았다는 것이 너무나 명백해졌다. 이렇게 누락된 이유를 몇 가지 언급하자면 치료에 대한 부모의 저항, 아동을 보호시설로 보낼 때의 지리적 거리, 의사소통의 어려움, 청각장애 문제에 대한 부정 등이 포함된다.

그럼에도 필자는 가족이라는 형태 내에서 아동을 치료하는 것이 중요하며, 특히 정서장애로 거주형 요양시설에 사는 청각장애 아동의 경우 더욱 그렇다고 단언한다. 거리 문제나 구분된 의사소통은 종종 가족치료의 가능성을 약화

한다. 이러한 문제는 가족과 청각장애 아동이 함께 작업하면서 두 가지 언어 체계가 통합되어야 하는 상황에서 중요한 장벽으로 부각된다.

언어 체계

가족의 의사소통 유형을 통해 가족 체계를 분석하는 것은 가족치료의 핵심적인 부분이다. 이는 청각장애인과 함께할 경우에도 마찬가지로 중요하다. 예를 들어, 가족 구성원에 의해 사용되는 의사소통 방법은 다양하며, 언어 체계의 범위는 광범위하면서도 제한적이고, 어쩌면 두 가지 방식을 사용하거나 거의 부재(不在)할지도 모른다. 청각장애 아동의 경우 시각적 정보가 내적인 언어를 이루는데, 이러한 시각적 정보를 표현하지 못하거나 이러한 언어로 의사소통할 방법이 없다면 청각장애 아동은 점점 내면으로 갇히게 되거나 가족에게서 고립되어 갈 것이다.

Meadow(1980)는 청각장애 아동의 언어 습득을 세 가지 범주로 나누고, 부모의 의사소통 방식에 따라 청각장애 아동의 사회화와 언어 환경이 달라진다고 제시하였다. 첫 번째 집단에는 오직 미국수화(Ameslan, American Sign Language: ASL)만을 사용하는 청각장애 부모에게서 태어난 청각장애 아동이 포함된다. 두 번째 집단은 구어 그리고/또는 수화를 동시에 조합해서 사용하는 건청 부모 또는 청각장애 부모의 청각장애 자녀로 구성된다. 마지막으로 세 번째 집단은 영어로 말하는 것이 의사소통의 유일한 수단인 건청 부모의 자녀로 구성된다.

부모가 수화와 구어를 동시에 사용하는 환경에 노출된 청각장애 아동은 두 가지 방식의 표현언어를 발달시키게 되지만, 오직 구두식 영어 접근만을 적용한 부모의 청각장애 아동은 '고통스러울 정도로 더딘' 속도로 언어를 습득한다. 뿐만 아니라 Meadow(1980)는 "일찍부터 손과 구어를 사용한 동시적 입력에 노출된 아동은 그렇지 않은 아동보다 의사소통을 위한 말하기 능력과 말하는 것을 읽는 능력의 감소 없이 좀 더 적합한 내적 언어를 발달시키는 것으로 나타났다." (pp. 42-43)라고 언급하였다.

Moores(1982)는 건청 부모의 청각장애 아동과 비교할 때 청각장애 부모의 청각장애 아동이 학습성취도와 영어 언어 능력에 있어서 더 우수하다는 일관된 연구 결과를 보고하였다.

Rainer 등(1969)과 Rawlings(1973), Schein(1974), Delk(1974)의 연구에 따르면, 미국 청각장애 인구의 90%는 건청 부모를 두고 있었고, 이 건청 부모의 88%는 수화를 알지 못했다. 이는 구두/청각 접근법(oral/aural approach)에서 (수화, 제스처, 마임, 쓰기, 지화 등을 모두 사용하는) 전체 의사소통으로 이동한 교육적 변화를 고려할 때 충격적이고 마음에 들지 않기는 하지만 다소 이해할 만한 결과이기도 하다.

Padden과 Trybus는 1980년에 청각장애인의 주 언어는 미국식 수화(ASL)라고 언급하였다. Harvey(1982)는 대부분의 청각장애 아동과 그들의 건청 부모는 미국식 수화와 같은 주요 언어체계로 의사소통할 수 없다는 것을 발견하였다. 미국식 수화와 수화영어(signed English)는 모두 손을 사용하는 의사소통 수단이기는 하지만 미국식 수화와 수화영어는 언어학적으로 다르다. 미국식 수화는 영어식 문법 구조에서 파생된 것이 아닌 자체적인 구문론을 가지고 있지만, 수화영어는 구어식 영어와 동일한 문장 구조를 따른다(Harvey, 1984). 청각장애인의 주 언어인 미국식 수화는 청각장애인 문화의 핵심을 유지해 나가는 데 매우 중요한 것으로 보인다.

부모와 아동 양자 모두 청각장애인일 경우의 아동은 가족 내에 청각장애가 전혀 없는 아동보다 정서적 긴장감이 적은 가운데 더 잘 받아들여지는 경향이 있다(Levine, 1960). 그럼에도 앞서 언급한 연구에 따르면, 이러한 상황이 일반적인 것은 아니다. 따라서 가족치료사가 흔히 직면하게 되는 상황은 가족 구성원이 동일한 언어를 전혀 사용하지 않는 가족과 만나는 경우가 될 것이다.

이러한 발견은 치료에서 과소평가되지 않아야 한다. 일반적으로 원형이 되는 가족은 적어도 1명의 청각장애 아동, 건청 부모, 적어도 1명의 건청 형제자매로 구성된다. 즉, 두 가지의 분명한 문화와 언어가 나타난다. Harvey(1984)는 건청인 가족치료사는 "다문화적이고 이중 언어를 사용하는 경이로운 사람이 되어 간다."라고 말하고 있다. 결국 임상가는 의사소통을 용이하게 하기 위해서 맨 먼저 청각장애가 존재함으로써 생길 수 있는 반응인 애도의 과정을 이해하는 것이 필요하다.

애도 과정

Stein과 Jabaley(1981)는 청각장애로 최초 진단을 받을 때의 부모의 반응에 관해 논의하였다. 이러한 반응은 충격(shock), 부정(denial), 분노(anger), 우울(depression)을 거쳐 결국 수용(acceptance)을 하게 되는 일련의 단계를 거친다. 비록 이러한 일련의 애도 단계는 어떤 심각한 장애에 대해 부모가 나타내는 반응의 특징이기는 하지만, Harvey(1984)는 부정의 단계가 청각장애 아동의 부모에게는 더 연장될 수 있다는 결론을 내렸다. 일찍이 Mindel과 Vernon (1971)은 청각장애 아동이 존재하는 가족에게 가장 흔한 방어기제로 부정을 관찰하였다.

Shapiro와 Harris(1976), Stein과 Jabaley(1981) 그리고 Harvey(1984)는 한 명의 청각장애 아동을 두고 있는 가족의 경우, 어머니는 종종 장애 아동과 너무 얽혀 있고 아버지는 과도한 업무나 음주로 도피하며, 건청 아동은 부모화된 어른스러운 아동이 되어 간다는 것을 발견하였다. 건청인 형제자매는 아버지가 '바쁘기' 때문에 어머니가 교육 프로그램이나 치료 프로그램을 찾는 동안 청각장애 아동을 관리하게 된다.

청각장애 아동은 비교적 무력하고 영리하지 못하다는 가족 신화가 가족의 노동과 권력의 분배에 지속되고 있다. 그러나 그러한 현상에서 나타나는 진정한 문제점은 아동이 빈약한 의사소통 기술을 가지게 된다는 것이다. 즉, 이러

한 가족 구조에서 서툴고 무능하게 행동하는 청각장애 아동으로 하여금 수동적 공격성을 야기하며 고립되게 만든다. Haley(1963)는 이러한 '병적' 자세는 분노를 위장한 것으로 환자 역할을 하는 그 구성원과 함께하는 모든 가족에서 비교적 흔하게 나타난다고 제시하였다.

그럼에도 이렇게 확립된 "권력의 균형"(Harvey, 1984)을 재정립하는 것은 가족의 의사소통 체계를 재구성하기 위해서 무엇보다 중요하다고 할 수 있다. 가족 구성원의 상호작용 그리고 상호 의존은 기능적 지배체계를 형성한다. 대개 가족치료사는 이러한 가족 협정이 변화하도록 중재할 수 있겠지만, 외부 관여자로 통역사를 도입하는 것은 가족 구성원을 치료와 결부하는 방식을 극적으로 변화시킬 수 있다.

통역사의 역할

통역사 서비스를 활용하는 것은 논란이 많았고 꽤 심사숙고해야 할 주제다. Harvey(1984)는 통역사의 존재가 이 '권력의 균형'을 즉시 재정립한다고 주장하였다. 게다가 통역사는 청각장애 아동에게 아동이 수화로 표현한 것을 영어인 구어로 분명히 전달할 수 있는 의사소통의 수단을 제공한다. 따라서 가족은 아동이 무력하지 않다는 것을 깨닫도록 강요되지만, 현재의 상황을 변화시키는 데에는 저항이 따른다. Harvey의 말을 빌리자면, "논리가 항상 행동을 좌우하지는 않는다". 더욱이 부모는 그들의 자녀가 청각장애로 진단되었을 당시 그러한 손상과 그에 대처하는 그들의 능력에 대한 불신이라는 비슷한 감정을 경험하였다. 통역사는 자동적으로 가족 회기에서 위기가 청각장애 아동에 의해 생긴다는 것을 상징하거나, 종종 청각장애 아동을 상징하는 것으로 여겨졌다.

이러한 상징적 정체성은 치료에 반영될 수 있다. 통역사는 부득이하게 아동의 목소리가 되고 아동의 발언을 높일 것이다. Harvey(1984)는 청각장애 아동과 통역사가 결합하는 것처럼 보이면서, 가족 구성원이 그들의 감정과 태도를 통역사에게 투사하고 전치하거나 전이하게 된다고 제안하고 있다. 이러한 맥락에서 볼 때 통역사는 의사소통을 용이하게 하고 전이 과정을 돕는 이중적인 목적을 만족시킬 수 있다.

모든 가설에는 반박하는 다른 견해도 늘 존재한다. Maher와 Waters(1984)의 연구 결과는 양측 주장에 대해 모두 반박하고 있는데, 통역사는 상담에 방해가 되는 제삼자이며 빠르고 정확한 의사소통을 전혀 제공하지 못할뿐더러 다른 방식으로도 아무런 소용이 없다는 정반대의 의견을 제시하였다.

Scott(1984)은 Harvey(1984)의 견해를 비판하며, 마치 '백지 상태'인 것처럼 통역사 기능의 타당성에 대해 의문을 던졌다. 그는 통역사의 존재가 의사소통이 통역사 없이는 불가능하다는 것을 암시하고 또한 이것이 가족 구성원 간에 더 깊은 골을 만들어 가족 고립을 악화시킬 수 있다고 경고하였다.

Scott(1984)의 지적에 대해 Harvey(1984)는 통역사 사용에 대한 자신의 근거를 제시하였다.

(1) 효과적 치료는 굉장한 집중을 요하는데, 두 가지 상이한 언어 체계를 바꿔 쓰는 것을 겸비한 치료를 수행하는 것은 불가능하다.
(2) 청각장애인의 작업 방식을 존중하고 그에게 가능한 최고의 의사소통 수단을 제공하는 것은 치료사의 책임이다.

청각장애인 집단 그리고 가족 체계와 작업하는 바로 그 안에 논쟁의 핵심이 있다. 가족치료사는 필수적으로 세 가지 대안과 직면하게 된다.

(1) 통역사를 활용하는 것
(2) 통역사를 활용하지 않는 것
(3) 가족과 임상가 모두에게 가장 작업하기 좋은 접근 양식을 찾는 것

필자는 이 세 가지 방법의 실험이 필요하다는 것을 발견하였다.

더 작은 가족 체계(예, 어머니와 아동으로 이루어진 한 쌍)와 작업을 할 때, 필자는 상호작용하는 구성원이 소수이고 양쪽 말을 바꾸어 옮기는 데 집중할 수 있기 때문에 통역사 없이도 작업이 가능하고 효과적인 치료가 성취될 수 있다는 점을 발견하였다. 더욱이 이러한 과정에서 치료사의 직접적인 개입은 가족 구성원 사이의 친밀감과 의사소통을 촉진한다. 그러나 (수화를 하지 못하는 건청 부모와 건청 형제자매와 같이) 앞서 기술했던 유형의 가족과 1명의 청각장애 아동과 작업할 때에는 통역사를 사용하는 것이 의사소통과 전이 과정을 향상하는 데 필수적인 구성 요소다. 뿐만 아니라 필자의 경험에서 보면, 통역사의 존재는 가족과 아동을 연결하는 데 도움을 주기도 하지만 부모의 무력함을 고려하여 청각장애 아동을 돕는다. 통역사는 부모를 대신하여 청각장애 아동의 상징적인 대리인이 되는 동시에 청각장애 아동을 위해 상징적인 대리 부모로서의 역할도 한다. 이러한 이유로 통역사는 정신건강의 원리에 정통할 필요가 있다.

치료사에서 통역사로의 이러한 전이의 이동은 꽤 복잡하다. 치료사는 통역사의 역할과 가족치료 맥락에서 통역사의 기능에 대한 기대치를 명확히 정의해야 한다. 통역사에 대해 정의를 내려 보면, 통역사란 한 사람의 메시지를 다른 사람에게 전달하는 사람이며 이는 다음과 같은 상황을 수반한다.

(1) 메시지 발신자에 의해 사용된 의사소통 방식의 변화
(2) 발신자에 의해 사용된 언어의 변화
(3) 의사소통 및 언어 방식에서의 변화(Dirst & Caccamise, 1980)

따라서 통역사는 의도적으로 공동치료사로서 기능할 수 있다. 많은 임상가가 통역사에게 유일하게 이의를 제기하고 있는 것은 이러한 전제에 근거한 것인데, 즉 통역사가 전이 과정을 촉진하는 (미술)치료사(그리고 미술 재료)와 연

결된다는 치료적인 발상으로 보지 않으려는 데 있다.

미술치료의 이용

미술치료는 비언어적 개입이 될 수 있기 때문에 청각장애나 청력에 손상이 있는 인구 집단과 작업할 때 특히 가치 있는 접근법이라고 할 수 있다. 지화, 손짓기호, 제스처, 마임, 얼굴 표정, 신체언어 등으로 구성된 청각장애인의 언어는 주로 시각적이다. 시각적 매체를 활용하여 이러한 인구 집단과 작업하는 것은 의사소통에 있어 또 다른 방안을 제공할 수 있다. 미술 과정과 그 속에서의 생산물은 모두 시각언어라는 개념적 구조를 채택한 형태와 의미를 지니고 있다.

미술치료는 전통적인 심리치료적 개입을 통해 내면적 갈등 해결에 성공하지 못했던 매우 퇴행한 내담자에게조차 영향을 미칠 수 있는 독특한 힘을 가지고 있다. 건청 부모와 그들 자신의 차이를 좁히는 데 어려움을 겪는 아동의 경우에는 종종 대안이 될 수 있는 표현 방식이 필요하다.[1)]

앞서 언급한 것처럼, 통역사의 역할은 가족 맥락 내에서 의사소통을 촉진하는 데 있어 가장 중요할 수 있다. 따라서 가족에게 의사소통의 또 다른 통로(예, 미술치료)를 제공하는 것은 중요하며, 또한 종종 그러한 환경 내에서 아동이 살아남게 하기 위해서도 필요하다.

미술치료 환경에서 가족과 함께 작업할 때, 미술 과정은 가족 체계의 기능에 융화된다. 청각장애 아동과 함께한 경우 집단 과정에서의 상호작용은 가족의 의사소통 유형, 그것의 관계적 측면, 가족 세우기(family constellation)라는 조건을 반영한다.

가족이 서로 분리되어 작업하거나 또는 집단으로 함께 작업할 때, 그들의 상호작용이나 상호작용의 부족은 상세한 그림으로 나타날 뿐만 아니라 가족

1) 편저자 주: 5장에서 검토되겠지만, 건청 아동이 청각장애 부모와 함께 치료에 임할 때에도 마찬가지로 적용된다.

의 언어적 상호작용에도 반영된다. 고립, 통합, 개별화의 측면이 흔적으로 남는 작업인 미술 상징과 (예, 구두로 이루어지는 것과 같은) 흔적이 남지 않는 작업 모두를 통해 드러난다. 이때 치료사의 역할은 이러한 각 층을 인식하고 다양한 의사소통 사이에서 적합한 가족 상호작용을 중재하는 것이다. 이것이 종종 고통스러운 과정이기 때문에 미술치료사는 가족이 자기 해석과 자아실현으로 부드럽게 접근할 수 있도록 적절한 시기에 해석을 제공하면서 신중한 방법으로 진행해 나가야 한다.

특정 미술 재료를 선택하는 것이 이러한 과정을 촉진할 수 있다. 미술치료사는 여느 집단과 마찬가지로 과제에 맞추어서 이러한 매체를 즉시 사용할 수 있도록 선택해야 한다. 퇴행이 필요하든 또는 통합이 필요하든 간에, 미술 매체는 의사소통뿐만 아니라 가족 체계의 기능에서도 변화가 일어나도록 도울 수 있다. 특히 미술에서 시각예술적인 구성 요소는 수화의 시각적 측면을 반영하고 그림을 통해 청각장애 문화와 주류 문화 간의 차이를 메울 수 있도록 청각장애 내담자의 능력을 촉진한다.

미술치료적 처치는 철저히 청각장애 아동의 개별성에 초점을 맞춘 진단 형태이기 때문에, 아동에게 표출된 기본 문제와 가족력이 충분히 고려되어야 한다. 미술치료 진단에서 사용되는 몇 가지 도구로는 다음과 같은 것이 있다 (Horovitz-Darby, 1987, 1988).

- (Lowenfeld와 Brittain[1975]에 따르면 그리기, 색칠하기, 점토로 만들기의 세 가지의 매체 탐구가 채점되는) 인지적 미술치료 사정(Cognitive Art Therapy Assessment: CATA)
- 실버그림검사(Silver Drawing Test of Cognitive and Creative Skils; Silver, 1983, revised 2002)
- (유채색 및 무채색의) 집-나무-사람 그림 검사(House Tree Person Test; Buck, 1950)

- 동적 가족화(Kinetic Family Drawing Test; Burns & Kaufman 1972)
- 벤더 시각운동형태검사 II(Bender-Gestalt Visual Motor Test II; Koppitz, 1968, revised Branningan & Decker, 2003)

이러한 검사의 사전/사후 실시 결과는 일관적이었으며 예언타당도도 높았다. 치료 전 그리고 매년 이러한 검사를 실시함으로써 인지적인 진전과 정서적인 성장을 기록할 수 있으며 가족과 관련된 문제를 재사정할 수 있다. 게다가 가족 구성원의 역할에 대해 어떻게 생각하는지에 대한 가족의 시각과 전체적인 상호작용 맥락에서 청각장애 아동에 대한 시각을 사정하기 위하여 동적 가족화가 가족 구성원에게 종종 실시된다.

사례 예시

사례 1의 존은 3년 동안의 장기 개인미술치료를 받은 환자다. 이 환자의 치료에 포함된 가족미술치료 회기는 가족과 의사소통하는 그의 능력을 높여 줌으로써 그가 거주형 시설에서 더 빨리 퇴소할 수 있도록 도와주었다. 이후에도 그는 매주 외래환자로 미술치료를 계속하였고 사회복지사와 심리치료에 매주 참석하였다. 총 106회의 개인미술치료 회기가 이루어졌으며 가족미술치료 회기는 12회기였다. 근원이 되는 가족 역동(언어 체계, 애도 과정 및 통역사의 역할)이 계속적으로 검토되었다.

사례 1: 존

초기면담 시 존은 11세의 심도난청 아동이었다. 그에게는 14세의 누이 샌디와 그의 어머니와의 두 번째 결혼에서 태어난 3세의 숀, 그의 아버지와의 두 번째 결혼에서 태어난 1세의 톰이라는 남동생이 있었다. 이들 모두는 건청 아

동이었다. 존의 생물학적 어머니와 아버지는 각자 따로 가족미술치료 회기에 참여하였다.

14개월까지 어머니는 존에 대해 '모든 것을 좋아하고' '과잉 활동적'이라고 기술하면서 정상적인 발달 이정표를 보고하였다. 3.5세 때 존은 청각장애 아동을 위한 기숙학교로 가게 되었고 그의 가족과의 분리에 곤란을 겪었다. 5세 때 존은 분리에 점점 익숙해졌고, 주말에 집에 왔다가 기관으로 다시 돌아가는 일

존의 연대표

* 출생~13개월: 정상적인 발달 이정표 보임
* 14개월: 과잉행동으로 묘사됨
* 3.5세: 청각장애로 진단받고, 청각장애 아동을 위한 생활치료시설(청각장애인을 위한 로체스터 학교[Rochester School for the Deaf: RSD])로 가게 되면서 부모와의 분리에 심각한 어려움을 경험함
* 5세: 부모와 분리됨, 부모와 떨어져 로체스터 학교(RSD)에 가는 것과 주말에 집을 방문하는 것에 적응, 부모의 언쟁 목격
* 6세: 부모의 이혼, 가정의 안팎에서 행동 문제 증가
* 7~8세: 양 부모의 재혼, 각자 새로운 결혼생활에서 자녀 출산
* 10세: 로체스터 학교(RSD)를 다니면서 생활시설 입원환자 치료를 받음
* 10.3세: 미술치료에 의뢰됨
* 12세: 로체스터 학교(RSD)에서 퇴소, 외래환자로 미술치료 지속
* 13세: 외래환자 미술치료 종결, 심리치료의 지속

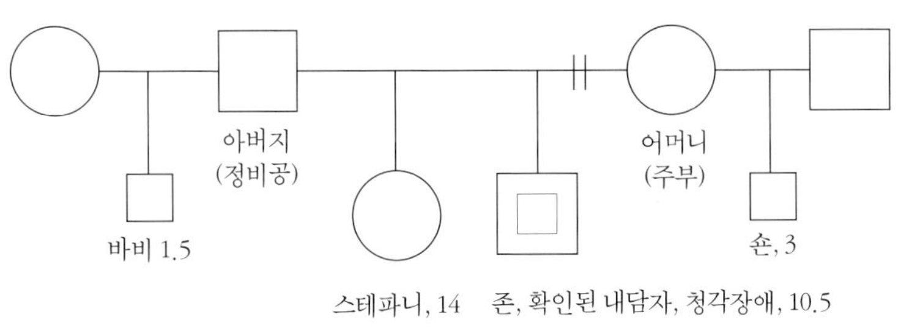

[그림 3-1] 존의 연대표와 가계도

에 적응할 수 있게 되었다. 이 시기 즈음에 존은 그의 부모 사이에 반복되는 언어적 논쟁과 신체적 상호작용을 목격하게 되었다. 그는 빈번하게 분노 발작(temper tantrums)을 보였으나 그의 어머니는 이러한 그의 행동을 무시하곤 하였다. 6세 때 존의 부모가 이혼하자 그의 이러한 행동은 증가되었다.

주 증상은 그의 외할머니에게서 무언가 훔치는 행동, 가족 구성원에 대한 공격적인 행동, 형제자매와의 부적절한 성적 놀이, 깨진 유리조각으로 그의 어머니를 베어 버리겠다고 위협하거나 화가 났을 때 가구를 뒤엎는 행동이었다. 존은 아버지가 방문하지 않을 때 그의 어머니를 비난하였고 아버지와 살 수 있을지를 계속해서 물었는데, 이 또한 주목해야 할 사항이다. 게다가 그는 자신의 청력 손실이 부모의 이혼을 야기했다는 환상 속에서 죄책감을 간직하고 있었다.

진단적 미술치료검사 결과 축약

심리검사가 그의 기숙학교에서 실시되었다손 치더라도, 존은 상당히 저항적이었다. 그에게 진단적 미술치료 사정(Diagnostic Art Therapy Assessment)

[그림 3-2] CATA에서의 점토 반응

을 실시하였을 때, 생활치료시설에서 실시된 검사에서 그는 10세까지 그리 성공적이지 못했다. 실시된 검사는 인지적 미술치료 사정(CATA), (유채색 및 무채색) 집-나무-사람 그림 검사(Horovitz-Darby, 1987, 1988), 실버그림검사(Silver, 1983, revised 2002), 동적 가족화(Burns & Kaufman, 1972)였다.

인지적 미술치료 사정에서, 존이 점토 반응을 통해 많은 에너지를 발산하고 그의 좌절감을 표출하도록 하였다. 마지막 작품인 잠긴 상자는 뚫고 들어갈 수 없고, 소중하며, 지켜지고, 보호받길 원하는 존의 욕구를 반영하며, 이는 그의 모든 치료 회기에 걸쳐 만연해 있던 주제였다.

존의 집-나무-사람 그림 검사에서의 유채색 및 무채색 반응은 해체, 내적 혼란, 상처받기 쉬운 취약성을 반영하였다. 집 그림에서는 집의 벽 구조의 붕괴에서 문제가 포착되었다. 동적 가족화(KFD)는 두 가지 반응을 산출하였는데, 첫 번째 시도에서 존은 아버지, 어머니, 누나 샌디, 이부동생 숀과 함께 있는 자신의 가족을 그렸다.

숀을 눈에 띄는 전경에 배치한 것은 존의 전위(displacement)에 대한 감정을

[그림 3-3] KFD 1

[그림 3-4] KFD 2

나타냈다. 후에 필자는 존이 가족회기 동안 종종 그의 어머니에게 입을 다물라고 말하는 것을 보면서 어머니를 대변자로 삼는 데 실패했음을 깨달았는데, 이는 주목할 만한 점이었다. 두 번째 동적 가족화에서 존은 그의 아버지와 새어머니를 분명히 표현하였고(그림 제시하지 않음), 새어머니는 임신한 상태로 그려졌다. 대신에 존은 자신을 이 가족 체계의 일부로 전혀 생각하지 않았다.

실버그림검사에서 존은 5등급(14퍼센타일)으로 채점되었다. 이 점수는 최소의 발달 지연을 나타내는 것으로, 존은 인지 발달에 있어 7~9세경의 도식적 단계(Lowenfeld & Brittain, 1975)에서 기능하고 있는 것으로 보였다.

미술 재료에 대한 그의 반응에 근거하여 자아성숙, 적절한 숙달과 충동의 통제, 그리고 인지적 획득을 촉진하기 위하여 매주 미술치료 개입이 권장되었다.

작업

개인회기 총 106회, 어머니와 가족과 함께 한 가족회기 10회, 아버지와 새어머니와 함께 한 가족회기 2회가 실시되었다. 필자가 수화에 능숙했기 때문에 개인회기에서는 통역사를 두지 않았다. 그러나 가족회기에서는 가족 체계의 역동에 초점을 맞추어 서로 다른 언어를 옮겨 연결 짓는 미국식 수화의 사용이 거의 불가능했기 때문에 모든 가족회기에 통역사를 두었다(Harvey, 1984).

존은 초기에 승화와 퇴행 활동을 위한 미술 재료를 사용하였다. 반복된 주제로는 보호와 안전, 자신의 가치에 대한 너무도 강력한 욕구가 나타났고, 깊게 자리 잡은 분노뿐만 아니라 자신의 부적절함과 무능함에 대한 두려움과 관련된 우울, 가족 세우기 내에서의 전위 감정이 포함되었다. 전위 감정에 대한 예는 [그림 3-5]의 점토로 만든 큰 화재경보기에서 나타났다. 존은 경보기에 여성의 질을 대충 휘갈겨 만든 다음 음경으로 그것을 덮거나 지웠다. 그리고는 그의 생식기 부분에 점토를 마구 문질렀고 청소하는 동안 진짜 화재경보기를

[그림 3-5] 화재경보기

당기려 하였다. 존에게 그의 새어머니에게서 태어난 아기에게 화난 감정을 느끼지 않는지를 묻자, 그는 "가족 모두가 끔찍해."라고 말하며 소리를 질러댔다. 이러한 내적 혼란을 이용하는 그의 무기력함은 이후 치료적 개입에서 퇴행과 저항을 초래하였다.

몇 달이 지났고, 이러한 감정을 억누르고자 하는 존의 욕구는 점토로 자물쇠와 금고를 만드는 작업으로 일관되게 이어졌다. 이는 공격적인 감정을 제어하려는 그의 욕구뿐만 아니라 그가 중요하게 여기고 있는 보호받고 싶은 바람을 상징한다. [그림 3-6]은 이 시기에 그가 만든 작업의 한 예다.

가족이 기숙 프로그램 치료시설에서 약 2시간 30분 정도 걸리는 곳에 살았기 때문에, 30회기는 존의 어머니, 할머니, 누나와 함께 하는 첫 번째 가족회기가 이루어지기 전에 지나갔다. 존은 가족 면담에 극도로 저항하면서 통역사가 질문을 하자 격분하기 시작하였다. 그는 통역사에게 가족에 대한 문제는 "참견하지 마세요."라고 하거나 "방 안에 너무 많은 사람이 있어요."라고 하며 고집을 부렸다. 통역사의 존재에 대한 것은 이미 전이 과정에서 소개한 바 있다(Harvey, 1984). 의심할 여지없이 존은 이 '낯선 사람'의 개입에 반응을 나타

[그림 3-6] 점토 자물쇠

냈고 그의 분노는 통역사에게로 대치되고 있었다.

그의 저항은 미술에도 반영되었다. 그는 가족이 무엇인가를 하고 있는 것을 만드는 작업에서 점토로 사람을 만드는 것을 거부하였다. 대신에 그는 자기 자신과 자신의 감정을 보호하고자 하는 그의 욕구를 나타내는 금고를 반복해서 만들었다.

또한 존은 그의 새어머니를 향한 분노를 표현하였다. 그는 새아버지의 과도한 음주에 대해 불평하였고 그의 남동생인 손에 대한 질투를 인정하였다. 그의 어머니는 그녀의 남편에 대한 존의 견해에 동의하였고 그녀는 자신도 역시 '좋아하지 않는다'고 덧붙였다. Shapiro와 Harris(1976), Stein과 Jabaley(1981), Harvey(1984)의 연구에서는 건청 아버지의 경우 종종 음주나 과도한 업무 속으로 도피하는 경향이 있다고 기술하고 있는데, 이는 이 가족의 패턴과 일치한다.

가족과 만난 후 이어진 개인회기에서 타인에게 가치 있고 중요한 사람이 되고 싶은 존의 욕구는 이후 금색으로 색칠하고 보석으로 장식한 점토 왕관을 만드는 것으로 진전되었다. 그 옆에는 나란히 회기 밖에서 그가 만들어 온 금색 동전과 금괴를 놓았다.

한 달 후, 존의 누나와 어머니는 두 번째 가족회기에 참여하였다. 존이 도착하기 전에 둘 모두 새아버지의 과도한 음주에 대해 불평하였다. 샌디는 새아버지에게 사랑받지 못한다는 느낌에 대해 시인하였고 '존을 위해 항상 수화를 사용해야 하는 것'에 대한 '압박감'을 고백하였다. 이와 같이 샌디는 Shapiro와 Harris(1976), Stein과 Jabaley(1981), Harvey(1984)이 기술한 것처럼 가족 위계 내에서 자신의 역할에 대해 묘사하였다. 어머니는 앞서 연구자들이 말했듯이, 건청 형제자매에게 책임을 떠맡기면서 자신이 이러한 문제를 해결할 수 없었다고 털어놓았다.

또한 샌디는 친할아버지의 죽음에 대한 슬픔을 나타냈지만 가족회기에서 이야기하고 싶지는 않다고 주장하였다. 그러나 존이 들어와서 이 이야기를 끄

집어냈고, 그는 샌디에게 그녀가 '장례식에서 울 생각이었는지', '지난밤에 울었는지'를 물었다. 이러한 질문에 대해 필자는 존이 자신의 감정을 표현해도 되는지 허락을 구하는 것으로 해석하였다.

나중에 존은 어머니가 이전에 만든 조소작품에 금색을 칠하고 싶다고 표현하였다. 자신이 가치 있고 중요한 사람으로 인정받고 싶은 욕구를 또다시 표현한 것으로 해석할 수 있었고, 이것에 그도 동의하였다. 그리고 새아버지가 참여하는 것을 원하지 않으며, 그의 '친어머니, 친아버지'와 함께 따로 회기를 갖고 싶다는 바람을 나타내었다. 필자는 '친부모'와 함께 회기를 갖고 싶다는 그의 욕구는 부모의 화해에 대한 그의 바람을 반영한다고 이야기하였으며, 이를 통해 이혼과 관련된 존의 죄책감이 논의되었다. 그는 자신의 청각장애 때문에 부모의 이혼에 책임을 느낀다고 시인하였다.

다음 주에 존의 아버지와 새어머니가 첫 번째 가족회기에 참석하였다. 미술치료에 대한 설명이 이어졌으며, 구성원에게 그들이 느꼈던 무엇이든 만들도록 지시하였다. 존의 새어머니는 '나는 당신을 사랑해요'를 양각으로 새긴 점토 하트, 밝은 전구, 문진을 만들었다. 새어머니가 만든 것은 그녀의 사랑이 존에게 전달되었으면 하는 바람과 존이 전기에 매료되어 있다는 것을 그녀가 알고 있다는 것을 알리기 위한 시도, 존이 그녀의 가족에게 느낄 부담과 짐에 대한 그녀의 무의식적인 감정을 생생하게 반영하는 것처럼 보였다.

[그림 3-7]은 존의 아버지 작품으로 고기잡이배에 있는 남자를 나타낸다. 그러나 배에는 오직 한 사람만이 타고 있다. 아버지는 존에게 자신의 배에 사람이 필요하다는 것을 상징적으로 말하고 있는 것일 수 있다. 존은 자물쇠와 렌치를 만들었는데, 이후 그는 필자에게 그것을 주었다. 비록 그는 그의 아버지에게 흥미 있을 만한 물건을 만들기는 하였지만, 그것을 필자에게 주기로 한 것은, 미술치료사가 가족 체계를 '개선한다'는 그의 입장을 설득력 있게 나타낸 것이었다.

존이 아버지와 새어머니 사이에서 새로 생긴 아기에게 어떻게 해야 하는지

[그림 3-7] 아버지의 배

가 중점적으로 다루어졌다. 그의 새어머니는 존이 '아기와 함께하는 것을 매우 좋아한다(기저귀를 갈아 주고 먹을 것도 주고)'고 대답하였다. 그러나 존은 자신이 아기의 울음소리를 들을 수 없다는 사실을 슬프게 지적하였는데, 이는 Meadow(1980)가 청각장애 아동의 경우 (건청) 부모와는 언어 및 사회화 입력에 있어 큰 차이를 나타내기 때문에, 언어 획득이 극도로 다르다고 제시한 사항과 관련된다. 그의 새어머니뿐만 아니라 그의 아버지조차도 존의 슬픔과 고립에 대처하지 못하였다. 이 세 사람 사이에 대화를 시작하기 위한 시도는 최소한도로 나타날 뿐이었으며, 존은 눈 맞춤을 회피하였다. 아버지와 새어머니의 태도는 Stein과 Jabaley(1981)가 그들의 연구에서 시사했던 유형인, 방어적 자세를 나타내었다.

그다음 달에는 존의 어머니와 누나가 회기에 참석하였다. 존은 화가 나서 들어왔고 그의 가족과 함께 탁자에서 작업하는 것에 대해 거부 의사를 보였다. 탁자로 돌아와 가족과 함께 할 것을 요청하자, 존은 자신이 '그 가족의 일부가 아니었다'고 수화로 말하였다. 존은 아버지가 떠난 것이 그의 어머니의 탓이라고 비난하였다. 그는 어머니를 '어리석고 바보 같다'고 했으며, 아버지는 그녀 때문에 알코올 중독자가 된 것이라고 우겼다. 그의 누나가 그녀의 어머니를 변호하였고 아버지는 여전히 술을 마시고 있다고 지적하였다. 어머니는 이혼 사유에 대해 설명하려고 시도했지만, 존은 어머니의 설명 듣기를 거부하고는 화가 나서 나가 버렸다. 이후 어머니가 필자에게 문 밖에 한 번 나가 보라고 넌지시 언질을 주었고, 존은 그의 어머니에게 자신은 어머니를 사랑하고 필자는 미워한다고 말했다. 확실하게 그는 그의 부정적인 감정을 필자에게로 전이할 수 있었다. 그럼에도 어머니는 치료를 거부했으며 우연찮게도 다음 회기를 잊어버렸다. 힘의 균형이 확실히 도전받고 있었고, 이 회기에서 가족의 반응은 그들에게 지속되어 오고 있던 역기능적인 방식을 잃을지도 모른다는 두려움을 반영하였다.

존은 이러한 거부에 잘 대처하였고, 차후 이어진 회기에서 필자와 더욱 긴밀한 유대감을 형성하고 그의 감정을 표현할 수 있게 되었다. 그의 성숙은 그동안 개발되지 않았던 높은 인지 발달로 드러났다. 존이 만든 [그림 3-8]의 투탕카멘은 이 기간 동안의 그의 성장을 보여 주고 있다. 그는 6주 동안 부지런히 이 작업에 임하였다.

그의 어머니와 외할머니와 함께 한 가족회기 후반부에 그는 그의 투탕카멘 작업을 계속하였다. 외할머니는 견과를 먹고 있는 다람쥐, 어머니는 물고기를 먹는 새를 만들었다. 이 두 생물은 모두 양육되는 것이며 존을 더 잘 양육하고자 하는 두 여성의 바람을 상징한다고 볼 수 있다. 그들은 존의 작품을 보고 그에 대한 경외감과 존경심을 표현했고, 그가 예술적으로 그리고 의사 전달의 표현에서 얼마나 많은 잠재력을 가지고 있는지 애정을 듬뿍 담아 말하였다. 그 회기는 내내 즐거웠다.

가족회기 후반부에는 기숙 프로그램을 마치고 청각장애인을 위한 로체스터 학교(RSD)로 돌아가는 것과, 임박한 퇴소계획과 관련하여 모든 가족 구성원이 느끼는 그에 따른 두려움이나 기쁨을 표현할 수 있도록 하였다. 하지만 존은 퇴소하자마자 법에 규정된 예방가족 서비스의 보살핌을 받고 있었고, 가족의

[그림 3-8] 투탕카멘

방어적인 자세는 계속되었으며 그들은 변함없이 치료를 회피하였다. 3개월간의 회복기 서비스 후에는 지원이 종료되어 버렸다. 그러나 다행스럽게도 학교 심리학자가 존을 개별적으로 추수 지도하였다.

결론 및 추수지도

가족미술치료가 시작된 이후 존의 태도는 상당한 변화를 나타냈다. 그는 그의 가족의 치료 참여에 대하여, 자신을 지지하고 보살펴 주는 것으로 바라보게 되었다. 회기는 존에게 자신의 분노를 표출하고 한계를 수용하며 가족 구성원에 대한 죄책감과 책임감을 인정하도록 하는 방안을 제공하였다. 또한 가족치료는 모든 가족 구성원에게 그들의 의사소통 체계와 역기능적 측면을 볼 수 있도록 촉진함으로써, 가족이 존을 다른 시각으로 바라보고 인식할 수 있게끔 도와주었다.

통역사의 역할은 어머니가 가지고 있는 부적응에 대한 평가를 도와주는 것이었다. 회기가 진행됨에 따라, 통역사는 주말을 되돌아보는 데 필요한 존과 어머니의 상세한 수화 테이프까지 준비하면서 치료 팀의 중요한 부분이 되었다. 통역사는 아동과 부모가 서로 애정을 기울여 할 수 있는 대화를 몸소 보여 주었다. 그 결과, 존과 그의 어머니는 서로 더욱 책임감 있는 의사소통을 하게 되었다. 통역사가 없을 때 가족 구성원 간의 의사소통은 여전히 존의 누나 몫이었다.

존은 모든 것에 애착을 가지고 소중하게 바라보게 되면서, 자기 자신과 함께 자신의 미술작품에서 가치를 발견하였다. 그 과정에서 인지 발달과 자아성숙을 이룰 수 있게 되었다. 이것은 가족 구성원에 대한 수용을 가져왔고, 기숙 프로그램 치료시설에서 로체스터 학교(RSD)로 돌아가는 데 대한 승인과 퇴소 결정으로 이어지게 하였다. 외래환자 미술치료 서비스와 또 다른 6개월 동안의 심리치료를 함께 병행하는 동안 존은 미술 표현에 숙달되었고, 미술이 내적인 힘을 촉발한다는 것이 분명해졌다. 그것은 존이 계속해서 조작하는 배의 방향키와도 같은 역할을 하였다.

존의 태도는 치료를 받는 동안 눈에 띄게 변화하였다. 종결 시 그는 그의 가족 치료 참여에 대해, 자신을 지지하고 보살펴 주는 것으로 보게 되었다. 회기는 존에게 자신의 분노를 표출하고 한계를 수용하며 가족 구성원에 대한 죄책감과 책임감을 표현하도록 하는 방법을 제공하였다.

약 7년 후, 존의 사회복지사가 그에 대한 추수지도 기록을 필자에게 보내왔다. 그는 공업학교를 졸업하여 자물쇠 수리공이 되었다. 이는 안전감을 느끼고 그의 가족에 의해 보호받으며 가치 있게 되고 싶었던 그의 바람을 고려할 때 놀랄 만한 일이 아니었다. 그의 직업 선택은 아버지의 기술 계통 일에 대한 적성과 존의 동일시를 연결하여 풍부한 감각을 만들어 냈다. 미술의 신비하고

신성한 특성과 접촉함으로써 존은 그의 미적인 단계를 숙련된 직업으로 발전시켰고 그렇게 정진한 양만큼 힘을 얻게 되었다. 마침내 그는 가치 있고 타인과 동등하게 인정받을 수 있는 열쇠를 움켜쥐게 되었다. 그리고 가족미술치료를 통해 그는 수용이라는 것을 경험하면서 자신의 감정을 드러내고 해결하게 되었으며, 청각과 관련한 가족 체계내에서 가족의 한 구성원인 청각장애 아동으로서 잘 기능하며 자리를 잡아가는 모습을 보여 주었다.

참고문헌

Bowen, M. (1963). *Family therapy in clinical practice.* New York, NY: Jason Aronson.

Brannigan, G. C., & Decker, S. L. (2003). Bender Gestalt II(2nd ed.). Itasca, IL: Riverside Publishing Co.

Buck, J. N. (1950). *Administration and interpretation of the H-T-P test.* Proceedings of the Workshop held at Veterans Administration Hospital, Richmond, Virginia, March 31, April 1-2, 1950.

Burns, R. C., & Kaufman, S. H. (1972). *Actions, styles, and symbols in kinetic family drawings (K-F-D).* New York, NY: Brunner Mazel.

Dirst, R., & Caccamise, F. (1980). Introduction in Frank Caccamise et al. (Eds.), *Introduction to interpreting.* Silver Spring, ML: Registry of Interpreters for the Deaf (RID), Inc.

Haley, J. (1963). *Strategies of psychotherapy.* New York, NY: Grune & Stratton.

Harvey, M. A. (1982). The Influence and utilization of an interpreter for the Deaf in family therapy. *American Annals of the Deaf,* 819-827.

Harvey, M. A. (1984). Family therapy with Deaf persons: The utilization of an interpreter. *Family Process, 23,* June, 205-213.

Horovitz-Darby, E. G. (1987). Diagnosis and Assessment: Impact on Art Therapy.

Art Therapy, October, *4*(3), 127-137.

Horovitz-Darby, E. G. (1988). Art therapy assessment of a minimally language skilled deaf child. Proceedings from the 1988 University of California's Center on Deafness Conference: *Mental Health Assessment of Deaf Clients: Special Conditions.* Little Rock, AR: ADARA.

Koppitz, E. M. (1968). *The psychological evaluation of children's human figure drawings.* New York, NY: Grune and Stratton.

Levine, E. S. (1960). *The psychology of deafness.* New York, NY: Columbia Press.

Lowenfeld, V., & Brittain, W. L. (1975). *Creative and mental growth* (6th ed.). New York, NY: Macmillan Co.

Maher, P. & Waters, J. E. (1984). The use of interpreters with deaf clients in therapy. *Journal of American Deafness and Rehabilitation Association, 17*(4), April, 11-15.

Meadow, K. P. (1980). *Deafness and child development.* Berkeley, CA: University of California Press.

Mindel, E., & Vernon, M. C. (1981). *They grow in silence.* Silver Springs, MD: National Association of the Deaf.

Minuchin, S. (1974). *Families and family therapy.* Cambridge, MA: Harvard University Press.

Moores, E. (1982). *Educating the deaf: Psychology, principles, and practices.* Boston, MA: Houghton-Mifflin Press.

Padden, C. (1980). The Deaf Community and the Culture of Deaf People in C. Baker & R. Battison (Eds.), *Sign language and the deaf community.* Silver Spring, MD: National Association of the Deaf.

Rainer, J., Altshuler, K., & Kallman, F. (1969). *Family and mental health problems in a deaf population* (2nd ed.). Springfield, IL: Charles C Thomas.

Rawlings, B. (1973). *Characteristics of hearing-impaired students by hearing status.* United States: 1970-1971, Series D., No. 10, Office of Demographic Studies. Washington, DC: Gallaudet College.

Schein, J. D., & Delk, M. T. (1974). *The deaf population of the United States.* Silver Spring, MD: National Association of the Deaf.

Scott, S. (1984). Deafness in the family: Will the therapist listen? *Family Process, 23,* June, 214-216.

Shapiro, R. J., & Harris, R. (1976). Family therapy in treatment of the deaf: A case report. *Family Process, 15*(c), 83-96.

Silver, R. A. (1983). *Silver drawing test of cognitive and creative skills.* Seattle, WA: Special Child Publications.

Silver, R. (2002). *Three art assessments.* New York, NY: Brunner-Routledge.

Stein, L. K., & Jabaley, T. (1981). Early identification and parental counseling in L. K. Stein, E. D. Mindel, & T. Jabaley (Eds.), *Deafness and Mental Health.* New York, NY: Grune and Stratton.

Trybus, R. (1980). Sign language, power, and mental health. In C. Baker & R. Battison (Eds.), *Sign language and the deaf community.* Silver Spring, MD: National Association of the Deaf.

제4장

정서장애를 동반한 청각장애 성인을 위한 미술치료

-Sally Brucker

■ 서론

이 장에서는 다양한 형태의 정신질환을 앓고 있는 청각장애 성인을 대상으로 미술치료를 치료의 방식으로 사용하는 것에 관해 다루어 보고자 한다. 여기 기술된 대다수의 사람은 정신과 입원병동의 특별 정신건강 프로그램에 등록된 환자다.

이 장은 한 미술치료 집단의 진행 과정과 그 내용, 그리고 4년 과정의 또 다른 집단의 미술 작업 주제에 초점을 두고 있다. 각 집단은 환자의 수, 집단 특성, 목표, 치료 효과성 등을 위주로 기술된다. 첫 번째 집단(집단 A라 칭함)은 이러한 집단을 진행했던 실제 경험을 전달하기 위하여 집단 과정을 상세히 기술할 것이다. 두 번째 집단(집단 B라 칭함)은 시간의 흐름에 따라 자연스럽게 나타나는 미술작품의 자발적인 주제를 제시하고자 한다. 이를 통해 이러한 환자의 내면세계를 좀 더 명확히 관찰하고 이해할 수 있다. 또한 정신질환이 있는 청각장애인의 삶에서 일어나고 있는 어려움과 관심사, 그리고 보다 밝은 긍정적 순간까지 바르게 파악할 수 있을 것이다. 이것이 우리와는 다른 무언가에 직면할 때 갖게 되는 무관심이나 편견, 두려움의 공백을 어떤 식으로든 채워 줄 수 있기를 바란다. 미술작품은 가끔 혼란케 하기도 하지만, 대개는 그야말로 말없이 고통을 겪고 있는 이들에게 감정을 드러낼 수 있는 분명한 목소리를 부여하기도 한다.

미술치료가 정신질환이 있는 청각장애 성인의 치료에 특별한 가치를 가지는 이유를 설명하기 위하여 먼저 부가적인 배경 정보를 제시할 것이다. 이를 위해 청각장애 성인 대상의 치료 서비스 역사를 간략히 다루고, 청각장애와 자주 관련되는 정신건강 문제와 이러한 집단의 미술치료 집단 진행 시 고려해야 할 특수 사항 등에 관해 논의하고자 한다.

정신질환과 청각장애 인구: 발병률과 치료 공급성

미국에서 청각장애 성인의 정신질환 발병률은 건청인구와 같은 비율로 대략 10% 정도다. 따라서 25만 명의 청각장애 추정 인구 중 적어도 2만 5000명이 자기 생애 중 정신건강 서비스의 필요성을 느끼게 된다. 불행히도 청각장애인 대상의 특수치료시설의 수는 건청인 대상의 시설 수에 비해 훨씬 부족한 것이 사실이다.

얼마 전까지만 해도 입원 정신과 치료를 요하는 청각장애 성인의 경우 특이한 상황으로 곤경에 빠져 있었다. 그들의 특수한 의사소통 욕구를 충족할 수 있는 서비스 부족으로 그들은 종종 건청인을 위한 기관에 그저 '던져지는' 꼴이 되었다. 그들과 의사소통이 가능한 병원 직원이 거의 없었고 몸짓이나 서면을 통한 의사소통만이 가능하였다. 도움을 주는 전문가와 청각장애 환자 사이에 공통 언어가 없다는 것은 감당하기 힘들고 매우 긴 시련의 시간이 되기도 하였다(Brauer, 1980; Rainer et al., 1969). 더 나쁜 것은 이러한 상황이 오해로 이어져 자주 정서장애를 가지고 있는 청각장애인을 오진하게 만들어 성공적인 치료에 대한 희망이 사라지게 된다는 것이다(Altshuler, 1974; Robinson, 1978).

청각장애 성인의 특별한 요구에 적합한 입원 정신과 프로그램에 대한 필요성은 오랫동안 정신건강 및 청각장애 분야에 있는 의료인의 관심사였다. 미국에서 이러한 프로그램을 시행하는 것은 힘겨운 투쟁과도 같았다. 이것은 정신건강 전문가 사이에 청각장애가 갖는 심리적 중요성과 이들 집단의 특수한 정신건강의 필요성에 관한 정보와 이해가 부족하기 때문에 생긴 결과로 설명되어 왔다(Altshuler, 1974; Rainer et al., 1968).

청각장애인을 위한 첫 번째 정신건강 프로그램은 1955년에 청각장애인을 위한 뉴욕 주 정신건강 프로그램의 후원으로 뉴욕에서 시작되었다(Oosterhous, 1985). 1963년에는 정신과 의사인 Luthern Robinson 박사가 병동에 방치되어 전문 서비스를 받지 못하는 청각장애 환자의 특별한 요구를 충족하기 위하

여 워싱턴 소재 성 엘리자베스 병원에 청각장애인을 위한 정신건강 프로그램을 만들었다. 그 프로그램은 미국 전역에서 환자를 받아 청각장애인의 정신건강 분야에서 본보기가 되는 치료 및 교육 프로그램이 되었다. 1963년부터 비슷한 프로그램이 미국 전역에 등장하였다. 1984년 기준으로 100개의 입원시설이 있는 것으로 추정된다(Oosterhous, 1985).

치료 양식: 표현예술치료

필자가 일했던 정신건강 프로그램의 표현 치료에는 미술치료, 무용/동작치료, 사이코드라마가 있었고, 주로 치료 프로그램에 해당되는 것이었다. 부분적으로 비언어적인 자기 표현 형태를 취하는 이러한 양식은 청각장애 환자가 자신의 생각, 감정, 행동을 탐색하고 표현할 수 있는 수단을 제공한다. 이는 외견상으로 사고의 혼돈, 행동장애, 현실 접촉 결여 등의 증상을 나타내거나 심한 우울증으로 구어가 자기 표현의 적당한 수단이 되지 못하는 건청 정신과 환자에게 제공되는 것과 매우 흡사한 방식으로 이루어진다. 표현 치료는 자신의 속 깊은 감정을 표현하는 데 좌절감을 느끼고 있거나 다른 사람이 자신을 완전히 '이해'한다는 느낌을 경험하지 못함으로써 의사소통을 포기해 버렸을 수도 있는 청각장애인에게 있어 특히 중요하다. 표현예술치료는 사고와 감정에 대한 상징적 표현을 가능케 하기 때문에 종종 수년간 고립된 상태를 푸는 열쇠로 작용한다. 따라서 무용, 드라마, 미술이라는 표현 양식을 통해 의사소통의 장을 여는 새로운 가능성이 세계관과 자아개념에 엄청난 변화를 만들어 낼 수 있다.

미술치료

욕구와 감정을 타인에게 전달하는 데 있어 실패를 겪는 것은 일부 청각장애 환자가 공통으로 나타내는 행동장애나 사회 부적응 문제의 한 원인이 될 수 있다. 정신분열증이나 양극성 장애와 같은 정신질환으로 진단받은 사람에게서 매우 흔한 이차적 증상으로 종종 나타나는 이러한 장애는 청각장애와 정신건강 관련 문헌에 언급되어 왔으며, 여기에는 다음과 같은 것이 포함된다.

(1) 충동성
(2) 내성의 결여
(3) 자기중심성
(4) 정서적 미성숙
(5) 만족지연 능력의 결핍(Altshuler et al., 1976)

이러한 문제는 무엇보다 적절한 사회적 행동에 대한 지식이나 사회적 정보 부족, 충분하지 못한 학교교육, 기본적인 제스처 외의 방법으로는 의사소통이 되지 않는 건청 부모와의 상호관계성 부족, 타인에게서의 철저한 고립 등에 기인한 것으로 알려져 있다(Altshuler et al., 1976). 승화적 경험을 가져오는 미술을 창조하는 과정은 그러한 행동상의 문제를 줄일 수 있도록 도와주는데, 그 예시는 랠프의 사례에서 살펴볼 수 있다.

25세 남성 환자 랠프는 망상형 정신분열로 진단받았고 기타 진단으로는 반사회적 인격장애를 받았는데, 자주 변덕을 부리고 타인에게 공격적이었다. 그러나 미술치료 집단에서는 그러한 문제를 거의 나타내지 않았다. 그는 보통 물감이나 점토보다는 매직펜이나 연필과 같이 다루기 쉬운 미술 매체를 사용함으로써 어느 정도 자기통제 상태를 유지할 수 있었다. 어느 날 랠프는 다른 환자가 핑거페인팅을 하는 것을 보고는 자신도 그 작업을 할 수 있는지 물어왔다. 그 매체의 퇴행적인 성질이 통제력이 취약한 랠프로 하여금 자제력을 잃게 만들지 않을까 염려되어, 처음에 필자는 그의 요구에 응하기를 주저하였다. 필자의 판단이나 훈련 방침에 반하는 것이기는 하지만 이것이 그에게 꽤 중요하다는 것을 감지한 필자는 결국 랠프에게 큰 종이(30″×40″)와 물감 3통을 주었다. 물감을 풀고 섞는 과정에서 랠프는 신체적인 이완을 보였다. 그 결과물인 미술작품은 그의 분명한 기쁨, 만족, 자기통제 유지 능력에 비하면 그리 중요한 것이 아니었다. 그다음 주에 한 직원이 랠프의 행동화(acting-out)가 뚜렷이 감소했다고 보고하였다. 랠프는 이후 몇 회기 동안 핑거페인팅 작업을 계속했지만, 이것이 점차 지루해지자 채색화와 조소 과정으로 넘어갔다.

미술치료는 또한 청각장애 환자의 치료 양식으로 특별한 가치가 있을 수 있는데, 그림이나 조형 등의 시각적 메시지를 통해 지금까지 억눌리거나 부적당하게 표현되어 온 감정을 전달할 수 있도록 하기 때문이다(Silver, 1962). 미술 표현은 종종 중요한 내적 경험을 인식하고 개념화하며 전달하는 것을 배우는 첫 단계가 된다.

물감이나 점토 등과 같은 미술 재료는 청각장애인에게 촉각적이고 시각적인 자극을 제공하는데, 이것은 그들이 세상을 지각하고 정보를 받아들이는 가장 기본적인 방식과 일치한다. 미술 재료와 미술 작업에는 색깔, 질감, 선, 형태, 구도라는 구조적 요소가 포함된다. 미술작품을 만들면서 시각, 운동감각 및 운동근육 반응은 자연스럽게 통합된다. 청각장애 환자는 필압, 색상 선택, 구도나 주제의 선택을 통해 즉각적으로 감정을 표현하고 긍정적으로 내적 긴장을 발산하는 경우가 많다.

집단미술치료가 진행되는 과정에서 미술치료사는 환자가 자신의 솔직한 감정을 자기통제와 자각을 가지고 인식하거나 또는 완성된 이미지로 만들어 낼 수 있도록 도와줄 수 있다. 이때 이미지 자체는 환자가 통제하고 결정을 내리며 현실을 검증하고 어느 수준에 도달하거나 역량을 획득하는 자신의 능력을 연습하도록 함으로써 재작업될 수도 있고 아예 버려질 수도 있다. 대개 집단에서 미술작품에 대한 토론을 하면서 위에서 언급한 이슈가 공통 관심사로 떠오른다. 이러한 조치에서 환자는 안도감을 쉽게 경험하며, 이는 고립감을 감소시키는 것으로 보인다. 또한 그들은 집단을 떠나 그들의 삶에서 이렇게 배운 것을 사용할 수 있는 방법에 관해 논의한다.

완성된 미술작품은 환자가 집단에서 논의한 감정과 사고가 실체가 있는 구체적이고 영속적인 표상으로 구현된 것이다. 치료 과정에서 환자는 자신의 미술작품을 미술치료사와 검토할 수 있으며, 따라서 그것은 미술치료에서 그들의 발전을 보여 주는 시각적 지표로 삼을 수 있다. 또한 완성된 미술작품은 청각장애가 있고 목소리나 수화를 통한 의사소통 능력이 매우 다양한 집단에서, 논의를 위한 자극제로서 '상징적 언어'와 기억의 중요성을 나타낼 수 있다(Naumburg, 1966). 그것은 집단원 사이에서 공통점과 차이점을 탐구하도록 하는 '출발점'이 될 수 있다. 이는 단순히 표현 방식의 차이를 살펴보는 수준에서 시작하여, 궁극적으로는 집단 내 관계, 기억, 꿈, 청각장애 경험의 느낌, 구체적인 정서적 어려움 등과 같은 더욱 심오한 논의로 이끌 수 있다. 각 구성원이 자신의 미술작품에 관해 '이야기'하도록 하고 깊은 정서적 수준에서 '경청받고' '이해받으며' 자신이 인정되는 만족을 경험하도록 하면 지지와 신뢰가 집단 내에서 발달한다. 처음에는 좌절감을 느끼거나 불안해하며 집단에 왔던 환자도 집단 종결 시에는 보다 평온하고 이완된 감정을 종종 보였다.

건청 미술치료사를 위한 실제적 고려 사항

모든 미술치료사에게 가장 중요한 과제 중 하나는 환자와 명료하면서도 공감적으로 의사소통하는 것이다. 건청인 치료사는 눈 맞춤과 비언어적 몸짓언어에 부가되는 중요성에 큰 역점을 두고 배워 왔다(Lowen, 1967). 그러나 내담자의 의사소통에 존재하는 개념적, 정서적 내용의 색조를 이해하는 능력이 치료의 성공에 결정적이라는 사실은 변함없다. 따라서 건청인 초보 치료사의 경우 자신의 청각장애 환자를 이해하려는 노력의 일환으로 환자와 자신의 역할 바꾸기를 시도해 볼 만하다. 미술치료사는 청각장애 내담자가 말하는 것을 이해하고자 노력할 때 수화에 대한 경험 부족으로 인하여 청각장애인이 '건청

주류 사회'에서 매일같이 직면하는 좌절, 고립, 혼란을 경험할 수 있을 것이다. 이는 힘들기는 하겠지만 중요한 경험으로, 특히 귀가 들리지 않는 경험과 관련된 느낌을 논의할 때 공감과 정직성을 더할 수 있을 것이다.

의사소통을 촉진하기 위하여 통역사를 사용하는 것이 필요할 수 있다. 그러나 이는 특히 신뢰의 구축과 비밀 유지라는 측면에서 치료적 협력 구축을 방해하는 것으로 여겨질 수 있다(Brauer & Sussman, 1980; Oosterhous, 1985). 이 때문에 미술치료사는 자신의 환자가 가장 빈번히 사용하는 수화 형태를 가능한 한 빨리 배우는 것이 좋다. 청각장애인의 문화와 청각장애 아동의 심리적·사회적 발달을 이해하는 것 또한 반드시 필요하다. 그렇게 하는 동안 '의사소통 문제'에 대한 미술치료사의 태도와 개방성은 집단의 신뢰를 구축하고 자발적인 감정 표현과 논의에 많은 도움이 될 수 있다.

청각장애 성인을 위한 미술치료 집단을 진행할 때의 추가적인 고려 사항은 다음과 같다.

(1) 수화와 미술작품을 분명히 알아볼 수 있는 적절한 조명 설치하기
(2) 내담자 간에 항상 서로를 잘 볼 수 있는 방식의 좌석 배치하기
(3) 다음 단계를 알리기 위해 조명을 몇 번 점멸하는 것과 같은 시각적 신호 만들기
(4) 모든 집단 성원이 의사소통한 내용을 이해했는지 확인하고 의사소통을 확실히 하도록 하는 얼마간의 시간을 둠으로써 집단논의 시 충분한 시간 부여하기
(5) 비슷한 의사소통 양식과 숙달도를 가진 집단원으로 미술치료 집단 구성하기

집단을 위한 환자 선택

필자가 일했던 청각장애인을 위한 특별 정신건강 프로그램에서는 미술치료 사정을 거쳐 환자가 의뢰되었다. 그들은 이 미술치료 사정에서 얻은 정보에 따라 두 집단 중 하나에 할당되었다. 집단 A 또는 집단 B로의 배치는 다음과 같은 요인에 따라 결정되었다.

(1) (독화, 수화, 지화, 쓰기, 제스처, 마임 등과 같은) 총체적인 의사소통 방식에서의 의사소통 기술 수준
(2) 나타난 증상의 심각도
(3) 전반적인 사회적 기능 수준

미술치료 집단의 구성 형식

두 개의 분리된 미술치료 집단은 매주 크고 조명이 밝은 방에서 90분 동안 이루어지며, 각 집단에는 평균 7명의 환자가 참여하였다. 집단은 완전히 수화로 진행되고 다음과 같은 구조로 구성된다.

(1) 간단한 집단토론
(2) 개인 또는 집단 미술 작업
(3) 휴식 시간/청소
(4) 미술작품 발표 및 토론

집단 A

집단 A는 28~43세의 환자 6명으로 구성되어 있으며, 〈표 4-1〉에 성별,

〈표 4-1〉 집단 A

집단원	연령	진단	병인 및 청각장애 정도	의사소통 방식	입원기간
1. 조	36	만성/미분화형 정신분열증	출생 중고도	목소리 및 수화 (보통)	2년
2. 밥	33	미확정 알코올증후군	출생 잔존청력을 가진 것으로 생각하나 검증되지 않음	없음	5년
3. 도라	25	기질적 뇌증후군 발작장애	출생 심도	독화 수화 기술(미흡)	
4. 앤	27	만성 미분화형 정신병	출생 심도	수화(양호)	3년
5. 앨리스	42	기질성 정신병	출생 고도	수화(양호)	1년
6. 로사	45	만성 미분화형 정신분열증 경도 정신지체	출생 중도	목소리 약간의 신호	8개월

주: 이름 및 기타 감별 자료는 사생활 보호를 위해 변경함.

연령, 진단, 입원기간, 청각장애의 병인, 그들의 가족에게 사용되는 의사소통 방식이 비교되어 있다. 집단 A에 속한 환자는 다음의 특성 중 1개 이상을 공통으로 가지고 있다.

(1) 이중 진단(청각장애와 더불어 기질적 뇌증후군 또는 정신지체의 기타 진단이 더해짐)
(2) 미국식 수화(ASL), 지화, 독화, 단서언어, 또는 제스처를 통한 의사소통에 심각한 어려움을 보이거나 무능함
(3) 환시나 환청 같은 중증 증후
(4) 간헐적 행동화, 타인에 대한 공격, 자폐적 철회, 또는 극도의 사회적 고립 같은 행동장애

이 집단의 목표는 다음과 같다.

(1) 다른 식으로는 표현하기 힘들거나 불가능한 생각과 감정의 일차적 소통 방식으로 미술 재료 활용
(2) 대인관계 및 사회화 기술 영역에서 기능 수준 개선
(3) 의사결정, 주의집중 시간, 현실 검증 및 독립 기능 영역에서 개인적 기술 향상
(4) 신체상 개선
(5) 자존감 향상

사용된 의사소통 방식 이 집단에서의 의사소통은 주로 몸짓, 얼굴 표정, 미국식 수화(ASL), 문자를 통한 의사소통, 그리고 미술작품에 포함된 시각적 이미지를 섞어서 이루어졌다. 예상대로 의사소통을 명확히 하고 각 환자가 서로를 이해했는지 확실히 하는 데 많은 시간이 소비되었다. 이 과정의 복잡성은 다음 절에서 확실히 드러날 것이다.

집단과정(〈표 4-1〉 참조)

예비/초기 집단토론 화요일 오후 1시에 6명의 환자가 미술치료실로 왔다. 30대 중반의 남성 조는 문으로 다가와서는 소심하게 들여다보고는 들어오라고 할 때까지 주저하면서 기다리고 있었다. 2년간의 입원기간 동안 그는 거의 대부분 다른 사람에게 이러한 방식으로 접근하였다. 매우 소극적이고 의존적이며 타인에게서 고립되어 있는 것으로 기술되어 있던 조는 (제한된 범위에서 말을 할 수 있었지만) 말을 거의 하지 않았다. 그는 만성 미분화형 정신분열증으로 진단받았다.

조에 이어서 온 밥은 키가 작고 마찬가지로 자신이 없었다. 밥은 5년간 입원

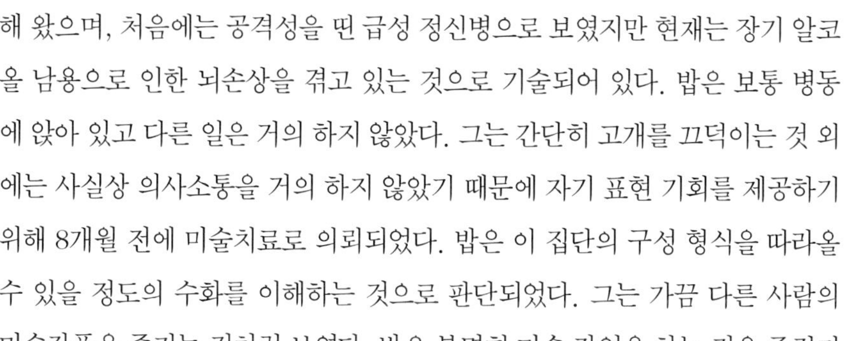

해 왔으며, 처음에는 공격성을 띤 급성 정신병으로 보였지만 현재는 장기 알코올 남용으로 인한 뇌손상을 겪고 있는 것으로 기술되어 있다. 밥은 보통 병동에 앉아 있고 다른 일은 거의 하지 않았다. 그는 간단히 고개를 끄덕이는 것 외에는 사실상 의사소통을 거의 하지 않았기 때문에 자기 표현 기회를 제공하기 위해 8개월 전에 미술치료로 의뢰되었다. 밥은 이 집단의 구성 형식을 따라올 수 있을 정도의 수화를 이해하는 것으로 판단되었다. 그는 가끔 다른 사람의 미술작품을 즐기는 것처럼 보였다. 밥은 분명히 미술 작업을 하는 것을 즐겼지만 이러한 관찰 외에 그에 대해 알고 있는 것은 거의 없다.

이후 로사, 도라, 앤, 앨리스가 도착하였다. 40대 중반의 로사는 아마도 집단에서 가장 의사 전달을 잘하는 사람일 것이다. 그녀의 진단명은 만성 미분화형 정신분열증이었으며, 기타 진단으로 경도 지적장애를 받았다. 최근까지 그녀는 건청인 프로그램에 속해 있었고 거의 수화를 알지 못했다. 그녀는 빨리 학습하기는 했지만 집단과의 공통 언어가 부족하다는 점이 자신을 표현하는 데 있어 좌절감을 일으키고 어렵게 만들었다. 사실 그녀는 평생 타인과의 의사소통에 어려움을 겪었는데, 그녀는 이것을 자신의 정서적 문제에 기여한 것으로 보고 있었다. 앨리스는 최근 터널시야(주변시야)라고도 불리는 퇴행성 시각손상인 어셔 증후군(Usher syndrome)으로 진단받았는데, 이로 인해 집단의 다른 사람 쳐다보는 것을 힘들어하였다. 그녀는 급성 정신병 삽화에서 회복하는 중이었으며, 이 때문에 병원에 데려다 주기도 하였다. 그녀의 진단명은 기질성 정신병이었다.

27세의 앤은 지난 3년간 입원해 있었다. 그녀는 중증 증후를 보이고 있었고, 특별히 집단논의나 그녀의 미술작품에 집중하지 않으면 쉽게 주의가 산만해지고 환각에 빠지는 경향이 있었다.

도라는 기질적 뇌증후군으로 진단받은 젊은 여성으로 발작장애를 앓고 있었다. 그녀는 수화를 하면서 자신의 손을 제어하는 데 매우 힘들어했으며 쉽게 좌절하였다. 매우 흥미롭게도 그녀는 그림을 그리면서 세부 묘사를 하는 데는 거의 어려움을 보이지 않았다. 아마도 미술 작업의 생리적 과정이 그녀로 하여금 이완할 수 있도록 하여 그녀의 사고 과정을 그녀 움직임과 조화롭게 일치할 수 있도록 하는 것 같았다.

집단원이 모두 착석한 후 첫 토론 시간이 시작되자 각자에게 어떠한 감정을 느끼고 있는지, 그리고 지난주에 어떠한 일이 있었는지 질문하였다. 즉, 차례대로 각자 자신의 옆에 앉아 있는 사람에게 같은 질문을 하였다. 이것은 집단 구조의 중요한 부분으로 보였고 다음과 같은 목적을 위해 수행되었다.

(1) 사람, 시간, 장소에 관해 집단 구성원 적응시키기
(2) 사회적 기술 발달시키는 계기
(3) 집단 의식하고 신뢰하도록 하는 기회 제공

오늘 앤은 집단에게 자신이 '피곤하다'고 말하였다. 도라는 지난주에 몇 번이나 발작을 일으킨 것을 우리가 알고 있었음에도 자신은 좋다고 말하였다. 앨리스는 미소를 지으며 정신과 의사가 자신에게 조만간 잠시 집에 다녀올 수 있을 것이라 말했다고 이야기하였다. 로사는 오늘 매우 화가 나 있었다. 집단의 다른 환자인 밥은 로사가 말을 거는데도 전혀 반응하지 않았기 때문에 그녀를 짜증 나게 만들고 있었다. 밥은 로사뿐만 아니라 집단의 어느 누구에게도 반응하지 않았다. 그는 조용히 앉아 연필을 손에 쥐고 그림을 그리기만을 기다리고 있었다. 조는 '기분이 좋다'고 했지만 그의 임박한 '퇴원'에 대해 질문받을 때는 다소 불안한 모습을 보여 주었다.

미술 작업　첫 토론 시간이 끝나자, 집단은 진행 중인 프로젝트, 새로운 프로젝트, 또는 집단 프로젝트 작업을 시작하였다. 놀랍게도 집단 구성원 대부분이 작업을 시작하는 데 있어 거의 어려움을 보이지 않았다. 가끔 적절한 때가 되면, 집단 주제 또는 개별 프로젝트를 제시하였다. 선택의 기회가 주어질

경우 집단원은 각자 스스로 작업하기를 선호하면서 자신의 속도를 조절하고 통제를 유지하였는데, 이것이 그들에게는 중요한 것이었다. 집단 구성원은 집단의 미술 작업 시간 동안 자신의 작업을 하는 데 푹 빠져 있었지만, 가끔은 수화나 말을 주고받기도 하였다.

휴식 시간 약 40분의 작업 후 집단은 휴식을 준비하였다. 이 휴식에는 작업장을 청소하고 붓을 빨고 다 쓰고 난 재료를 다시 넣어 두는 것이 포함되었다. 그런 다음 집단에게 음료수를 마시거나 토의실에 앉아 쉬거나 서로 어울리도록 하였다. 다른 사람은 방 밖으로 나가 담배를 피우거나 화장실을 이용하기도 하였다.

미술작품 토론 각 구성원이 자신의 작품 보여 주기를 주저하였기 때문에 토론은 대체로 서서히 시작되었다. 보통 로사가 자진해서 첫 발표를 하였다. 그녀는 자신의 그림을 다음과 같이 묘사하였다(그림 제시하지 않음). "이것은 집단이에요. 나는 네 사람과 두 개의 둥그스름한 검은 모양을 그렸어요." 로사는 자신의 그림을 설명하는 데 흥분하여 수화를 빼먹고는 대신 목소리를 사용하고 있었다. 그녀는 자신의 말을 아무도 알아듣지 못한다는 것을 깨닫고는 "미안해요."라며 수화로 말했다. 앤은 허공을 멍하니 응시하고 있었고 목소리에 반응하는 것처럼 보였다. 밥은 역시 자기 자신의 세계에 빠져 있었다. 두 사람은 가볍게 어깨를 두드리거나 수화를 통해서 로사의 그림에 집중하고자 노력하고 있었다. (앨리스는 자신의 시력 문제로 볼 수 없었기 때문에 로사에게 그녀의 그림을 자기에게 건네줄 것을 요청하였다.)

앨리스는 로사의 그림 설명을 알아듣고는 미소를 지었다. 로사는 짜증이 나 보였는데, 자신의 그림을 밥에게 그리고 앤에게 건네주고는 차례로 물어보았다. "이 그림에서 당신은 어디에 있어요?" 밥은 대답하지 않았다. 앤은 여러 가지 모양을 가리키며 로사에게 "이게 나예요?"라고 묻고 있었다. 로사는 화를 내며 "아뇨, 당신과 밥은 두 개의 검은색 덩어리로 그렸어요!"라고 대답했다. 밥이 처음으로 쳐다보았다. 로사는 계속해서 "나에게 관심을 보이지 않는 게 정말 정말 화가 났어요. 나는 당신들을 몰라요. 당신들은 나에게 진짜 사람이 아니에요. 나를 기분 나쁘게 해요!"라고 말했다. 밥이 지켜보는 동안 앤은 자신이 집중하는 것이 얼마나 어려운지와 자주 자신의 '목소리'를 조절하지 못한다는 것을 알릴 수 있었다. 로사는 한층 안도하며 앞으로는 자신과 함께하는 집단원에게 좀 더 융통성 있게 대하겠다고 말했다. 그녀는 집단의 사람들과 소통할 때 자주 좌절감을 느끼는데 그것이 건청인 자신의 어머니와의 의사소통 문제에서 비롯된 것 같다고 말하였다. 그녀는 또한 밥의 무반응과 집단에서의 철회가 자신도 그렇게 퇴행할지 모른다는 두려움을 느끼게 한다는 사실을 깨닫게 되었다. 그러나 자신의 그림을 다시 한번 살펴보고는 "나는 나를 전신상으로 모두 그렸기 때문에 내가 밥과는 다르다고 생각해요."라고 말할 수 있었다. 그녀는 밥에게 미소 지었고 밥도 미소 지어 주는 것 같았다.

앤, 조, 밥, 도라, 앨리스는 순서대로 자신의 미술작품을 보여 주고 그것이 담고 있는 주제에 집중하면서 토론하였다. 조는 배를 그렸는데([그림 4-1] 참조), 그것은 병원에서 떠나 자신이 여행하는 것을 상징하고 있었다. 그는 그 이

[그림 4-1]

미지와 집단에서의 질문을 통하여 병원에서 보호받는 환경을 잃는 데 대한 두려움과 불안, 그리고 그러한 감정이 오늘 집단과 처음 갖게 된 상호작용을 어떤 식으로 방해했는지 인정할 수 있게 되었다.

꽃, 나무, 풀을 그린 도라의 그림은 매우 구체적이었다([그림 4-2] 참조). 집단은 그녀가 번개가 치는 구름 속으로 날아가는 비행기를 그린 것에 주목하였다. 필자는 "조종사는 자신이 조종하지 못할까 봐 두려워하나요?"라는 질문을 함으로써 그것을 언제 일어날지 모르는 발작을 예기하고 있는 그녀의 경험과 연관하였다. 도라는 동의한다는 뜻으로 고개를 끄덕였다.

앨리스의 그림은 그녀가 무척 그리워하고 있는 조지아 주에 있는 자신의 집을 나타내고 있었다. 이 그림에 대해 토론하는 동안 그녀는 자신의 가정생활에 대한 양가감정을 드러내게 되었다. 그러한 감정 표현은 이 집단에서 처음 하게 된 것이었다.

앤은 종이에 여러 단어를 썼는데, 어떤 것은 자기이고 다른 것은 '친구들'이

[그림 4-2]

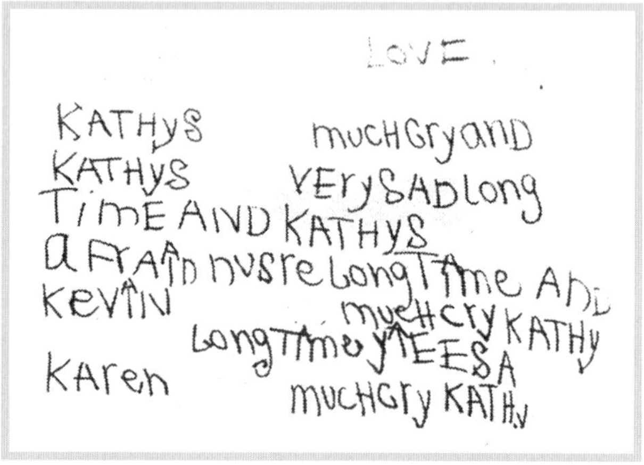

[그림 4-3]

라고 하면서 이름에서 혼란을 나타냈다([그림 4-3] 참조). 그녀는 혼란스러워 보였으며, 집단이 그녀의 작품을 이해하려고 노력할 때도 마찬가지였다. 간호사에 대한 그녀의 두려움과 가족을 그리워하는 데 대한 그녀의 슬픔에 관한 토론이 이어졌다. 그다음 회기에는 '실재하지 않는 것에서 진짜 실재하는 것'을 가려내기 위한 수단으로, 앤에게 그 그림에 나타난 사람들을 그리도록 권유하였고 그녀도 이에 동의하였다.

밥은 대개 집단에서 가장 마지막으로 자신의 작품을 발표하는 사람이었다. 그는 천천히 자기가 그린 종이를 들어 올렸다([그림 4-4] 참조). 단선과 작은 원이 난화 수준으로 널리 퍼져 에워싸고 있었으며 종이 전체를 채우고 있었다. 또한 물감이 종이를 가로질러 방울방울 소량 떨어져 있었다. 이는 밥의 개선된 모습으로 볼 수 있는데, 그는 이전에는 연필로 선만 반복해서 긁적거릴 뿐이었다. 그의 미술작품에 색깔과 형태가 등장한 것은 매체를 통제하고 자신의 사고를 조작하는 능력을 새롭게 자각한 것임을 나타낼 수 있다. 형태와 순서가 아직 결여되어 있기는 하지만, 그의 미술작품은 밥의 주된 의사소통 수단으로 남아 있었다. "예뻐요."라고 앨리스가 평가하였고, 로사는 "그건 무슨 뜻인가요?"라고 질문하였다. 밥은 "모르겠어요."라고 말하는 것처럼 어깨를 으쓱했

[그림 4-4]

다. 필자는 밥의 작품과 그것이 어떻게 변화했는지에 관해 의견을 말했으며, 아직 그에게 힘들기는 하겠지만 그가 미술작품을 통해 의사소통을 하기 위한 노력을 시작했다고 이야기하였다.

이는 지난 1년 사이에 밥이 필자와 함께 똑같은 종이에 그림 그리는 것을 견딜 수 있게 되면서 시작된 것이었다. 이러한 방식으로 작업하면서, 필자는 밥이 자신의 사고를 조작하고 더욱 직접적인 방식으로 반응할 수 있도록 '자아에 대한 지지(ego support)'를 제공하였다. 밥에게는 바로 이것이 의사소통과 치료적 동맹에 뚜렷한 가교를 마련해 준 것이었다. 그것은 또한 친밀성을 지속할 수 있는 그의 능력을 향상하였고, 차츰 그가 집단 구성원으로 받아들여지도록 하였다.

집단의 종료 미술작품에 대해 개인별로 토론한 후 집단 구성원에게 다음과 같이 질문하였다. "오늘 어떤 일이 있었지요?" 이것은 집단 구조에서 중요한 부분으로 간주되는데, 왜냐하면 집단의 구성원임을 강조할 뿐만 아니라 토론에서 얻은 정보를 요약해서 끌어내고 활용하는 능력을 증가시키는 역할을 하기 때문이다. 이때 "로사는 집단에 대해 자신이 어떻게 느끼고 있는지를 우리에게 알려 주었어요." "앨리스는 자기 가족에 대한 것을 배웠어요." "밥은 나아지고 있어요." "앤은 오늘 약간 혼란해했어요." 등과 같은 평을 하게 된다.

덧붙이는 말

집단으로 이루어지는 미술치료 과정에서 이전에는 수화 기술 차이 및 정신질환과 관련된 증상의 심각도로 인해 서로 의사소통할 수 없었던 환자 간에 의사소통을 할 수 있게 되었다. 미술 표현은 그들 자신과 서로 간에 감정을 표현할 수 있는 수단이 되었다. 미술작품에 대해 함께 이야기를 나누는 것은 자신을 알게 하고 집단에 대한 신뢰를 높이는 데 도움이 되었다. 또한 사회화 기술이 향상되었으며, 마찬가지로 문제해결 기술도 개선되었다. (중증 증후와 사회화 기술이 낮은) 청각장애 정신병 환자를 위한 미술치료 과정은 더디고 많은 노력을 요한다. 여기에 기술했던 집단 회기에 참여한 환자의 경우 평균 9개월 동안 미술치료를 받았다는 점에 주목해야 할 것이다. 앞에서 언급했던 목표를 달성하기 위해서는 장기 미술치료가 실시되어야 한다는 것은 분명하다. 이러한 집단에서 미술치료는 밥처럼 의사소통을 최소한도로 하거나 철회를 보이는 환자에게도 미술 표현 자체를 언어로 활용할 수 있기 때문에 치료적 효과를 가질 수 있다.

집단 B

집단 B는 25~48세의 여성 4명과 남성 3명으로 구성하였고 진단 및 인구통계 자료는 〈표 4-2〉에 제시되어 있다. 집단 B에 속한 환자는 다음 중 하나 이상의 특성을 공통으로 가지고 있다.

〈표 4-2〉 집단 B

집단원	연령	진단	병인 및 청각장애 정도	의사소통 방식	집단 참여 시 입원기간
1. 린	29	정신분열증 급성 삽화	출생 심도	미국식 수화 (양호)	6개월
2. 앤	30	중증 우울증	출생 심도	미국식 수화 (양호)	3개월
3. 조	33	만성 미분화형 정신분열증	출생 심도	미국식 수화 (미흡)	2년
4. 샌디	27	경계선 정신증	출생 심도	미국식 수화 (양호)	2년
5. 랠프	31	망상형 정신분열증	출생 심도	미국식 수화 (양호)	6개월
6. 댄	29	정신분열증 급성 삽화	출생 심도	미국식 수화 (양호)	3개월
7. 리자	27	분열-정동형장애	출생 중도	목소리, 약간의 수화	1년

(1) 독화, 수화영어 또는 미국식 수화(ASL)를 조합한 중급에서 상급 수준의 의사소통 능력
(2) 평균 이상의 사회적 상호작용 기술
(3) 통찰지향 미술치료가 유익할 수 있는 추상화 기술 활용 능력
(4) 뇌손상이나 정신지체 같은 기타 진단 없음

이 집단의 전반적인 목표는 다음과 같다.

(1) 과거와 현재 상황과 관련한 개인적인 문제나 갈등의 표현 및 표출
(2) 미술치료 회기에서 만든 작품 주제나 내용과 관련한 자기 주도적 토론을 통해 집단 신뢰 구축 및 집단 역동 탐색

사용된 의사소통 방식과 미술치료사의 역할 이 집단에서는 미국식 수화(ASL)가 의사소통의 기본 방식으로 사용되었다. 그러나 몇몇 환자의 경우 비교적 최근에 수화 기술을 습득하여 독화와 목소리에 계속해서 의존하였다. 가끔 중단을 한 다음 의사소통되고 있는 것이 무엇인지 미국식 수화(ASL)를 통해 이해할 수 있도록 확인시키기는 했지만, 이것이 집단 A의 경우처럼 큰 문제가 되지는 않았다.

필자의 역할은 시간이 지남에 따라 집단 A에 비해 (조금은) 소극적인 방식으로 진행되었다. 처음에는 집단 구성원이 이를 방치하는 것으로 여기고 화를 내거나 철회를 보이고 저항하였다. 그러나 이에 대한 탐색을 해 나가자 토론을 주도해 나가는 데 있어 책임감을 가질 수 있게 되었으며, 결과적으로 좀 더 독립적이고 서로 기꺼이 위험을 감수하며 책임을 지려는 자세를 보이게 되었다. 바로 이러한 점에서 필자는 집단 과정을 촉진하고 명확히 하며 지지하는 입장이었다.

집단 B에서는 집단 A와 같이 집단 과정을 기술하기보다는 미술작품의 주요 주제에 관해 제시하고자 한다. 특정 주제가 집단에 미친 영향과 그것이 치료적 변화와 성장을 촉진하도록 한 방식에 초점을 두고 논의할 것이다.

미술작품의 주제

1. 입의 상징적 중요성

4년이라는 기간 동안, 집단 B의 미술작품에서는 그림이나 조소 표현을 통한 과장되고 왜곡된 형태의 입이 중요한 상징으로 나타났다. 이 미술작품에 대한 집단토론은 욕구 충족과 건청인 환자와 명확히 의사소통하는 데 실패한 초기 경험에 초점을 염두에 두고 시작하였다. 정신분열증으로 진단받은 29세의 심도난청 여성인 린이 만든 [그림 4-5]는 아기 바다표범을 나타낸 것이다. 린은

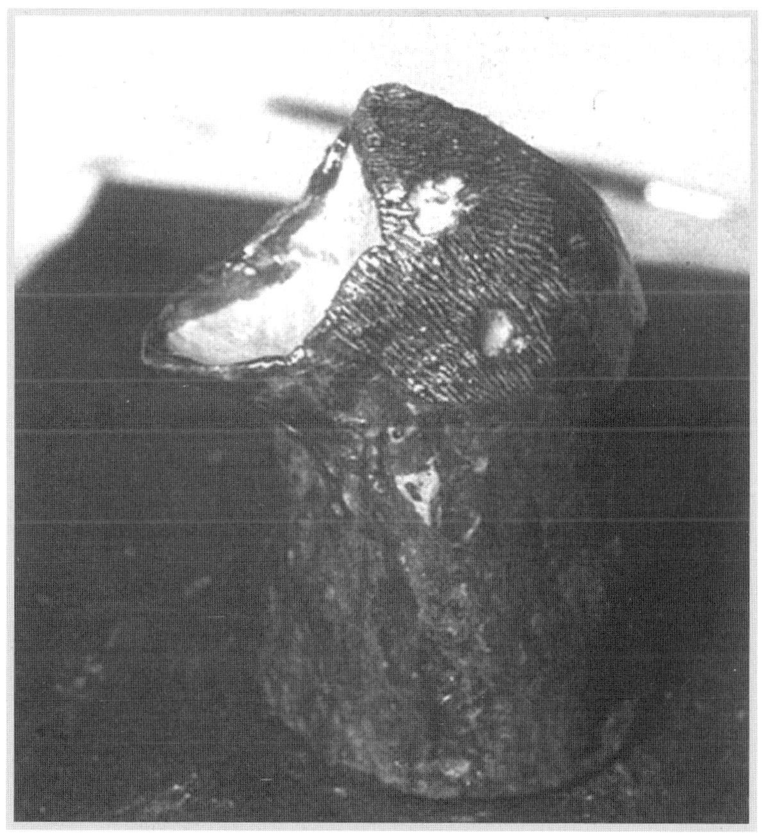

[그림 4-5]

이 바다표범에 대하여 "엄마가 먹여 주기를 기다리면서 음식을 달라고 외치고 있고… 울고 있어요."라고 설명하였다. 일부 집단 구성원은 아기 바다표범의 거대한 입을 배고프고 너무나 굶주린 것으로 보았다. 이 이미지를 통해 집단은 자신들의 충족되지 않은 보살핌과 의존에 대한 욕구가 그들을 얼마나 공허하게 만들고 때로 화나게 하는지 그 느낌에 대해 이해하기 시작하였다. 다른 환자 역시 입을 강조하는 적어도 9개의 다른 이미지를 자발적으로 만들어 냈다. 이는 필자로 하여금 관심과 보살핌에 대한 집단의 끝없는 욕구에 가끔 압도되어 역전이 반응을 불러일으켰다. 구성원은 이러한 욕구의 근원을 이해하고 집단토론을 하면서 그것을 알게 되었고, 점차 필자보다는 서로를 의지할 수 있게 되었다.

2. 의사소통

새로운 의사소통 형식을 찾는 것은 집단에게 있어 계속되는 주제였다. 종종 집단 구성원은 미술작품에서 외국어 비슷한 것을 표현하거나 상징을 통해 새로운 언어를 만들려는 시도를 하였다. 이를 보여 주는 두 가지 예시가 바로 [그림 4-6]과 [그림 4-7]이다. [그림 4-6]에서는 여러 가지 색상으로 표현된 동양적인 문양을 볼 수 있다. 중증 우울로 진단받은 심도난청 여성인 30세의 앨리스는 이를 '중국어'라고 설명하였다. 중국어를 말하거나 이해하는 사람이 아무도 없었기 때문에 집단토론에서는 앨리스가 전달하려고 했던 바를 이해할 수 없다는 사실에 초점이 맞춰졌다. 앨리스는 자신 역시 마찬가지며, 때로는 그녀가 말하고 싶은 것을 의사소통하기가 어렵다는 점을 인정하였다. 그녀는 의사소통이 좀 더 쉬워지기를 바라는 그녀의 소망과 관련시켰고, 그녀의 그림이 건청인 가족과 의사소통하는 데에서 느낀 좌절감에서 나온 것이라고 인

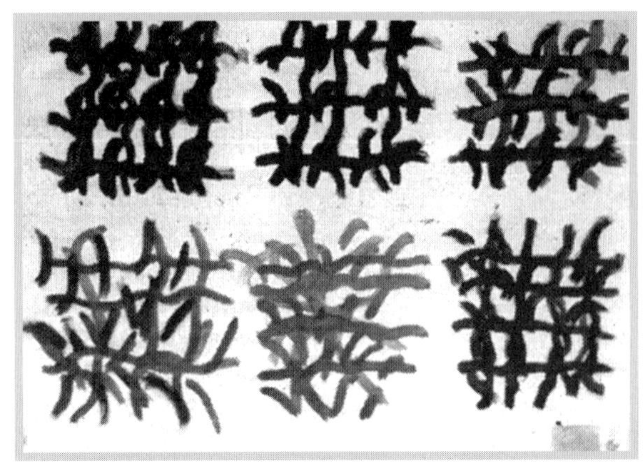

[그림 4-6]

[그림 4-7]

정하였다.

[그림 4-7]은 만성 미분화형 정신분열증으로 진단받은 심도난청 남성인 23세의 존이 자기 자신과 집단을 위해 전혀 새로운 언어를 만들고자 시도한 작품이다. 존은 급성 증후일 때에는 기이한 행동을 보이거나 종종 자신만의 이해할 수 없는 언어에 빠져들곤 하였다. 청각장애인조차 이해할 수 없는 자신의 언어를 만드는 것은 그의 인생에 부족한 힘과 통제에 대한 감각을 그에게 부여하는 것으로 이해할 수 있을 것이다.

3. 자신을 이상한 사람으로 느끼는 것

정신병 환자의 미술작품을 보면 자기 자신을 이상하거나 매우 다른 식으로 묘사하는 경우가 많다. 집단 B의 환자에게서 나온 자화상은 그러한 왜곡뿐만 아니라 그들의 청각장애에 관한 감정과 관련되어 있었다. 경계선 정신증으로 진단받은 심도난청 여성인 27세의 샌디는 여러 장의 자화상을 그렸는데, 거기에서 자신을 외계인으로 묘사하였다. 특히 한 장의 그림([그림 4-8] 참조)에서 샌디는 "나쁜 아기 마틴을 쏘고 있어요."라고 설명하였다. 주목할 만한 이 이미지는 겁먹은 외눈박이 생명체('외계인')가 '색다르고 추하다'는 이유로 우주인에게서 총을 맞는 것을 나타내고 있었다. 다른 환자가 그린 전신 그림 역시 유사하게 신체 왜곡과 자기혐오를 보여 주었다.

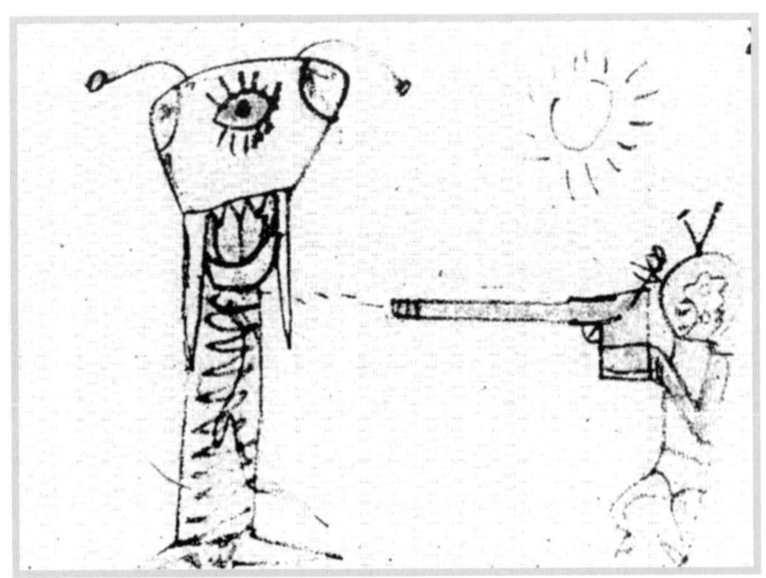

[그림 4-8]

4. 공격적 충동-분노

이 집단의 많은 그림과 스케치는 외현적 분노와 내현적 분노를 표현하는 분명한 이미지를 보여 주고 있었다. 앞서 소개했던 망상형 정신분열증으로 진단받은 심도난청 남성인 31세의 랠프는 이 프로그램에 들어오기 전 1년 동안 감금되어 있었다. 그는 굉장히 공격적이라고 여겨졌다. 이러한 경향이 있음에도 그는 미술 매체를 자유자재로 다루고 표현적으로 활용할 수 있었다. 그의 자화상은 사납고 원시적이며, 길고 헝클어진 머리에 어울리지 않게도 녹색으로 칠해진 모습으로 나타났다. 여기에다 치아가 강조되었으며 그 위에 색깔이 있는 작은 형태가 그려졌는데, 랠프에 따르면 그것은 '약물'을 가리키는 것이었다. 이 그림은 랠프와 전혀 닮지 않았다. 하지만 그것은 이상한 사람으로 비친다는 자신에 대한 느낌, 입원에 대한 분노, 약물치료를 해야만 하는 필요성, 이

[그림 4-9]

전에 감금되었던 경험과 잠재되어 있는 폭발하기 쉬운 내적 분노를 나타내고 있었다([그림 4-9] 참조).

다른 환자의 경우 화산이나 불을 그렸는데, 그것은 그들이 수년간 느껴 왔던 내적 혼란과 분노를 묘사한 것이었다.

5. 환청

정신분열증을 가진 심도난청 환자의 경우 환청이 존재한다는 사실이 문헌에 보고되어 왔다(Cooper, 1976; Critchley et al., 1981). 약 5점 정도의 그러한 그림이 이 집단에서 자연스럽게 나타났다. 정신분열증(급성 삽화)으로 진단받은 심도난청 남성인 댄은 [그림 4-10]에서 '악마의 목소리'를 듣고 있는 자기

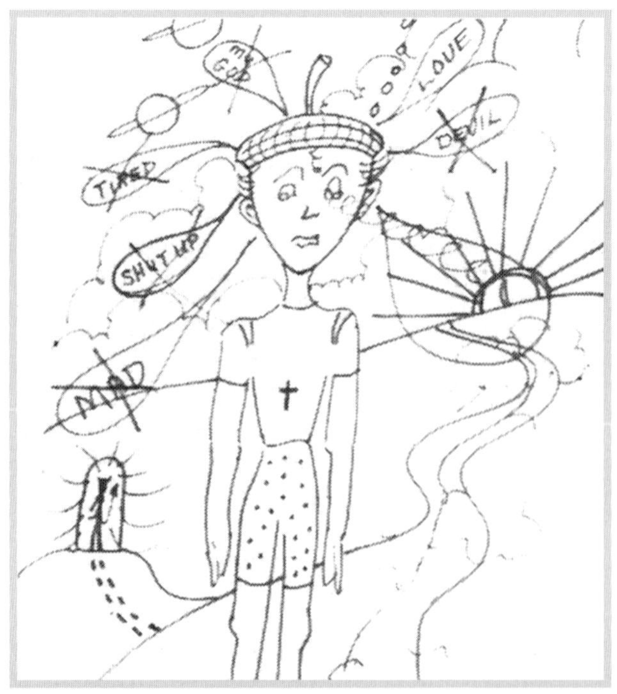

[그림 4-10]

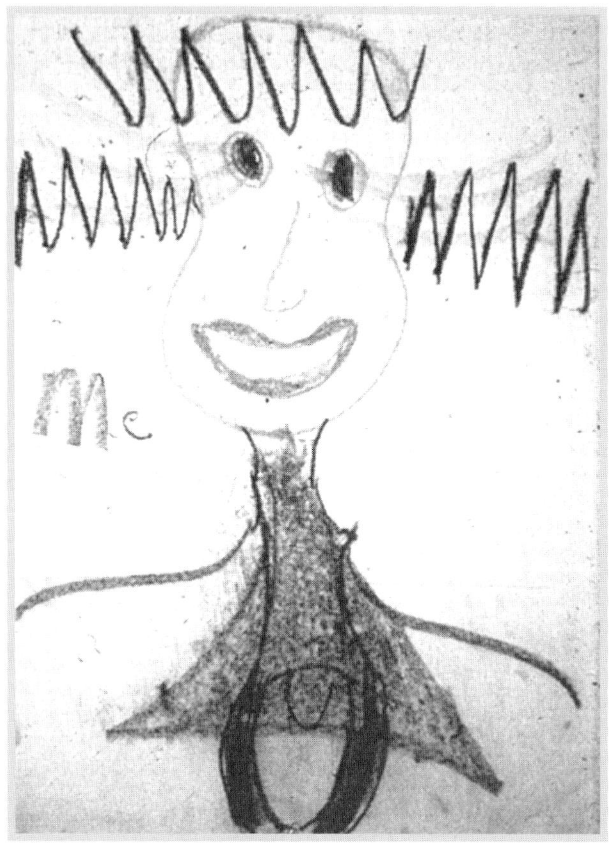

[그림 4-11]

자신을 그렸다. 이러한 진술에 대해 정말 듣고 있는지 질문하자 그는 들었다고 주장하였다.

비슷하게 분열-정동형 장애로 진단받은 27세의 여성 리자는 [그림 4-11]과 같은 이미지를 만들어 냈다. 이 그림에 대해 그녀는 '목소리가 멈추기'를 바라는 그녀의 소망을 나타내는 자화상이라고 말하였다. 이러한 '내부의 목소리'를 외현화하는 과정은 환청의 일시적 완화에 기여했으며 집단 구성원에게서 이해받는 경험을 통해 위안을 얻을 수 있었다.

6. 청각 상실과 그것이 일상생활에 미치는 영향

여러 환자가 들을 수 있기를 바라는 그들의 소망에 관한 이미지를 그려 냈다. 그들은 이러한 이미지를 통해 그들 또래의 건청인과 의사소통하는 자신들의 능력에 관한 상실감과 슬픔을 공유할 수 있었다. 이 집단에서는 음악을 들을 수 없다는 것이 가장 큰 상실로 여겨졌다.

7. 집단 관찰하기

미술 매체를 통해 집단을 바라보고 집단에 관한 느낌을 표현하는 것은 집단의 삶에 중요한 전환점이 되었다. 그때까지 집단 구성원은 필자와 동맹 형태를 선호하였고 서로에 대해서는 무관심하였다. 이렇게 건청인에게 수동적 의존을 나타내는 학습된 상호작용 방식은 집단 내에서도 반복되었다. 필자는 종종 각 회기가 종결될 때쯤이면 집단 전체가 아닌 개개인을 대하느라 소진되어 있었다. 이는 정신병 입원환자로 구성된 미술치료 집단의 초기 단계에 흔한 일이지만, 이번에는 좀 더 강도가 심하고 오랫 동안 지속되는 것 같았다. 물론 이는 정신질환이 있는 사람을 대상으로 상징적이고 왜곡된 사고뿐만 아니라 완전히 다른 언어 체계를 다루어야 하는 데 기인한 것이기도 하였다. 많은 건청 정신병 환자에게도 언어는 의사소통 수단으로 혼란스럽고 적절치 못한 경우가 많다. 이것은 이 환자들에게도 해당되는 사항으로, 그들의 수화는 훈련된 통역사나 다른 청각장애 직원조차 이해하지 못하는 경우가 많았다.

집단 과정과 집단 구성원의 서로에 대한 지각을 더욱 면밀히 관찰하기 위한 수단으로 한 회기 동안 '집단'이라는 주제를 제시하였다. 각 구성원에게 다음 중 하나를 추상적 혹은 사실적인 표현으로 그리도록 요청하였다.

(1) 집단에 대한 느낌

(2) 어떠한 집단이 되기를 바라는지에 대한 그들의 소망이나 환상

집단은 이 과제에 매우 열심히 응하였다. 그림에서 집단은 '엉켜' 있지만 동시에 상호 의존적인, 마치 실타래가 얽힌 것처럼 그려졌다. 다른 집단 구성원은 그들이 좀 더 '친밀'해지는 것을 표현한 것으로 보이는 이미지를 만들어 냈다. 집단에 대한 혼란스러운 느낌이 의도적인 모호성과 양가감정을 드러내는 구성 요소로 표현되어 나타났다. 이러한 표현을 가지고 많은 토론을 한 결과 환자는 집단 정체성에 대한 감각을 발달시키기 시작했고, 점차 자신의 출석과 집단토론에 참여하는 것에 대한 책임감을 키워 나갈 수 있게 되었다. 일부 구성원의 경우 집단이 시작되는 때를 다른 사람에게 상기시켜 주는 일과 같은 형태로 책임감을 보이면서, 이것을 집단 이상으로 확장할 수 있었다. 그들은 결석을 기록하고 다른 사람이 집단에서 거리낌 없이 말할 수 있도록 격려하기 시작하였다. 가끔 집단이라는 이미지가 자연스럽게 등장했고, 집단 과정에 집중해야 한다는 본질적인 메시지를 인식할 수 있게 되었다. 집단 구성원 간에 상호의존성이 증가하고 집단 환경에 영향을 미칠 수 있다는 그들 능력에 대한 신뢰가 쌓여 가면서, 그들은 점차 미술치료사에 대한 의존에서 '젖을 떼게' 되었다.

덧붙이는 말

시간이 흐르면서 집단 B는 그들의 개인적인 관심사 및 집단 전체의 관심사에 관한 사고와 감정을 좀 더 광범위하게 표현하는 수단으로 미술을 활용할 수 있게 되었다. 그들이 공유한 관심사는 그들 질환, 입원, 청각장애, 가족관계, 대인관계, 집단에서의 경험 등이었다. 이것은 다른 집단과 마찬가지로 집단에 대한 신뢰와 개인의 성장을 발전시켰다. 이를 결론으로 강조하는 이유는 어떤 상태에서건 우리는 이상하거나 색다른 것을 찾는 경향이 있기 때문이다. 예를 들어, 청각장애인과 일하는 미술치료사로서 필자는 그들이 자화상을 그릴 때 귀를 생략하느냐는 질문을 자주 받는다. 6년 동안 50명 이상의 환자와 개인 및 집단 회기를 진행해 왔지만, 필자는 그러한 그림을 두세 점 정도 본 것 같다. 아마도 추후 연구에서 이 문제나 여기에서 제시된 다른 주제에 관해 지지하거나 반박하는 논의가 이루어져야 할 것이다. 집단 B는 일단 과거의 비생산적인 상호작용 방식에 대해 조절할 수 있게 되자 유사한 진단을 받은 건청 환자 집단에 비해 의사소통의 문제가 적거나 거의 사라졌다. 공통 언어로 소통할 수 있는 능력이 여기에서는 아주 결정적인 요인이었다. 집단 B의 구성원은 대부분 미국식 수화(ASL)에 유창하였고, 따라서 집단 A에 비해 언어의 의미론적인 문제에서 손상을 적게 보였다. 그들의 작품 주제가 되는 내용이 청각장애인이면서 성인 정신병을 가진 입원환자의 특성인지는 아직 증명되지 않았다. 분명한 것은 이 집단의 경우 경험, 사고, 감정을 의사소통하고자 하는 강력한 욕구를 느낀다는 것이었다. 이 환자들이 그들 자신과 서로를 이해하려는 노력으로 미술 매체를 활용할 수 있었다는 사실은 치료적 도구이자 시각적 언어로서 미술이 가지는 능력을 대변해 준다고 할 수 있다.

참고문헌

Altshuler, K. Z. (1974). The social and psychological development of the Deaf. *American Annals of the Deaf, 119*, 365-376.

Altshuler, K. Z., Deming, W. E., Vollenweide, J., Rainer, J. D., & Tendler, R. (1976). Impulsivity and profound early Deafness. *American Annals of the Deaf, 121*, 331-345.

Altshuler, K. Z., & Rainer, J. (1968). Mental health and the Deaf: Approaches and Prospects. *U.S. Dept. of Health, Education, and Welfare, Social and Rehabilitation Service.*

Brauer, B., & Sussman, A. E. (1980). Experiences of Deaf Therapists with Deaf Client. *Mental Health in Deafness,* No. 4, Fall, NIMH, DHHS Pub. No. (ADM) 81-1047.

Cooper, A. F. (1976). Deafness and psychiatric illness. *British Journal of Psychiatry, 129,* 216-226.

Critchley, E. M. R. et al., (1981). Hallucinatory experiences of prelingually profoundly Deaf schizophrenics. *British Journal of Psychiatry, 138,* 30-32.

Harris, R. I. (1982). Communication and mental health. *The Deaf American, 34* (4).

Levine, E. S. (1960). *Psychology of deafness* (pp. 303-308). New York: Columbia University Press.

Lowen, A. (1967). *The betrayal of the body.* New York: Macmillan.

Lowenfeld, V., & Brittain, L. W. (1964). *Creative and mental growth* (4th ed.). New York: MacMillan.

Naumburg, M. (1966). *Dynamically oriented art therapy: It's principles and practice.* New York: Grune and Stratton, Inc.

Oosterhous, S. (1985). *Dance Movement Therapy with the Deaf: The Relationship Between Dance/Movement Therapy and American Sign Language.* Unpublished Masters Thesis, Goucher College, Towson, Md.

Prinzhorn, H. (1972). *Artistry of the mentally ill.* New York: Springer-Verleg.

Rainer, J., Altshuler, K., & Kallman, F. (1969). *Family and mental health problems in a deaf population* (2nd ed.). Springfield, IL: Charles C Thomas.

Robinson, L. D. (1978). Sound Minds in a Soundless World. *Dept of Health, Education, and Welfare, Public Health Service, Alcohol, Drug Abuse, and Mental Health Administration,* NIMH, DHEW, Pub. No. (ADM) 77-560.

Rubin, J. A. (1984). *Child art therapy: Understanding and helping children grow through art* (2nd ed.). New York: Van Nostrand.

Schein, J., & Delk, M. (1964). An eye for an ear? Social perception, non-verbal communication, and deafness. *Rehabilitation Psychology, 21,* 56-57.

Silver, R. (1962). Potentials in art for the Deaf. *Eastern Arts Quarterly, 1*(2), Nov.-Dec.

Vernon, M. C. (1969). Techniques of screening for mental illness among deaf clients. *Journal of Rehabilitation of the Deaf,* 2 April, p. 30.

Vernon, M. C. (1978). Deafness and mental health: Some theoretical views. *Gallaudet Today,* Fall, 78, 9-13.

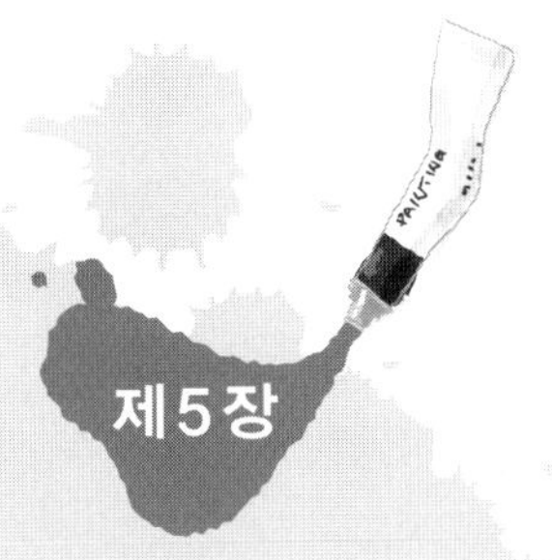

제5장

미술치료: 청각장애 부모를 둔 내과적 질환을 가진 건청 자녀 사례

—Jacob M. Atkinson and Ellen G. Horovitz

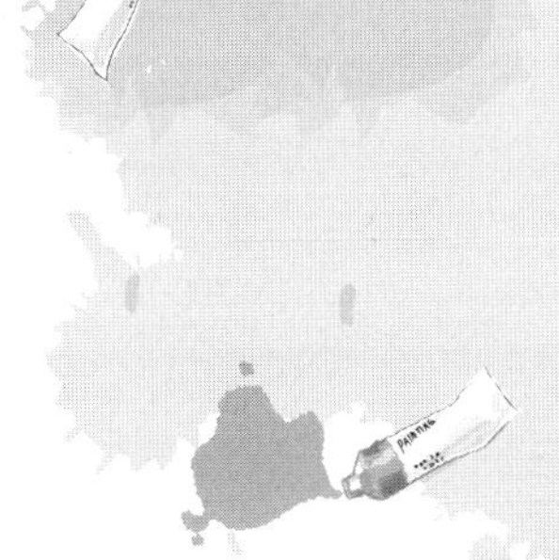

문화적 고려사항: CODA'S & KODA'S

CODA(청각장애 부모의 건청 자녀, [Hearing] Children Of Deaf Adults) 또는 KODA(청각장애 부모의 매우 어린 건청 자녀, [Hearing] Kids Of Deaf Adults)는 대단히 혼돈된 문화와 세상 속에서 살아간다. 청각장애 부모를 가진 많은 건청 아동은 청각장애 문화의 환경 속에서 성장한다. 내담자 S(이하 CS)와 그녀의 남동생(이하 E)과 같은 많은 아동은 음성언어인 구어로 말을 하기도 전에 이미 수화로 대화하고 이해하고 의사소통한다(Bull, 1998). 확실히 청각장애와 건청 가족 내에 놓이게 됨으로써 그들은 지극히 어린 나이에도 불구하고 자연스럽게 통역사가 된다. 따라서 그들의 어린 시절은 복잡하고 가족 체계를 지지해야 하는 '듣는' 역할을 강요받는다. 즉, 가족 내에서 그들의 역할은 대리인으로 '부모화(parentified)' 되어 간다(Harvey, 1982).

바로 이것은 CS와 그녀의 건청 남동생(E)에 대한 이야기다. 부모가 청각장애 문화 환경의 일부분일 때, 건청 자녀는 자동적으로 청각장애인의 활동에 참여하게 된다(Harvey, 1982). 동시에 이러한 아동은 듣는 것이 주가 되는 주류 사회에서도 기능을 발휘해야 한다. 그들은 건청 친구와 교우관계를 형성하고 동시에 건청인 활동에 참여하면서 청각적 방식에 따라 기능하고 일반학교에도 다닌다. 이런 이유로 CODA 및 KODA는 말 그대로 뚜렷이 다른 두 문화 속에 끼어 있다. 그들은 들을 수 있지만 '청각장애인' 으로 성장하고, '청각장애인' 의 정체성을 수용하도록 의무감을 갖기 시작한다(Harrington, 2001). 나중에 이러한 청각장애 부모의 건청 아동 상당수가 성인이 되어 CODA라고 불리는 지지 집단의 구성원이 되며, 이 집단은 분쟁과 관련된 문제를 해결하도록 돕는다(Bull, 1998). 아직 어린 아동은 KODA라고 불리는 지지 집단에 포함된다. 이러한 상황에서 그들의 기본적인 역할이 형성되는 것을 막을 수는 없을 것이다.

이 사례에서 CS는 위와 같은 문화적 문제로 고군분투하고 있었을 뿐만 아니라, 앞서 언급했듯이 내과적 질환과 함께 복합적으로 심하게 시달리고 있었다. 더욱이 부모는 유난히 활발했으며 각자 재주가 많았다. 아버지는 매우 유명한 법률회사의 임원급 변호사까지 올랐으며 어머니는 석사과정을 졸업하였다. 어머니 S는 '전업주부'가 되기를 택한 동안에도 직장으로 돌아가기를 간절히 바라고 있었지만 선택의 여지가 없었다. 누군가는 너무나 아픈 이 아동을 돌보아야만 했다.

어머니 S는 인터넷에서 그녀의 딸에 관해 공개적인 블로그를 개설하고, CS의 그림이나 감정에 관해 지속적으로 웹사이트에 게시하면서 그녀의 감정을 승화하였다. 실제로 어머니 S는 자신의 감정에 대해서도 공개적으로 글을 올렸다. 보기 드문 이 같은 사례에서 어머니는 대중이 속속들이 보고 검토할 수 있도록 CS의 상태나 미술작품, 감정에 관해 (때로는 매일같이) 포스팅하였고, 이에 HIPPA[1]는 난관에 봉착하였다. (그렇기 때문에 우리는 뉴욕 주 로체스터에 소재한 나사렛 대학의 미술치료 클리닉에서 처음 CS를 만나기 전에 이미 이 사실을 알고 있었다.) 이는 대중에게 은밀한 '비밀'의 역동을 공개적으로 보이는 누군가와 작업한 첫 사례로, 어떤 면에서 그것은 우리에게 윤리적 난제였다. 반면 어머니 S는 CS의 어머니를 향한 언어적 공격성과 신체적 공격성이 점점 증가하여 의뢰로 인해 안심하기보다는 불안해하였다. 한편 의뢰를 목적으로 어머니와 대화를 주고받던 중에 Horovitz(필자 2)는 (어머니의 요청에 따라) 이 특이한 내과 환자에 관해 좀 더 알아보기 위하여 웹사이트를 방문하였다.

그녀의 성장은 도전받고 있었다. CS는 호산구성 위장염(eosinophilic gastroenteritis: EG)을 앓고 있었으며, 거의 아무것도 먹을 수 없는 의학적으로 희귀한 상태였다(부록 A의 가계도 및 연대표 참조). 그녀의 식사는 단지 약간의 과일

---

1) 역주: 미 연방 '건강보험 양도 및 책임에 관한 법안'으로 의료정보 보호법에 해당된다. 이에 따르면 개인의 의료기록은 환자와 당국의 공식 허가 없이는 외부로 유출할 수 없다.

과 채소로 구성되어 있었다.

> EG는 미국에서 희귀한 질병으로, 발생률은 추정하기 어렵다. 그러나 EG는 1937년에 Kaijser가 기술한 이후로, 의료 문헌에서 280건 이상이 보고되고 있다. 이 질병은 흔히 위 및 소장과 관련하여 발생하며, 아토피와 알레르기와 같은 병력을 자주 동반한다. 아동에게서는 알레르기가 더 흔하다. 아동 및 청소년의 경우 성장 지체, 성장 장애, 사춘기 지연, 무월경 증상이 나타날 수 있다.
>
> (출처: http://www.emedicine.com/MED/topic688.htm)

그러나 (보조제를 먹고 있음에도 충분한 영양을 섭취하지 못한 데 따른) 성장 지연을 포함하여 모든 것을 견뎌 온 CS는 놀라운 통찰력과 예술적 감각을 지니고 있었으며, 사랑스러우면서도 매력적이고 총명하였다. 따라서 긴 대기자 명단에 오르더라도, 우리는 호감이 가는 이 어린 아동과 작업할 여유를 만들었다. 그 작업은 믿기 어려울 정도였으며 이 사례는 지속되고 있다.

늘 그렇듯이 봄이 영원한 것처럼 보이게 하는 숨겨진 진실이 초기면담에서 나타나며, 이 사례도 예외는 아니었다. Atkinson(필자 1)이 아동과 작업하는 동안 Horovitz(필자 2)는 사례를 관리하고 (어머니가 두 자녀와 함께 와서 CS를 맡길 때) 어머니를 위해 자료를 해석해 주었으며, 다른 임상감독자인 Lori Higgins와 함께 Horovitz 박사는 어머니 S로부터 연대표와 가계도를 통해 더 많은 정보를 획득하고, 어머니 S에게 개별치료를 계속하기 위해 이전 치료사에게 다시 돌아갈 것을 정중히 제안하였다. 그러한 제안을 한 이유야 무수히 많지만, 주로 '아픈' 아이와 씨름하는 데서 생기는 격렬한 분노 및 현저한 우울을 포함한 그녀의 현재 가족 체계 문제와 더불어, 그녀 나이 16세 때 일어난 외할머니(maternal grandmother: MGM) 죽음과 이어진 외할아버지(maternal grandfather: MGF)의 우울 및 알코올중독과 같은 그녀 원가족 체계와 관련된 상실 문제에 관해 작업하고자 하는 그녀의 욕구에 기인한 것이었다.

CS의 부모화 문제 및 문화 격차와 더불어 가족 체계 지원을 위해서 확실히 가족미술치료를 시작할 필요가 있었다. 그러나 현재 이 사례는 어린 CS에게 자신의 내과적 질환, 또래 집단 속에서의 소외감, 가족 및 또래 집단과 함께 하는 정상적인 식사 상황에서의 배제 그리고 자신의 질병으로 인해 유발된 전반적인 분노 및 우울의 감정을 승화할 수 있는 배출구를 제공하는 것과 같은 보상에 초점을 두었다(부록 A의 가계도 및 연대표 참조).

따라서 이 사례에서는 현 증상을 살펴보기 위해 CS의 미술치료 진단검사를 검토하고 몇몇 중요한 회기를 제시하고자 한다. 이 사례를 주의 깊게 읽어 본다면 다음과 관련한 통찰을 가져다줄 것이다.

(a) CS의 청각장애 문화와 관련한 문제
(b) 행동 변화를 야기하는 CS의 인지 능력
(c) '부모화' 해결
(d) 호산구성 위장염(EG)이라는 그녀의 의학적 상태와 관련된 승화
(e) 또래 및 가족에서 배제된 것에 관한 언어적 표현

미술치료 진단 사정

- 생활연령: 6.8
- 의뢰인: 어머니 S
- 검사일: 2006/02/26, 2006/03/06, 2006/03/27
- 시행 검사: 미술치료 종합사정(Complete Art Therapy Assessment: CATA)
  동적 가족화(KFD)
  실버그림검사(SDT)
  사과 따는 사람 그리기 검사(Person Picking an Apple from a Tree: PPAT)

미술치료 형식적 요소척도(Formal Elements Art Therapy Scale: FEATS)

• 의뢰 사유: 어머니를 향한 분노, 식사 규제에 따른 정신적 외상
• 심리사회적 과거력: 부록 A의 가계도 참조

행동관찰 및 인상

CS는 똑똑하고 단정한 6.8세의 아동이었으나 외형적 크기로 볼 때에는 4세에 가까웠다. 이러한 CS의 신체 크기는 호산구성 위장염으로 인해 식단이 과일 및 채소로 제한되어 있었기 때문이다. CS는 정확히 구분하자면 농(deaf)인 어머니와 난청(hard-of-hearing)인 아버지 사이에서 태어났기 때문에 구어와 수화를 모두 사용하여 의사소통하였다. 그녀는 치료실에 들어오는 데 있어 우호적으로 보였고 그녀의 어머니가 치료실을 떠난 후에도 마찬가지였는데, 이로 볼 때 그녀의 전반적인 범불안 수준은 안정적이었다.

인지적 미술치료 사정

• 색칠하기 반응: 도식기, 7~9세(Lowenfeld & Britain)
• 점토 반응: 전도식기, 4~7세(Lowenfeld & Britain)
• 연필로 그리기 반응: 도식기, 7~9세(Lowenfeld & Britain)
• 전반적 반응: 도식기, 7~9세(Lowenfeld & Britain)

색칠하기 반응 소검사

CS는 먼저 색칠하기를 선택하였다. CS에게 색을 어떻게 섞는지 아느냐고 질문하자, 그녀는 설명해 주지 않아도 된다고 하였다. 그녀는 용지의 지면선

을 먼저 칠한 후 이어서 기린을 그리고 색칠하였다. 그리고 꽃을 색칠한 다음 작업을 끝냈다([그림 5-1] 참조).

CS는 사정 도입부에서 제시하지 않았던 기린의 꼬리를 검은색으로 칠하는 것과 같이 CATA의 색칠하기 소검사에서 당면한 문제를 상당히 빨리 해결하였다. Hammer(1980)에 따르면 긴 목은 통제 곤란 및 직접적인 본능적 충동을 암시하는데, 아마도 CS의 경우는 섭식과 관련된 것을 나타내는 것이라 볼 수 있다. 또한 Hammer(1980)는 삼키는 데 어려움이 있거나 또는 심인성 소화장애를 가진 사람이 가늘고 긴 목을 그린다고 제안하였는데, 이로 볼 때 현재 그녀의 소화 기능상 문제가 강조된 것을 알 수 있다. (색칠하기 소검사는 대략 7~9세 수준, Lowenfeld와 Brittain의 도식기에 포함되었다.)

[그림 5-1]

점토 소검사

CS는 빠르게 점토 작업으로 넘어갔다. 그녀는 말로 무엇을 만들지 표현했지만, 정작 딱딱한 점토 재료를 다루는 것은 힘들어하였다. 검사자의 도움으로, CS는 점토를 평평하게 밀어 펼 수 있게 되었고 둥근 모양을 완성하였다. 그녀는 피자를 만들기로 결정하고는 페퍼로니 조각을 덧붙이기 시작하였다. 그녀가 직접 '조각'을 자르기는 했지만, 그것은 점토로 만들어졌기 때문에 보잘것없이 보이는 것이 주목할 만하였다. 그녀는 작업하는 동안에도 소화와 관련된 현실을 벗어날 수 없는 것 같았다. 그러고 나서는 두 번째로 큰 조각을 자르고 웃는 얼굴을 그려 넣었는데, 그것은 아마도 음식이 제한되지 않을 때, 즉 일반식이 가져올 수 있는 행복을 가리키는 것으로 보였다. 그러나 이어서 CS는 피자, 페퍼로니 일부와 함께 행복 조각을 칼로 찌르면서 퇴행하였다. 명백한 구강 공격성을 보여 주었다. (이러한 행동은 이 회기에 들어갈 때 그녀가 왁스로 만든 드라큘라 이빨에서도 나타났던 것이었다.) (CS의 점토 반응은 Lowenfeld와 Brittain

[그림 5-2]

의 전도식기 연령인 4~7세 범위에 존재하였다.) 그녀는 재빨리 점토 부분을 완성하고 연필 그리기로 넘어갔고, 이때 그리기가 '최고'라고 말하였다. 그녀가 그리기 소검사를 '최고'라고 언급한 것은 점토나 물감과 같이 지저분하거나 또는 '퇴행적인' 재료에서 방향을 전환하고자 하는 그녀의 욕구뿐만 아니라 좀 더 제한적인 매체를 사용함으로써 자신의 환경을 통제하고자 하는 바람을 나타낸다(Hammer, 1980).

그리기 소검사

CS는 연필로 얼룩말을 그리기 시작하였다. 그녀는 얼룩말의 목 굵기를 결정하는 것에 어려움을 보였지만 나머지 머리와 줄무늬를 그리는 것에는 전혀 어려움을 나타내지 않았다. 그리기를 시작할 때, CS는 얼룩말의 반만 그리겠다고 언급하였다. 그녀가 (몸통 없이) 얼룩말의 목 부분까지만 그리기로 결정한 것은 분명 그녀 자신의 신체적 문제에서 분리되고자 하는 것을 나타낸다. (다시 말해, 이는 호산구성 위장염으로 고군분투하고 있는 그녀를 가리킨다.) CS는 "나는 얼룩말을 이렇게 잘 그리기 위해서 많은 연습을 했어요."라고 하며 얼룩말을 그리는 데 자신감을 보였다. 그림을 그리는 동안 CS는 자신이 '반에서 거의 제일 똑똑한 아이'며 '네 살 때부터 글을 읽었다'고 분명히 말했다. 이렇게 검사자에게 깊은 인상을 주고자 한 그녀의 바람은 내면 깊숙이 자리 잡은 그녀의 인정받고 싶은 갈망뿐만 아니라 그녀의 병과 그에 따른 신체 지연에 대한 보상 욕구를 표현한 것이다. 윤곽을 완성하자, CS는 얼룩말의 문양을 칠하기 위해 색연필을 요청하였다. 그녀는 얼룩말의 갈기 상단을 따라 빨간색 털도 포함하였다. 이것은 그녀의 지식을 보이기 위한 시도이자 검사자에게 재차 깊은 인상을 주고자 한 것일 수도 있다. 다음으로 그녀는 말을 묘사하였는데, 얼룩말과 비교할 때 연습이 덜된 것처럼 보였다. Hammer(1980)는 종종 말은 도와주는 사람 또는 보조자를 나타낸다고 제안하였다. 어떤 동물도 운동성을 지닌 몸통

[그림 5-3]

을 갖고 있지 않다는 사실은 공상에 의지하고 있으며 신체적 열등감을 나타내는 것으로 볼 수 있다(Hammer, 1980). (CS의 그리기 반응은 Lowenfeld와 Brittain의 도식기, 연령상으로 7~9세 범위에 포함되었다.)

K-F-D 반응

CS의 동적 가족화는 (왼쪽에서 오른쪽으로) 그녀의 남동생(E), 그녀 자신(CS), 어머니(S), 아버지(B)로 구성되어 있었다. 그림은 가족이 집에서 소파에 앉아 큰 텔레비전으로 만화영화 〈샤크(Shark Tale)〉를 보고 있는 내용이었다.

CS는 CATA의 그리기 소검사와 같이 몸을 그리지 않음으로써 신체 문제와 관련된 걱정뿐만 아니라 (가족 구성원의 머리 뒷부분만 나타내면서) 공상 속으로 도피하고자 하는 욕구를 다시 한번 보여 주었다(Hammer, 1980). 가족 전체가 소파와 텔레비전 사이에 둘러싸여 있는 것은 보호를 위한 장벽을 만든 것으로 볼 수 있다(Burns & Kaufman, 1972). 사실 CS는 실제 연령은 6.8세이지만 신체 크기는 3세인 그녀의 남동생과 거의 비슷했다. 그러나 이 그림에서 모두가 부모와 동일한 크기로 그려져 있는 것은 부모화의 암시일 수 있다. 더군다나 네 명의 가족 구성원 모두를 동일한 키와 크기로 그린 것은 통제력의 부족 및 부모화를 시사한다(Burns & Kaufman, 1972). 실제로 CS는 종종 그녀의 어머니로 인해 부모화되는 느낌을 받는다고 표현하였다. 그녀는 남동생의 관심을 이끌어 내고 그와 대화하는 것이 때때로 어머니와 수화로 이야기하는 것만큼이나 어렵다고 말했다. 또한 텔레비전을 보는 사람 중 어느 누구도 마주 보고 있지 않다는 점은 가족에 의한 거부나 그들을 향한 거부의 감정을 나타낼 수 있

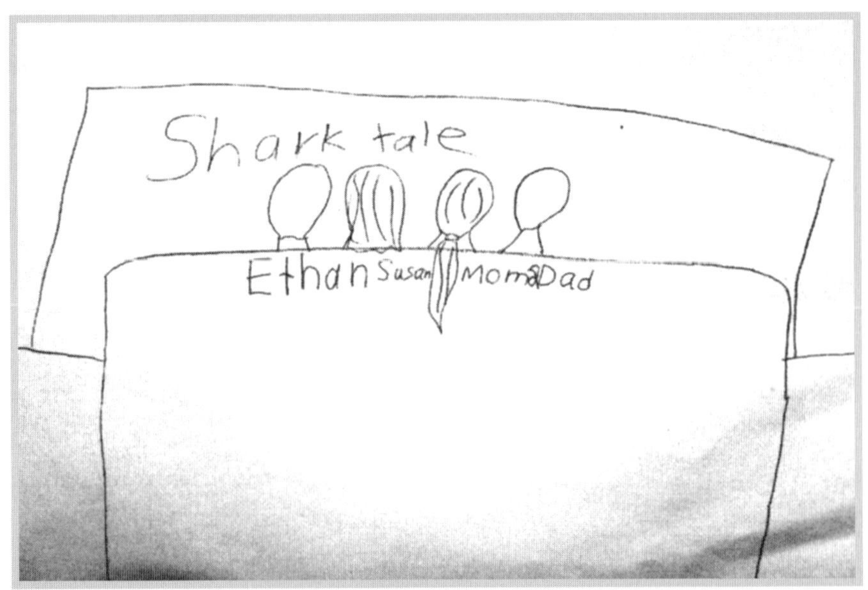

[그림 5-4]

다. 종종 텔레비전은 온정 및 애정 욕구와 관련된 지표가 되기도 한다. 이를 CS의 사례와 연결해 본다면, 대형 텔레비전으로 표현된 것처럼 많은 온정과 애정이 필요한 것으로 볼 수 있다(Burns & Kaufman, 1972; 부록 B).

실버그림검사(SDT)

예측화	9
관찰화	8
상상화	12
총점수	29

(완성된 SDT는 부록 C 참조)

CS는 45점 만점에서 총점 29점을 받았다. 이는 그녀의 총점수가 6~7세의 1학년 전체에서 백분위수 99, T점수 76.39의 수준에 위치하고 있다는 것을 뜻한다(Silver, 2002). CS는 예측화 하위검사 중 한 과제에서 정확한 묘사를 보여 주면서 계열 개념이 잘 획득되었음을 보여 주었다. 이 하위검사의 다른 두 가지 과제에 대한 반응을 살펴보면, 두 번째 과제에서 그녀가 아직 수평 개념을 획득하지 못했음을 알 수 있었다. 그러나 CS는 물이 병 밖으로 흘러나오도록 그렸는데, 실제로 두 번째 병이 첫 번째 병만큼 물이 꽉 찬 상태라면 기울였을 때 물이 병 밖으로 흘러나왔을 수도 있을 것이다. 예측화 하위검사에서 세 번째 과제에 대한 CS의 반응은 그녀가 수직 개념을 파악하기 시작했지만 완전히 이해한 상태는 아니라는 것을 보여 주었다. 그녀는 이 소검사에서 그녀의 연령대와 비교했을 때 백분위수 97에 해당하는 점수를 받았다(Silver, 2002). CS는 두 번째 소검사인 관찰화에서 형태적인 공간관계에 대한 개념이 아직 발달하고 있는 중으로 나타났다. 그녀는 이 소검사에서 그녀 나이대의 백분위수 75에 위치하였다(Silver, 2002).

[그림 2-1] 실버그림검사(SDT)의 예측화 과제

주스가 가득 찬 컵이 있는데, 조금씩 점차적으로 컵이 텅 비워진다고 가정해 봅시다. 당신이 마실 때마다 어떻게 주스가 점차적으로 변해 가는지 그림으로 그려 볼 수 있겠습니까?

병에 물을 반쯤 채운다고 가정해 봅시다. 물이 들어 있다는 것을 어떻게 나타내야 하는지 각각 선으로 그려 봅시다.

여러분이 X 표시가 된 지점에 집을 짓는다고 생각해 봅시다. 어떻게 그릴 수 있을까요?

[그림 5-5]

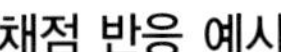

채점 반응 예시

[그림 2-9] 실버그림검사(SDT)의 관찰화 과제

물건을 보이는 그대로 그리려고 해 본 적이 있습니까? 여기에 몇 개의 물건이 있습니다. 자세히 살펴본 후, 아래의 공간에 보이는 대로 그려 주세요.

[그림 5-6]

CS는 상상화 소검사에서 고양이가 누워서 줄이 달린 공을 가지고 놀고 있고, 바로 가까이에서 강아지 한 마리가 이 고양이를 관찰하고 있는 모습을 그렸다. 이 소검사에서 그녀의 선택, 결합, 표상 능력은 동일 연령군 사이에서 백분위수 97에 해당하는 것이었다(Silver, 2002). 그녀가 이 그림에서 만든 이야기는 많은 의미를 내포하고 있었다. 장면이 바뀌면서 그녀는 고양이와 강아지가 수의사에게 간다고 이야기하였다. 수의사는 고양이와 강아지에게 "이 사례

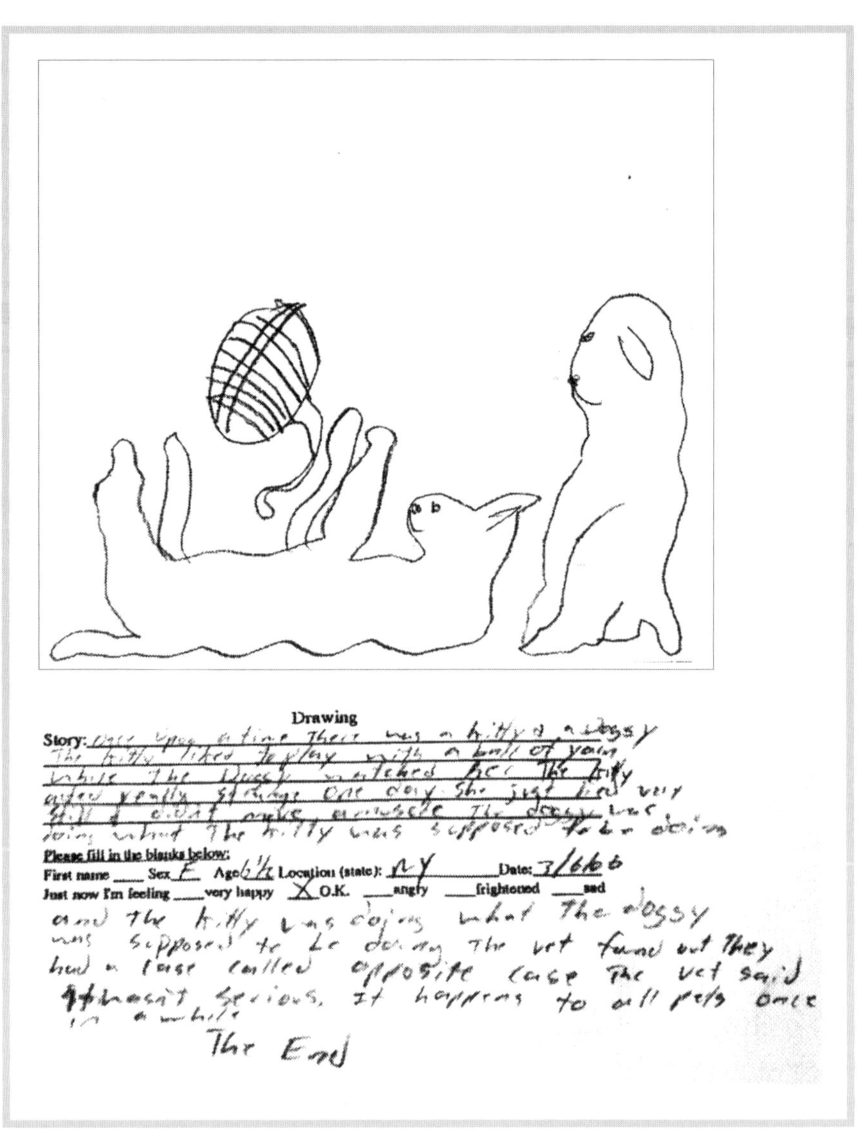

[그림 5-7]

는 정반대의 경우로 볼 수 있겠네요." 그리고 "심각하지는 않습니다."라고 말했다. 이 이야기는 수없이 의사에게 진찰을 받으러 갔던 그녀의 경험과 정상적인 것에 대한 그녀의 외침이었다. 또한 CS가 종종 부모화 감정을 표현했던 것처럼 그녀가 어머니에게서 느끼고 있는 역할 반전을 암시하였다. 예를 들어, 어머니가 균형을 잡아야 하고 아이가 관찰해야 하는데 (CS가 만든 "이 사례는 정반대의 경우로 볼 수 있겠네요."라는 이야기와 같이) 역할 반전이 일어나서, 그림에서는 고양이(CS)가 공(건강, 학교, 가족 등)의 균형을 잡으려고 노력하고 있고 강아지(어머니)는 단지 지켜보는 것으로 그려지면서 이를 반영하고 있는 것으로 보였다.

사과 따는 사람 그리기 검사(PPAT) 및 미술치료 형식적 요소척도(FEATS)

PPAT 실시를 위하여, CS에게 12×18 백지와 매직펜을 제공하고는 "나무에서 사과를 따는 사람을 그리세요."라고 지시하였다. 검사자는 FEATS 평정과 내용기록용지를 사용하였다(부록 D와 E 참조). CS의 전체 평정 점수는 70점 만점에 52.5점으로 FEATS 비환자 집단군에 포함되었다(Gantt & Tabone, 1998). CS는 이 그림에서 매우 큰 주황색 사과를 그렸다. 과일 크기의 지나친 강조는 신체적이고 정서적인 보살핌을 받고자 하는 그녀의 욕구가 또다시 반영된 것으로 볼 수 있다. 그림 속의 소녀는 사과 앞쪽으로 몸을 기울이고 있는데, 이때 사다리가 그녀의 불균형한 자세를 안정적으로 지지해 주는 것으로 보였다. 나무는 반쪽만 그려졌는데, 이는 빈약한 계획성을 암시할 수 있다. 또한 반만 그려진 나무와 단지 사과 한 개만을 선택하여 그린 것은 (단지 한 부모에게서만 받는) 불완전한 양육을 반영할 수 있다. 더불어 지면의 선에서 나무와 연결된 뿌리가 없는 것은 억압된 정서를 강조한 것으로 볼 수 있다(Oster & Crone, 2004).

[그림 5-8]

1회기: '기분이 나빠요' (2006/02/27)

첫 번째 진단 회기는 CS가 그림을 그리고 그녀가 작업한 것에 관해 Atkinson(필자 1), 수련감독자인 Lori Higgins, Horovitz 박사(필자 2)와 논의를 하는 것으로 구성하였다. CS는 그녀를 데려가기 위해 그녀의 어머니가 도착하자, 어머니에게 "기분이 나빠요."라며 자신의 그림에 관한 감정을 나누고 설명하기를 시도하였다. Shoemaker(1977)의 설명에 따르면, 내담자의 첫 번째 그림은 그 환자의 문제나 강점, 그리고 변화 및 성장에 대한 잠재성을 종종 보여 준다. CS는 그녀의 문제를 예술적으로나 언어적으로 설명할 수 있었다. 그녀는 자신을 (다른 가족 구성원과의 사이에 선을 긋고) 떨어져 있는 강아지 한 마리로

표현하였고, 다른 세 마리의 강아지는 그녀의 남동생, 어머니, 아버지를 나타내는 것이었다. 그리고 그들 모두에게 그녀의 할머니(PGM) '나나'가 먹을 것을 주고 있었다. 처음에 그 그림은 단지 강아지와 어미 개만을 나타낸 것이었다. 그러나 Horovitz 박사와 그녀의 감정에 관해 이야기를 나누는 동안, 그녀는 파란색 선을 추가하여 왼쪽에 있는 강아지(CS)를 분리한 후 (수화를 통한) 단어로 "기분이 나빠요."라고 말하였다. 회기가 끝난 후에 CS는 종종 그녀의 어머니에게 기분이 좋지 않고 자신이 '소외된' 것 같다고 말하면서 재차 온정과 애정에 관한 욕구를 나타내었다. CS와 그녀의 어머니, 남동생이 치료실을 나설 때, CS는 어머니 S에게 자신을 안고 가 달라고 요구하였다. Horovitz 박사(필자 2)는 CS의 남동생(E) 대신 그녀(CS)를 차까지 안고 가도록 어머니 S에게 제안하였다. 그러나 어머니는 이 제안을 받아들이지 않았다. CS는 그녀의 요구를 충족하지 못한 채 슬프게 떠났다.

[그림 5-9]

2회기: '감정을 기록한 책' (2006/03/06)

이 회기는 실버그림검사(SDT) 실시로 시작하였다. 회기 중 CS는 자신이 남동생을 돌보아야 한다고 자주 생각한다고 검사자에게 이야기하며 부모화 감정을 표현하기 시작하였다. 또한 CS는 어머니가 자신에게 종종 통역사 역할을 강요하는데, 그러한 요구가 자신을 부끄럽고 당황스럽게 한다고 진술하였다. CS는 그녀의 감정을 표현할 수 있는 빈 공책을 받았다. 그녀는 이 책에 '감정을 기록한 책'이라고 이름을 붙인 후 표지에 부끄러움, 슬픔, 무서움, 행복의 네 가지 얼굴을 그렸다. CS는 얼굴에 몸을 그리려고 시도했지만 결국 그리지 못하고 낙서를 하는 것으로 끝마쳤다. 이는 또다시 신체적 위해에 대한 두려움, 신체 문제 및 신체상과 관련된 불안, 그녀의 의학적 상태를 둘러싼 통제 부족에서 오는 좌절감을 나타내는 것으로 보였다(Oster & Crone, 2004). 이 회기는 그녀가 그려 낸 모든 감정에 관한 논의는 충분히 끌어내지 못한 채 끝이 났지만, 부모화의 문제는 제기되었다. 더 중요하게는 그녀가 이 책을 집으로 가져가고 싶다고 요청하므로써 어머니 S와 이야기를 나누는 연장선이 되는 연속성을 제공하였다. 이것이야말로 적합하게 제자리를 찾은 것이라 할 수 있다. 다시 말해, 중간 대상인 과도기적 대상물은 CS가 인지적 · 행동적 연결고리를 만드는 데 도움을 주었다.

5회기: '내가 그것을 가져가도 될까요?' (2006/04/10)

Ainsworth(1969)에 따르면, 유아와 어머니의 관계에 관한 기원 및 발달을 다룬 접근법에는 "정신분석적 대상관계 이론, 의존(그리고 애착) 관련 사회학습 이론, 동물행동학적 애착 이론"(p. 969)의 세 가지가 있다. 애착의 구조(그리고/혹은 그것의 결핍)는 유대 및 애착의 복잡한 특징에 관여한다.

> 대상관계, 의존성, 그리고 애착은 비록 중복되는 부분이 있기는 하지만 상당히 다른 것으로 판단된다…. 피드백에 따른 행동 체계의 활성화 및 종결, 애착 행동의 강도와 이에 따른 애착의 강도, 대상의 내적 표상, 행동 활성화의 유기체 내 및 환경 조건, [또한] …유기체 내의 조직 및 구조의 역할(p. 969).

CS에게 있어서 이러한 문제는 그녀의 어머니가 (초기면담에서) 그녀의 가족은 그녀 남편의 가족과는 전혀 '다르다'고 기술한 것을 볼 때 매우 복잡한 것이었다. 사실 어머니 S는 자신의 어머니(CS에게는 외할머니 MGM)의 때이른 죽음에 관해 이야기를 시작하기 전에, 건청인 환경 속에서 청각장애인으로 성장하는 것이 얼마나 힘든 일인지에 관해 되풀이해서 이야기하였다. (CS의 아버지 B와는 달리, 어머니는 건청인 부모 사이에서 태어난 청각장애인이었다. 그녀는 CODA와 반대되는 경우로, Schein과 Delk[1974]의 연구에 따르면 미국 청각장애인 인구의 90%가 건청인 부모 사이에서 출생하며, 건청인 부모의 88%는 수화를 알지 못한다.)

무수히 많은 관점에서 어머니 S가 매우 복잡한 문제에 처해 있는 것과 마찬가지로 다음과 같은 상황은 CS의 애착에 문제를 가져왔다.

(1) CODA로 성장
(2) 호산구성 위장염(EG)의 병전 내과적 질환을 어린 시기에 앓음
(3) 수많은 입원으로 인해 어머니에 대한 애착과 관련한 유기가 중요한 문제로 다루어짐
(4) MGM 및 MGF에게서 경험한 청각장애-건청 사이의 문화적 장벽 및 MGM과의 이른 사별에 기인한 애착 문제를 해결하지 못한 어머니(S)에 대한 애착

CS가 방금 언급한 문제와 싸우고 있었기 때문에, Atkinson(필자 1)은 CS가

인형극에 쓸 인형을 만들기 시작했을 때 가족 구성원을 만들어 보도록 제안하였다. 이에 대해 지체 없이 CS는 인형극은 오직 나이 많은 동물을 위한 것이라고 반박하였다. 이러한 행동은 회기가 끝난 후 그녀의 남동생(E)이 들어오자 바뀌었고, 동생을 위해 집에서 함께 인형극을 해 보겠다고 이야기하였다. 또한 CS는 그 인형을 가져가도 되는지 물었는데, 그녀가 형제와 떨어져 다시 병원을 방문하는 동안 인형은 아마도 과도기적 대상으로서 '분리'된 감정에 도움이 될 것이다. 치료실에서 이러한 과도기적 대상을 가져가고자 하는 그녀의 바람은 특히 곧 있을 병원 입원을 고려하여 회기를 지속하고 싶은 회기의 연속성에 대한 그녀의 욕구를 시사하고 있다고 볼 수 있다.

어머니 S는 CS가 Atkinson(필자 1)을 만나는 회기가 진행되는 동안에 집에서 신체적 · 언어적 논쟁이 중단되었으며 CS는 가정에서 그녀의 감정을 (수화를 통해) 표현하고 그림으로 나타낼 수 있게 되었다고 Horovitz 박사에게 보고하였다. 이것은 이 사례에서 중대한 순간으로, CS는 의학적 상태로 인한 상실감과 또래로부터의 소외 등과 같은 것을 지나간 과거 행동으로 인지적으로 연결하기 시작하였다. 이는 어머니 S가 CS의 친구들이 간식 시간에 그녀의 집을 방문한 이야기를 전달해 주었을 때 추가로 입증되었는데, 어머니 S는 Horovitz 박사(필자 2)에게 친구들 모두가 다른 간식을 먹기 전 처음에 CS와 함께 음식(그녀의 제한된 식단인 딸기)을 먹었다고 알려 주었다. 이것은 (말하자면) 그녀의 친구들과 '함께 식사하는' 것과 같았고 식이요법의 규제를 했음에도 더욱 정상화된 것처럼 느끼게 하여 CS를 매우 기쁘게 하였다.

[그림 5-10]

7회기: '그녀의 가족이 그녀의 친구였어요'

이 회기에서는 CS가 한 인형극이 Horovitz 박사(필자 2)에 의해 촬영되어 DVD로 만들어졌다. CS는 이전 회기에 했던 것부터 다시 시작하였다. 이 인형극은 길을 잃어서 가족도 친구도 없는 새끼고양이에 관한 이야기다. 새끼고양이는 파랑새를 만났는데, 파랑새는 이 고양이에게 개, 토끼, 호랑이와 같은 그녀의 친구를 소개해 주었다. 소개 후 그들 모두는 친구가 되었다.

이 회기 동안 CS는 학교에서 친구가 없다는 점을 드러내 보였고, 가정에서의 '소외감'과 제한된 식단에 관한 감정을 다시 한번 표현했으며, 또한 그러한 문제가 공동으로 결합되어 나타났다. 그녀 이야기의 일부는 새끼고양이가 받아들여진 것에 주목하고 있었으며, 그것은 그녀가 잃어버렸던 것을 이야기하고 있는 것이었다.

몇 주 전에 Atkinson(필자 1)은 CS가 호산구성 위장염(EG)으로 인해 추가검사를 받고 있을 때 그녀에게 격려의 이메일을 보냈다. CS의 미술작품에 대한 이러한 언어적 연상은 그녀가 창작을 통해 자신의 경험을 어떻게 전달하는지 충분히 분명하게 설명해 주고 있다.

처음에 계획한 대로, CS는 인형극의 각본 마지막 줄에 새끼고양이가 "그녀 가족이 그녀의 친구였어요."라고 말하고 있는 장면을 적었다. 이 문장은 CS 개인 삶에 있어 진실인 것으로 보였으며, 그녀의 심금을 울리는 것 같았다. 그녀는 이 문장을 쓰자마자 그 줄에 "그녀의 친구는 그녀 가족이었습니다."로 바꾸어 적었다. 이 새끼고양이 이야기는 분명히 CS 자체였으며, 그녀의 우정에 대한 갈망과 다른 사람에게 받아들여지기 바라는 소망과 매우 유사하였다. CS는 Horovitz 박사(필자 2)가 촬영을 계속하는 동안 Atkinson(필자 1)과 함께 인형극을 공연하는 것으로 회기를 종결하였다. (CS의 이야기 마지막 부분의 이미지는 [그림 5-11]를 참조하라.)

[그림 5-11]

결론 및 권고 사항

CS는 전반적인 미술 반응이 Lowenfeld와 Brittain의 도식기, 연령상 7~9세 범위에 해당되는 똑똑한 아동이다. 그녀의 미술작품과 더불어 진단검사를 통한 종합적인 검사 결과로 볼 때, 그녀의 문제는 보살핌과 온정 그리고 애정에 대한 욕구에 의한 것으로 판단할 수 있다. 또한 Hammer(1980)는 소화장애를 가지고 있는 사람의 경우 가늘고 긴 목을 가진 형상으로 그린다고 제안하였는데, 이는 CS의 그림 및 신체적 진단과 부합한다. CS는 미술을 통해 그녀의 감정을 전달하는 강력한 능력을 보여 주었고 또한 가정에서 그녀의 상호작용을 확장하기 위해서는 지속적인 개인미술치료가 권장될 수 있다. 회기가 지속된다면 CS에게 적합한 대처전략을 학습하도록 하고 자신의 감정을 표현할 수 있는 기회가 될 것이다. 또한 CS의 부모에 대한 애착 욕구를 지지하고 통역사와 부모 역할로서의 기능을 방지할 뿐만 아니라 가족의 관심을 받고자 하는 정서적 보살핌에 대한 욕구를 충족하고 (CODA 관점에서 벗어나) 청각장애-문화 격차를 줄일 수 있도록 가족미술치료가 권장된다.

부록 A 가계도 및 연대표

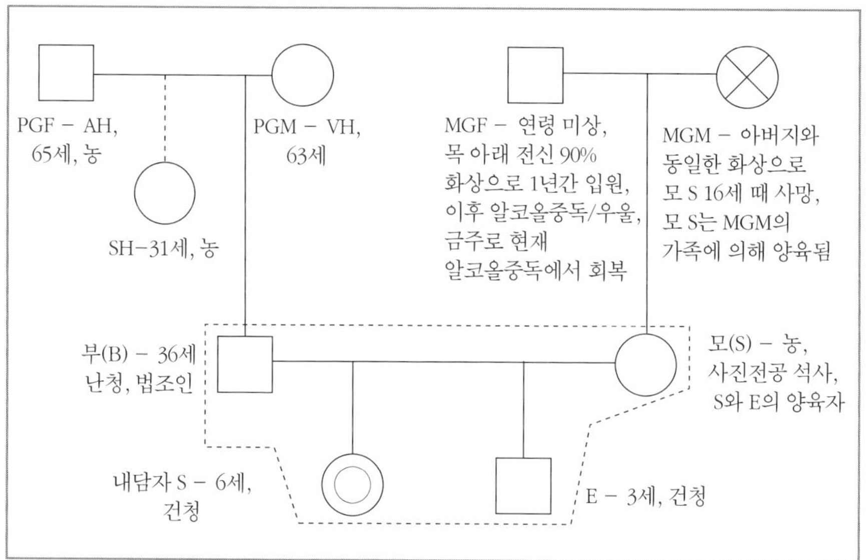

내담자(CS)의 연대표

- 어머니[2]는 농(Deaf); 아버지는 난청(hard-of-hearing)
- 친조부모(PGF와 PGM) 농; 외조부(MGF) 건청; 사망한 외조모(MGM) 건청
- 1세 때 CS가 아프기 시작함
- 3세 때 CS는 호산구성 위장염(EG)[3] 진단을 받고 현재까지 허락된 몇 가지의 과일 및 채소만 섭취 가능; 이 장애는 복합적인 수술과 검사를 야기함

2) 편저자 주: 어머니 S의 개인력: 어머니 S의 어머니(CS의 외할머니–MGM)는 그녀가 16세가 되던 해 화재로 돌아가셨다. 어머니 S의 아버지(CS의 외할아버지–MGF)는 화재에서 살아남아 1년 동안 병원 신세를 졌다. 화재로 MGF는 전신 90% 화상을 입었으며, 목 윗부분만 화상을 입지 않았다. MGF는 화재로 인한 장애로 고통받았으며 더 이상 일을 할 수 없게 되었다. 1년 후 MGF는 퇴원하였고, 4년 동안 우울증과 알코올중독을 앓았다. 어머니 S는 이 기간 동안 친척집에서 살았다. 어머니 S는 MGF의 치료를 도왔다. 현재 MGF는 알코올중독에서 회복 중이다.

- 남동생 E의 출생
- 6세 때 CS는 음식 제한에 욕구불만을 나타내기 시작함
- 2005년 11월, CS는 호산구성 위장염(EG)로 볼티모어 소재 케네디 크리거 연구소(Kennedy Krieger Institute: KKI) 병원에 한 달 이상 입원
- 2006년 2월, CS는 어머니를 향한 공격성과 신체적 행동화로 인해 의뢰되어 미술치료 시작함; 개인미술치료 처치 3주 이내에 증상 호전
- 2006년 봄, CS는 추가 검사 및 치료를 위해 KKI에 다시 들어감
- 2006년 4월, 주말 검진을 위해 병원에 돌아감

3) 편저자 주: 호산구성 위장염(흔히 EG라 부름)은 위 내벽과 관련된 드문 질환으로, 소장 및 대장의 호산구 침윤에 의한 것이다. 호산백혈구는 백혈구의 일종이다. 호산구성 위장염은 다른 기관에 전이될 수 있다. 이 질환은 아동 및 10대 후반의 청소년에게서 발생한다. 가장 흔한 증상은 다음과 같다. (1) 복통, (2) 체중 감소, (3) 메스꺼움과 구토, (4) 설사, (5) 혈변. 아직까지 EG의 정확한 원인은 알려져 있지 않다. 호산구성 위장염의 치료는 코르티코스테로이드제에 대개 좋은 효과를 보인다(출처: http://www.mamashealth.com/stomach/eosingas.asp).

부록 B K-F-D 분석용지

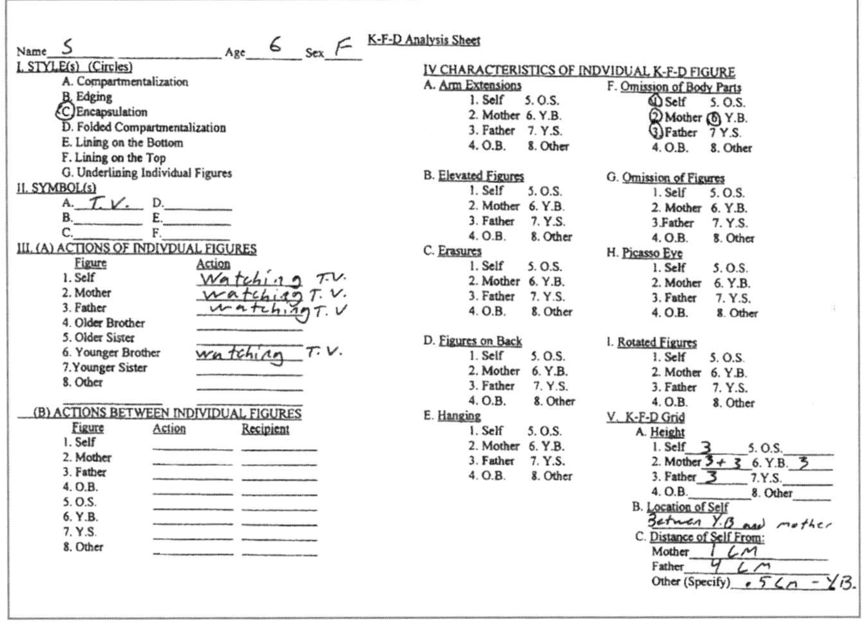

K-F-D Analysis Sheet

Name S ______________ Age 6 Sex F

I. STYLE(s) (Circles)
- A. Compartmentalization
- B. Edging
- (C) Encapsulation
- D. Folded Compartmentalization
- E. Lining on the Bottom
- F. Lining on the Top
- G. Underlining Individual Figures

II. SYMBOL(s)
- A. T.V. D. ______
- B. ______ E. ______
- C. ______ F. ______

III. (A) ACTIONS OF INDIVDUAL FIGURES

Figure	Action
1. Self	Watching T.V.
2. Mother	watching T.V.
3. Father	watching T.V
4. Older Brother	
5. Older Sister	
6. Younger Brother	watching T.V.
7. Younger Sister	
8. Other	

(B) ACTIONS BETWEEN INDIVIDUAL FIGURES

Figure	Action	Recipient
1. Self		
2. Mother		
3. Father		
4. O.B.		
5. O.S.		
6. Y.B.		
7. Y.S.		
8. Other		

IV CHARACTERISTICS OF INDVIDUAL K-F-D FIGURE

A. Arm Extensions
1. Self 5. O.S.
2. Mother 6. Y.B.
3. Father 7. Y.S.
4. O.B. 8. Other

B. Elevated Figures
1. Self 5. O.S.
2. Mother 6. Y.B.
3. Father 7. Y.S.
4. O.B. 8. Other

C. Erasures
1. Self 5. O.S.
2. Mother 6. Y.B.
3. Father 7. Y.S.
4. O.B. 8. Other

D. Figures on Back
1. Self 5. O.S.
2. Mother 6. Y.B.
3. Father 7. Y.S.
4. O.B. 8. Other

E. Hanging
1. Self 5. O.S.
2. Mother 6. Y.B.
3. Father 7. Y.S.
4. O.B. 8. Other

F. Omission of Body Parts
(1) Self 5. O.S.
(2) Mother (6) Y.B.
(3) Father 7 Y.S.
4. O.B. 8. Other

G. Omission of Figures
1. Self 5. O.S.
2. Mother 6. Y.B.
3. Father 7. Y.S.
4. O.B. 8. Other

H. Picasso Eye
1. Self 5. O.S.
2. Mother 6. Y.B.
3. Father 7. Y.S.
4. O.B. 8. Other

I. Rotated Figures
1. Self 5. O.S.
2. Mother 6. Y.B.
3. Father 7. Y.S.
4. O.B. 8. Other

V. K-F-D Grid

A. Height
1. Self 3 5. O.S. ______
2. Mother 3+3 6. Y.B. 3
3. Father 3 7. Y.S. ______
4. O.B. ______ 8. Other ______

B. Location of Self
Betwen Y.B and mother

C. Distance of Self From:
Mother 1 CM
Father 4 CM
Other (Specify) .5 Cm - YB.

부록 C SDT 반응

SDT 실시 및 채점

Drawing

Story: Once upon a time there was a kitty & a doggy. The kitty liked to play with a ball of yarn while the doggy watched her. The kitty acted really strange one day. She just laid very still & didn't make a muscle. The doggy was doing what the kitty was supposed to be doing

Please fill in the blanks below:

First name ____ Sex F Age 6½ Location (state): NY Date: 3/6/06

Just now I'm feeling ____ very happy X O.K. ____ angry ____ frightened ____ sad

and the kitty was doing what the doggy was supposed to be doing. The vet found out they had a case called opposite case. The vet said it wasn't serious. It happens to all pets once in a while.

The End

부록 D FEATS 평정용지

Picture #: 1

Rater: JAKE

FORMAL ELEMENTS ART THERAPY SCALE (FEATS)©
RATING SHEET

Linda Gantt, Ph.D., ATR-BC, & Carmello Tabone, M.A., ATR

The FEATS uses scales that measure **more or less** of the particular variable. Look at the degree to which a picture fits the particular scale by comparing the picture you are rating with the examples in the illustrated rating manual. **You may mark between the numbers on the scales.** Approach the picture as if you did not know what it was supposed to be. Can you recognize individual items? If you have a picture that is hard to rate, do your best to compare it to the illustrations and the written descriptions. Do not worry whether your rating is the same as another rater's. Concentrate on giving your first impression to the variable being measured.

#1 - Prominence of Color

Color used for outlining only — 0 | 1 | 2 | 3 | (4) | 5 — Color used to fill all available space

#2 - Color Fit

Colors not related to task — 0 | 1 | 2 | 3 | (4) | 5 — Colors related to task

#3 - Implied energy

No energy — 0 | 1 | 2 | (3) | 4 | 5 — Excessive energy

#4 - Space

Less than 25% of space used — 0 | 1 | 2 | 3 | (|) 4 | 5 — 100% of space used

#5 - Integration

Not at all integrated — 0 | 1 | 2 | 3 | (4) | 5 — Fully integrated

#6 - Logic

Entire picture is bizarre or illogical — 0 | 1 | 2 | 3 | 4 | (5) — Picture is logical

From: L. Gantt & C. Tabone, 1998, *The Formal Elements Art Therapy Scale: The Rating Manual*, Morgantown, WV: Gargoyle Press. Copyright © 1998 Linda Gantt.

This is a revised version of the rating sheet for the Formal Elements Art Therapy Scale, © 1990, Linda Gantt. This rating sheet may be reproduced in quantity by researchers. For other uses, written permission is needed.

부록 D FEATS 평정용지(계속)

#7 - Realism

Not realistic (cannot tell what was drawn)	0	1	2	3	4	5	Quite realistic

#8 - Problem-solving

No evidence of problem-solving	0	1	2	3	4	5	Reasonable solution to picking apple

#9 - Developmental Level

Two-year-old level	0	1	2	3	4	5	Adult level

#10 - Details of Objects and Environment

No details or environment	0	1	2	3	4	5	Full environment, abundant details

#11 - Line Quality

Broken, "damaged" lines	0	1	2	3	4	5	Fluid, flowing lines

#12 - Person

No person depicted	0	1	2	3	4	5	Realistic person

#13 - Rotation

Pronounced rotation	0	1	2	3	4	5	Trees & people, upright, no rotation

#14 - Perseveration

Severe	0	1	2	3	4	5	None

From: L. Gantt & C. Tabone, 1998, *The Formal Elements Art Therapy Scale: The Rating Manual*, Morgantown, WV: Gargoyle Press. Copyright © 1998 Linda Gantt.

부록 E PPAT 내용기록용지

CONTENT TALLY SHEET
"Draw a Person Picking an Apple from a Tree"

Picture #: 1
Rater: JAKE

Instructions for Coding: Approach the picture as if you did not know what it was supposed to be. Can you recognize the individual items? Place a check for all items you see in the picture. If there is no category for an item try to describe it in the section called "Other Features" (Section 13). If there are two or more persons in the picture designate the person on the left as Person #1, the next person to the right as Person #2, and so on.

1. Orientation of Picture

Horizontal		Vertical	X

2. Colors Used in the Whole Picture
(Check all colors used)

Blue	✓	Turquoise	
Red	✓	Purple	
Green	✓	Dark green	✓
Brown	✓	Black	
Pink	✓	Magenta	✓
Orange	✓	Yellow	

3. Person (If this is marked skip to Section #9.)

Cannot identify any part of the drawing as a person	

(If this is marked, score Section #3 & 8)

Only arm or hand seen reaching for or grasping apple	

4. Color Used for Person
Check all colors used for the person(s) (or arm or hand) including the clothes. If you cannot identify the person do not code this section.

Person	#1	#2	#3
Blue	✓		
Turquoise			
Red	✓		
Green			
Dark green			
Brown	✓		
Black			
Purple			
Pink	✓		
Magenta	✓		
Orange			
Yellow			

5. Gender

Person	#1	#2	#3
Cannot tell (ambiguous or stick figure)			
Definitely male			
Might be male			
Definitely female	✓		
Might be female			

6. Actual Energy of Person
(The categories are not mutually exclusive - ex., person could be sitting and reaching toward apple.)

Person	#1	#2	#3
Prone			
Sitting			
Standing on implied or actual ground			
Standing on box, ladder, or other object	✓		
Reaching toward nothing			
Reaching down or up toward apple or object			
Floating (feet higher than base of tree with no groundline or visible support for feet)			
Hanging (appears suspended from tree or branch)			
Jumping up (may have "action lines")			
Jumping or falling out of tree			
Climbing tree without ladder			
Flying			
Other (if you cannot use one of the above categories describe it as best you can):			

7. Orientation of Person's Face
How much can you see of the person's face?

Person	#1	#2	#3
Cannot tell			
Front view - no features			
Front view with at least one feature (ex., eyes)			
Profile	✓		
Three-quarters view			
Back of head			

8. Approximate Age of Person

Person	#1	#2	#3
Cannot tell (ambiguous or stick figure)			
Baby or child			
Adolescent or adult	✓		

From: L. Gantt & C. Tabone, 1998, *The Formal Elements Art Therapy Scale: The Rating Manual.* Morgantown, WV: Gargoyle Press.

부록 E PPAT 내용기록용지(계속)

9. Clothing

Person	#1	#2	#3
Hat			
No clothes (stick figure or hand)			
Nude			
Some suggestion of clothes (may be a line indicating neckline or hem; may be same color as person; may be a sleeve or suggestion of sleeve if only hand is shown)			
Well-drawn clothes done in different colors than person (ex., street clothes or work clothes, dress, jumpsuit)	/		
Costume (specify):			

10. Apple Tree

If you cannot identify any part as an apple tree, a branch, or a stem, check the first box and skip to Section #11. Count the total number of apples you can see, whether they are in the person's hand, on the ground, in the tree, or in a container.

No identifiable apple tree or branch or stem	
Only one apple in the picture:	■
Only a stem or branch with one apple on it, no tree trunk	
Trunk and top visible (may run off edge of paper) with one apple	/
2-10 apples	
More than 10 apples	
Apples placed on perimeter of top*	

* Code if the apples are placed around edge of tree top, on stems sticking out from edge of top, or only at the ends of branches rather than in the tree.

11. Color of Apple Tree

Trunk:	■
Brown	/
Black	
Other (specify):	
Top (may be distinct leaves or lollipop top or rounded form):	■
Green and/or dark green	/
Other (specify):	
Apples:	■
Red	
Yellow	
Green/dark green	
Other (specify): orange	/

12. Environmental Details

If you cannot identify any details in the categories below check the first box and skip to Section #12.

No identifiable environmental details	
Natural details:	■
Sun, sunrise, sunset	
Moon	
Grass or horizon line	/
Flowers	
Tree (other than apple tree)	
Clouds, rain, wind	
Mountains or hills	
Lake or pond	
Stream, river, or creek	
Sky (filled in or sky line)	
Rainbow	
Animals:	■
Dog	
Cat	
Bird	
Cow, sheep, farm animal	
Butterflies	
Other (specify):	
Imaginary items, machines, or animals (specify):	
Inanimate items:	■
Fence	
Sign	
House	
Walkway, path or road	
Car, truck, or wagon	
Other (specify):	
Ladders	/
Baskets, boxes, or containers	
Apple pickers or sticks	
Other (specify):	

13. Other Features

Writing (not a signature or on a sign)	
Numbers (not a date or on a sign)	
Geometric shape(s)	
Seemingly random marks	
Other (specify):	

참고문헌

Ainworth, M. D. S. (1969). Object Relations, Dependency, and Attachment: A Theoretical Review of the Infant-Mother Relationship. *Child Development, 40*(4), 969-1025.

Bull, T. H. (1998). *On the edge of deaf culture: Hearing children/deaf parents.* Alexanderia, VA: Deaf Family Research Press.

Burns, R., & Kaufman, S. (1972). *Actions, styles and symbols in kinetic family drawings (K-F-D): An interpretive manual.* New York: Brunner/Mazel.

Gantt, L., & Tabone, C. (1998). *The formal elements art therapy scale: The rating manual.* Morgantown, WV: Gargoyle Press.

Hammer, E. F. (1980). *The clinical application of projective drawings.* Springfield, IL: Charles C Thomas.

Harrington, T. (2001). http://library.gallaudet.edu/dr/guid-hcodp.html.

Harvey, M. A. (1982). The influence and use of an interpreter for the Deaf in family therapy. *American Annals of the Deaf,* 819-827.

Horovitz-Darby, E. G. (1988). Art therapy assessment of a minimally language skilled deaf child. Proceedings from the 1988 University of California's Center on Deafness Conference: *Mental health assessment of Deaf clients: Special conditions.* Little Rock, AR: ADARA.

Oster, D. G., & Crone, P. (2004). *Using drawings I assessment and therapy* (2nd ed.). New York & Britain: Brunner-Mazel.

Silver, R. (2002). *Three art assessments.* New York: Brunner-Routledge.

Schein, J. D., & Delk, M. T. (1974). *The Deaf Population of the United States.* National Association of the Deaf, Silver Spring, Md.

Shoemaker-Beal, R. (1977). The significance of the first picture in art therapy. *Proceedings of the 8th Annual Conference of the American Art Therapy Association,* 156-162.

Winnicott, D. W. (1953). Transitional object and transitional phenomena-A study of the first not-me possession. *International Journal of Psycho-analysis, 34,* 89-97.

제6장

중복장애를 가진 청각장애 아동과 미술치료

–David R. Henley

필자는 1980년대에 청각장애인 기숙학교에서 미술치료사로 일하면서, 다양한 이유로 언어적 치료 또는 언어중심 치료에서 도움을 받을 수 없었던 청각장애 아동을 의뢰받게 되었다. 그러한 의뢰 중 하나로, 청각장애이자 법적 시각장애로 분류되는 9세의 J라고 불리는 한 소년과 관련된 사례를 제시하고자 한다. 필자가 J를 처음으로 목격한 것은 놀이터에서 정글짐의 맨 꼭대기에 앉아 있는 그를 발견한 때였다. J는 그의 두꺼운 안경에 햇빛이 비치도록 가볍게 머리를 흔들면서 태양을 바라보고 있었다. 그러고는 매우 신나는 듯 소리를 지르더니 풀쩍 뛰어서 모래더미 위로 재빠르게 착지하였다. 이 작은 아이는 말 그대로 공기에 몸을 맡기듯 작지만 튼튼한 몸을 내던지며 1시간 동안 무려 25회나 이러한 행동을 반복하였다. 이렇게 공중으로 자신의 몸을 던지는 행동을 끈질기게 반복하던 그는 이후 정글짐의 중간에 매달려 있는 다른 아이와 마주치게 되었다. 그러자 J는 아무런 죄의식 없이 그 아이가 마치 또 하나의 놀잇감인 양 붙잡아서는 정글짐 밖으로 밀어 버렸다. 그곳을 관리하던 사람이 경악하는 사이 그 아이는 공중을 날고 있었다. 다행히도 모래더미가 그 아이의 충격을 덜어 주었다. 필자는 이러한 J의 행동이 분명 일반적인 청각장애 아동의 행동일 수는 없다고 생각하였다. 이내 필자는 그의 미술치료 과정과 미술작품이 역시나 매우 독특하다는 것을 발견하였다.

첫 번째 미술치료 회기에서, 그는 그림을 그릴 용지 뭉치를 태연하게 죽 넘겨 보더니 부드럽고 큰 흰색 래그 페이퍼(rag paper)[1]를 선택하였다. 그런 다음 가까이에 있던 오일 크레용을 집어 들고는 보통 어린 아동이 하는 낙서 형태가 아니라, 어떤 특정한 운동적 특징을 보이는 의도된 선들을 빠르게 그려 나가기 시작하였다. 사각형, 직사각형, 선과 같은 다양한 형태가 무수하게 쏟아져 나왔다. 종이 가장자리에서 뻗어 나온 커다란 곡선은 마치 공간을 뛰어다니는 그의 모습을 대신하듯 화지 전체를 휩쓸고 있었다. 결국 이러한 정신없이

1) 역주: 펄프 대신 면 섬유로 만든 고급 종이.

복잡한 선의 관계 속에서 삼각형 지붕을 가진 집, 가로등 기둥, 관목 숲 등의 심상이 나타났다. 태양은 홀로 서 있는 나무의 검게 휘갈겨진 수관을 노랗고 하얀 빛으로 비추고 있었다. 또다시 필자는 빛 그리고 프리즘을 통과하는 듯한 오색찬란한 빛의 변화에 주목하는 아동의 강박적 특성을 담고 있는 두 번째 은유적 표현과 마주하게 된 것이었다. 그리고 침대처럼 보이는 어떤 형태가 이상하게도 집 바깥에 그려졌다. 이후 기본 형태의 타원 두 개가 침대 위에 그려졌고, 아동은 그림의 나머지 바깥 부분이 모두 낙서로 채워진 다음에야 그리는 것을 멈추고 안경을 통해 그림의 각 부분을 훑어보면서 자신의 그림에 대해 시각적으로 집중하기 시작하였다. 그다음에 아동은 그 그림을 옆으로 밀어 두고는 방금까지의 심사숙고하던 모습은 온데간데없이 다음 그림을 처음처럼 아주 빠르게 낙서하듯 그려 갔다. 이 첫 회기에서 그는 6장의 아름답게 꾸며진 18″×24″ 크기의 그림을 20분도 채 안 되어서 그려 냈다. 회기의 종결부에 J가 자신이 그림을 그리는 데 방해되지 않도록 필자를 비키게 한 단 한 번의 경우를 제외하고는, 필자가 방에 있는지 확인하기 위해 그가 작업을 멈추는 일은 없었다.

이 장에서는 중복장애를 가진 청각장애 아동의 미술치료 과정과 교육 과정에서 나타나는 창의성에 관해 살펴볼 것이다. 이를 위해 J의 사례를 활용한 것은 다음과 같은 두 가지 이유에서다. 첫째, 그의 사례는 청각장애를 가진 아동과 함께 작업할 때 발생하는 여러 가지 문제점과 쟁점을 구체화하여 나타내고 있다. 둘째, 그와의 작업은 시각예술이라는 방식이 청각장애인에게 활용될 수 있는 특별한 가능성을 입증한다. 또한 자폐와 시/청각 장애를 중복장애로 가진 대상에 관해 논의함으로써, 미술치료나 스튜디오에서 행해지는 미술 과정에서 이러한 대상자 집단에 대해 고려해야 할 특별한 요구에 대해서도 기술할 것이다. 중복장애 아동을 단순히 앞을 보지 못하는 청각장애 아동 내지 듣지 못하는 시각장애 아동으로 보는 것은 많은 전문가 역시 저지르고 있는 실수라고 할 수 있는데, 문제의 본질을 단순히 여러 장애가 더해지고 혼합된 것으로

생각해서는 안 되며 오히려 매우 복잡하게 뒤얽힌 복합적인 것으로 보아야 한다. 선천적 외상과 후천적인 환경적 외상 사이에 존재하는 미묘하지만 심오한 상호작용은 뚜렷하게 구분되는 의학적 · 행동적 증상이 거의 없기 때문에 따로 떼어 내서 설명하기 힘들다고 할 수 있다. 인지적 결손, 감각적 왜곡, 언어능력 결핍, 자폐적 행동, 신체적 결함은 모두 다양한 상호작용을 통해 아동의 기능을 악화시킨다. 이러한 문제의 중대성을 인식해 나가면서 그나마 한 가지 사실은 명확해지고 있는데, 그것은 치료 프로그램과 지원 제도가 청각장애 아동과 같은 이러한 장애 집단을 수용하는 방향으로 수정되어야 한다는 것이다.

이 새로운 접근은 필자와 Cynthia Orsini에 의해 시행되었으며 청각장애인을 위한 대규모 학교에서 시/청각 장애아동 프로그램의 일부로 소개되었다. J와 같은 중복장애를 가진 아동과 함께 작업하면서, 우리는 미술치료 프로그램에 심리교육적 접근 방식을 사용하였다. 미술 작업실 내에서 아동은 자유롭게 탐색하고 경험하며 참여할 수 있는 감각적으로 강화된 환경이자 안전한 환경을 제공받게 된다. 아동은 그러한 환경 내에서 다양하고 흥미로운 미술 매체를 그들만의 방식으로 의미 있고 생산적으로 활용하도록 격려받는다. 이러한 환경적 고려는 치료사나 교사에 의해 신중하게 결정된 미술을 기반으로 한 개입을 실시함으로써 완성되었다. 이 프로그램은 치료 지원과 교수 지원을 함께 하여, 아동이 언어적 기술이나 대인관계적 기술과 같은 전통적인 매체에 의존하지 않고 자신의 생각이나 관심사를 효율적으로 전달하는 대체 수단인 의사소통의 중요한 수단을 제공하고자 하였다. 관계하는 데 있어서의 규범적 방식은 청각장애 아동으로 하여금 학업 장면이나 일상생활에서 좌절과 소외를 느끼게 하는 오래된 원인이었기 때문이다.

이 장에서는 실행 가능한 치료적 · 교육적 대안의 이론과 실제에 대해 기술할 것이며, 이 대안을 통해 미술 기반의 기술 획득과 작업실 내에서의 정서적 갈등 해결이 가능하도록 돕고자 한다(Henley, 1987).

병인론

청각장애를 가진 많은 중복장애 아동은 불행히도 출생 전 태아가 한창 발달 중일 때 풍진바이러스(rubella virus)의 공격을 받는다는 원인을 유사하게 가지고 있다. 풍진은 모체에게는 가벼운 질환일 수 있지만 임신 첫 3개월 동안 걸리게 될 경우 태아에게는 치명적인 영향을 미칠 수 있다. 그로 인한 선천성 이상은 심각하게 심신을 약화하며 아동 기능의 많은 영역에 작용한다. 심장병, 백내장, 녹내장, 청각 손실, 시각 손실 및 뇌손상이 여러 조합으로 지속될 수 있다. 이러한 결함이 잠행성 증상이 아니기 때문에 아동은 살아남기 위해 태아기 때부터 이러한 증상과의 사투를 벌여야 한다. 우리는 부드러운 자궁 내의 더없이 행복하고 안전한 시기에 국한하여 태아 발달 시기의 아동에게 영향을 미치는 스트레스의 단면만을 생각하는 경향이 있는데, 많은 임상가에 따르면 바이러스는 단지 임신기간 동안만 아동을 공격하는 것이 아니라 인생 전반을 통해 아동을 괴롭힌다고 가정하고 있다(McInnes & Treffry, 1982).

시각 및 청각 기관의 뚜렷한 손상은 가장 두드러지게 나타난다. 아동에게는 시각 및 청각 과정에서의 불능이 자신의 신체 또는 환경에서 관련된 다른 대상과 지각을 발달시킬 때 왜곡 없이 이루어지기 어렵게 만든다. 아동은 영속성, 크기, 운동성 또는 인과관계를 지향하는 정확한 개념 획득에 실패하게 되고, 변화를 예측할 수 없으므로 매우 가벼운 것이라 해도 잠재적인 정신적 외상을 경험하게 된다.

> 시각적, 청각적 입력의 손실은 유아의 다양한 감각을 차단하여 환경적 단서로부터 다가올 사건에 대한 예측 능력을 가지지 못하게 한다. 심지어 방 안으로 어머니가 들어오는 것을 편안함이나 음식 또는 포옹과 연결하지 못한다. 변화를 예측하는 능력의 부재는 모든 경험을 새롭고도 두렵게 만든다. 그들에게는 보호를 위해 들어 올려지는 것이 단단한 신체적 지지를 위협하는 것이며, 어머

> 니의 안심시키는 목소리와 미소 짓는 얼굴 없이 새로운 음식을 먹게 되는 것이고, 갑자기 끌어당겨지거나 올리고 눕히는 등과 같은 변화는 모두 잠재적으로 위협이 될 수 있다(McInnes & Terffry, 1982, p. 9).

시/청각장애를 가진 아동은 중요한 감각이 차단되며, 그로 인해 본질적인 깊은 고립감에 빠져들게 된다. 이는 단순히 시각과 청각이라는 두 감각이 쇠약해지는 과정이 아니라 다른 감각에서도 판독 불가능한 지각의 변화로 받아들여지기 때문에 견디기 힘든 과정이라고 할 수 있으며, 큰 스트레스임에 틀림없다. 아동은 의사소통을 위한 적절한 수단이 없기 때문에 전반적인 발달과 인지적 발달 과정을 이루는 데 어려움을 겪는다. 만약에 주변 환경을 정확하게 지각하고 의미 있게 반응하기 위해 필요한 도구가 주어지지 않는다면, 그 아동의 동기부여 과정은 필연적으로 흔들릴 수밖에 없다.

풍진으로 인해 나타나는 장애와 의학적 합병증 외에도, 결국은 행동적 또는 정서적 부적응 증상이 아동기에 출현한다. 이러한 증상의 많은 부분은 다루기 어렵고 정동장애를 악화시키는 자폐증과 관련이 있다. 다시 말해, 여러 가지 증상이 단독으로 두드러지게 나타나거나 서로 조합해서 나타나며, 그것이 선천적으로 발생한 것인지 후천적 환경에 의한 것인지도 설명하기 어렵다.

최초로 인정된 자폐적 반응은 아동이 부모에게 보이는 낮은 영향력과 관심의 부족이라 할 수 있다. 적절한 환경적 단서가 없이는 예측하거나 호기심을 이끌어 내는 외적 동기부여가 아동에게 일어날 수 없다(Henley, 2005). 더 큰 문제는 감각의 왜곡 현상이다. 감각기관의 손상은 아동으로 하여금 입력되는 감각 자극을 정확하게 조절하지 못하도록 한다. 이는 쓰다듬기, 키스, 모유 수유 등 만지는 것과 관련된 다양한 상호작용에서 경험하는 촉각과 같은 특정 감각에 과민반응 형태를 취하게 만든다. 그러한 겉보기에 온화한 상호작용에 대해 아동의 지각은 확연히 과장되어 있거나 심지어 외상적 충격을 보이기도 한다. 우리는 이 장을 통해 일반적인 자극에 대해 부적절하게 지각하거나 왜곡하고 너무 강력하게 반응하는 등 과반응과 관련된 사례를 살펴볼 것이다. 여기에는 특정 질감의 음식, 옷, 장난감뿐만 아니라 똑딱이는 시계 혹은 발자국의 진동과 같은 소리에 대한 혐오감도 포함된다. 그림자놀이 또는 빛의 응시와 같은 특정 시각 자극은 강력한 반응을 이끌어 낸다. 왜곡될 수 있고 그 맥락과는 동떨어져 있거나 부정확하게 지각될 수 있는 모든 감각은 이러한 아동에게 엄청난 스트레스와 불안을 야기할 수 있다. 이러한 반응은 흔히 '투쟁 혹은 도피(fight or flight)' 기제에 근거한 것이다(Tinbergen, 1983). 아동은 환경에서 자신이 제어할 수 없거나 위험하다고 지각한 것에 저항하거나 도피하는 반응을 보일 수 있다. 아니면 반대로 위협적인 자극을 물리치기 위한 시도로 공격적인 반응을 나타낼 수도 있다. 이러한 행동의 조합은 수없이 많은 형태로 나타날 수 있으며, 가장 흔하게 볼 수 있는 사례는 딱딱한 벽이나 가구에 머리를 들이받는 머리박기(head-banging)와 같은 자해 행동이다. 지적장애 아동이나 자폐 아동에게서 종종 나타나는 이러한 반응은 극심한 공포와 분노의 이중적 의미를 담은 표현이라 할 수 있다. 이러한 아동의 경우 이해되지 않는 극심한 공포가 대개 극심한 병리적 공격성으로 드러나며, 이는 번갈아 가며 자기 자신을 향하게 된다. 이내 아동은 자신의 머리박기 행동을 환경에서의 두려움을 필사적으로 다루고 조작하는 방법으로 인식하게 된다. 그러한 자해 행동이 임상가나 부모가 무시하기 어려운 행동으로 나타난다는 점에서 효과적이라는 것은 논쟁의 여지가 없다(Henley, 1986b).

중복장애를 가진 자폐 아동은 도피를 위한 수단으로 사물이나 물체라는 세상 뒤에 숨는다(Henley, 1995). 그곳은 예측 가능성과 영속성이 존재하는 곳이며, 좀 더 자신에게 유리하고 감당할 수 있는 단계다. 여기에는 아동에게 중립적인 촉각을 전해 줄 수 있는 충분히 다양한 대상이 있다. 어떤 경우 아동은 하나의 특정 대상이나 대상의 종류를 고집할 것인데, 이는 어떤 점에서는 중간대상 또는 이행기적 대상(transitional object)의 속성을 띤다(Winnicott, 1965). 이를 통해 미술치료사는 그 대상에 대한 강박이 아동에게 주는 영향력을 측정

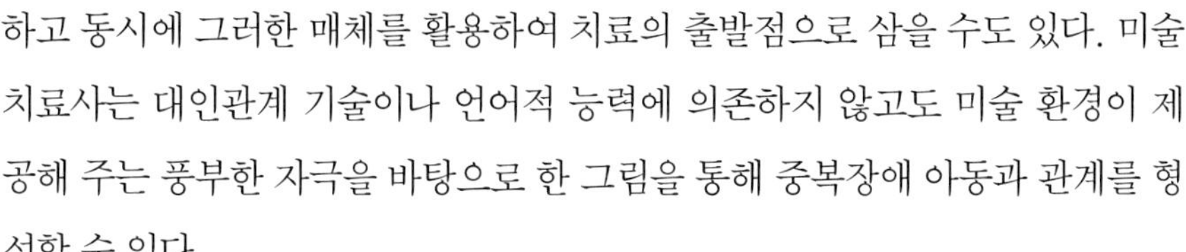

하고 동시에 그러한 매체를 활용하여 치료의 출발점으로 삼을 수도 있다. 미술치료사는 대인관계 기술이나 언어적 능력에 의존하지 않고도 미술 환경이 제공해 주는 풍부한 자극을 바탕으로 한 그림을 통해 중복장애 아동과 관계를 형성할 수 있다.

환경적 고려

중복장애를 가진 청각장애 아동의 학습 환경이나 치료 환경은 개인의 스트레스와 주변의 자극적 요소를 최소화하여 아동이 동화될 수 있는 공간, 가구, 사물 및 재료 등으로 환경을 구성해야 한다. 만약 아동이 복잡하거나 큰 음량의 감각 자극을 감당할 수 없다면, 환경은 반드시 이러한 요구에 맞춰 조절되어야 한다. 경우에 따라서는 그 공간 자체가 과민반응을 일으키는 환경이 될 수 있다. 방해되거나 혼란스럽게 만드는 통로, 덜컹거리는 난해한 색깔의 창문, 여닫기에 너무 무겁거나 불시로 쾅 닫히는 불균형한 문 등 모든 것이 아동에게는 마치 어두운 동굴을 탐험하는 것처럼 불안하게 보일 수 있다. 때로는 동기를 부여하기 위해 작업실에 배치한 사물이 불안의 원천이 될 수도 있다. 벽에 걸린 그림, 식물이나 천장에 달린 모빌, 자연스럽게 놓여 있는 물건이나 여러 가지 소품도 어쩌면 예민한 아동에게는 선택적으로 유해한 자극이 될지도 모른다. 어떤 경우, 아동을 불안하게 만드는 것은 대상이나 사물의 촉각적 또는 시각적 속성이 아닌 일시성과 이동 가능성에 존재하기도 한다(Bettelheim, 1952). 따라서 아동 가까이에 있는 환경을 구성하는 사물은 영속성과 안전성을 촉진할 수 있도록 제자리에 안전하게 고정하는 것이 좋다. 앞서 언급했다시피, 빛과 같은 자극 역시 아동의 수행이나 행동에 영향을 미칠 수 있다. 한 아동의 경우 윙윙거리는 소음이나 형광등의 깜빡임에 강력하게 반응하였다. 미술치료사는 작업실 환경에서 아동이 보이는 반응을 주의 깊게 관찰할 책임이 있다. 아동이 환경을 수용하고 인내하는 능력이 발달함에 따라 주변 환경의 형태와 자극의 강도는 서서히 증가될 수 있다(Henley, 1992).

반면 중복장애를 가진 청각장애 아동은 감각적으로 박탈되었을 뿐 아니라 감각적인 왜곡 또한 가질 수 있다. 그들은 심각한 감각적 박탈 때문에 환경 자극에 대해 확실히 반응 저하를 나타낸다. 환경 탐색 동기는 그렇게 하도록 강력하게 촉구하지 않는다면 이러한 아동에게는 출현하지 않을 수도 있다. 소도구, 물건, 소리, 냄새, 촉감, 움직임 그리고 다른 다양한 자극이 신중하게 평가된 개입을 통해 소개되어야 한다. 즉, 아동의 발달 단계와 현재 위치한 정서 단계를 고려한 감각적 자극 과정이 제시되어야 한다. 중복장애를 가진 청각장애 아동에게는 외부적 요구에 순응하도록 강요하거나 또는 일반적인 프로그램이 요구하는 기대치를 따르도록 무조건 강요해서는 안 된다. 치료사의 개입이 동반된 환경은 아동이 그러한 입력 정보를 활용하고 동화할 준비가 되었을 때 아동에게서 반응을 이끌어 내기 위해 구조화될 수 있다. 그런 다음에야 비로소 아동은 자신의 환경을 이해하고 주변 환경에 대해 단순한 통제를 넘어서서 어떤 영향을 미치기 시작할 것이다. 통제력이 더욱 커짐에 따라 자신감이 증가할 것이며, 아동은 공포를 감수하고 자진해서 참여하기 시작할 것이다. 일단 아동이 이렇게 각성하게 되면, 미술치료사는 아동이 위험을 감수하고 탐색을 하는 단계 동안 혼란스럽지 않도록 프로그램에서 정해진 일에 대해 일관성, 안정성의 정도를 보장해야만 한다. 실제로 많은 아동은 참여의 의지를 보이자마자 너무 빨리 많은 자극에 직면하게 됨으로써 그 수행이 퇴보하는 결과를 가져오기도 하였다.

재료

미술 재료, 동기 유발을 돕는 소품 및 다양한 도구를 준비하거나 배치할 때에는 아동이 선택하고 고려하며 자신의 결정에 따라 행동할 수 있는 접근성을 열어 두어야 한다(Henley, 1992). 예를 들어, 종이는 시각적으로 보이는 범위

내에 촉각을 통해 확인할 수 있는 형태로 쌓아 놓도록 하고 붓은 크기와 질감을 분간할 수 있도록 분류되어 있어야 한다. 아동이 파악할 수 있는 한 모퉁이에 놓인 핀으로 고정하는 게시판 또한 아동이 새롭게 완성한 작품을 항상 걸 수 있도록 작업 영역과 가까이 배치되어 있어야 한다. 이러한 규칙적인 틀은 아동이 환경에 적응하는 데 있어 필수적인 부분이다. 작업실에 대한 안전성과 친숙성을 증가시키기 위한 관리감독하에 아동이 치료실을 돌아다니거나 탐색할 수 있도록 해야 할 것이다. 일단 재료, 도구, 소품, 가구 등이 확실히 일관되게 제자리를 확보하게 되면, 아동은 꽤 독립적이고 자기 통제적이며 책임감을 가지고 수행하는 단계로 기능할 수 있다.

재료의 선택은 치료 프로그램에서 매우 중요한 부분이다(Henley, 1992). 붓은 아동의 부족한 운동조절 능력에 알맞은 저항력을 제공할 수 있을 만큼 충분히 뻣뻣한 거센 털로 이루어져 보다 쉽게 붓의 움직임을 통제할 수 있도록 두껍고 튼튼해야 한다. 또한 탄력 있고 강한 휘갈김에도 견딜 수 있어야 한다. 크레용이나 크레파스, 그 밖의 딱딱한 색칠 도구 역시 튼튼해야 하며, 구르거나 미끄러지지 않도록 한쪽 면이 납작해야 한다. 종이도 가급적 중량감이 있고 면섬유로 만든 고급 종이가 좋으며, 강한 붓질과 마킹에도 견딜 수 있어야 한다. 보호 테이프는 종이 전체의 가장자리에 안전하게 붙여져 있어야 하는데, 이는 종이의 경계 부분에 대한 신호로 아동이 촉각적으로 느낄 수 있는 틀을 만드는 것이다. 점토와 같은 조각 재료는 중복장애를 가진 청각장애 아동에게는 이상적인 매체다. 고급 무독성 공예용 점토 또는 폴리머클레이(polymer clay)는 가소성이 있고 즉각적인 변화를 줄 수 있으면서도 탄성이 높은 재료로, 아동이 쉽게 굴리거나 자르고 조각할 수 있다(Henley, 2002).

많은 다양한 종류의 매체가 중복장애를 가진 청각장애 아동에게 소개될 수 있다. 그러나 사용되는 매체는 발달적 측면이나 감각적인 수용 능력, 아동의 인지적 기능 수준에 따라 각기 달라질 것이다. 중복장애를 가진 청각장애 아동의 경우 다양한 결함을 가지고 있음에도 매체와 작업 방식, 내용적인 면에서 뚜렷한 선호도를 나타내고 있으므로, 미술치료사는 아동이 더 쉽게 활동하고 식별 과정에 이를 수 있도록 혼합하고 조화하며 적용할 수 있는 다양한 매체를 전략적으로 소개해야 할 것이다. Kramer(1975)에 따르면, 우리는 미술 경험의 진보를 위한 단계를 마련해 나간다. 이를 위해서는 우리에게 이러한 아동의 창의적인 욕구를 효과적으로 만족시킬 수 있는 기법과 매체에 대한 깊은 조예가 요구될 것이다.

미술치료사의 역할

미술치료사는 미술 작업실에서 아동의 표현적인 능력의 발전을 위한 중심이 되는 역할을 수행한다. 그러나 미술치료를 할 때 우리 미술치료사가 우리의 능력을 단지 불필요한 관심을 끄는 데 사용하거나 우리의 개입에서 직면에 대한 노력을 하지 않으면 이러한 아동 집단의 경우 다소 다른 방향으로 발달할 수도 있다. 대부분의 중복장애를 가진 청각장애 아동은 대인관계 접촉에 다소 민감하다. 그들은 많은 경우 자신의 신체와 그들 자신이 느끼는 감각을 가치 없는 것으로 여기며 확신하지 않는다. 이러한 신체상과 대상관계의 혼란은 보통 그들이 그들 주위의 대상과 관계를 맺어야 할 때 더욱 악화된다. 아동의 입장에서는 낯선 이가 잠재적인 위협의 요소가 되며, 심한 경우 엄마조차 낯선 사람의 범주에 속할 수 있다. 이렇게 낯선 이가 아동으로 하여금 어떤 활동에 참여하도록 강요한다면, 그것이 아무리 부드럽게 이루어진다 하더라도 결국은 극도의 분노를 초래할 것이다. 그 사람의 좋은 의도와는 관계없이, 그는 거대한 불안을 일으키는 적대적 존재로 지각된다(Henley, 2005, 2001, 1994). 중복장애를 가진 청각장애 아동과 관련된 이러한 자폐적 이상 행동으로, 아동은 대인관계 영향권 바깥에 있는 요소에 대해서도 극심한 공포 반응을 나타낼 수 있다. 따라서 미술치료사가 치료적 과정을 진전시키고자 한다면 치료사와 아동 사이에 일종의 신뢰성 있는 유대관계가 형성되어야 한다. 라포 형성이라는 이러한 행위는 충분히 객관적이고도 분명한 것이지만, 사실상 실제 치료적 과정에서는 만만찮은 장애물이 되기도 한다.

필자는 중복장애를 가진 수많은 청각장애 아동과 작업해 왔고 때로는 한 아동을 수년간 만나 오기도 하였지만, 진정으로 스트레스를 주지 않는 완벽한 유대관계를 맺어 본 적은 없었던 것 같다. J의 사례에서 미술에 기반을 두고 신중하게 지속되어 왔던 4년간의 지속적인 관계는 불편한 공존 관계만을 낳았다. J가 필자와 미술 작업실을 연결해 보았다는 점만 명백할 뿐, 그가 필자에 대해 어떻게 느끼고 생각했는지는 확실히 알 길이 없었다. J는 필자의 미술적 기술, 기법적인 지도, 특히 (마치 실습생인 마냥 그의 작업 공간을 유지하는 데 많은 시간을 투자하는) 전문적 관리와 같은 필자의 일부분을 이용할 수 있었다. 필자는 J가 너무나도 좋아했던 그 과정과 불가분하게 연결되어 있는 고정된 어떤 대상이 되었으며, 따라서 필요악처럼 받아들여졌다. 그러나 이러한 보잘것없는 유대관계 또는 이질적 형태의 라포조차 J가 미술 과정에서 앞으로 나아갈 수 있도록 하고 궁극적으로 어떠한 결실을 맺게 하는 데는 충분하였다.

따라서 뛰어난 미술치료사라면 중복장애를 가진 청각장애 아동의 자폐적 특성을 존중하고 편안한 거리감을 유지하는 데서 위안을 얻는 이러한 아동의 욕구를 이해함으로써 지나친 통제나 화를 유발하는 행동을 삼가야 할 것이다. 이는 아동을 참여시키고 자신을 표현하도록 동기부여를 하는 특별한 도구이자 수단이 될 것이다. 다시 말해, 아동이 미술창작 활동을 위해 집중하는 동안 필자는 단지 붓을 씻고 물통에 물을 부어 주는 사람으로서 기능하는 것에 만족해야 한다. 이것은 아동과의 친밀도와는 별개로 관계를 시작하기 위한 출발점으로 가장 적합한 행동이라고 할 수 있다. 이 지점에서부터 미술치료사는 아동이 붓을 적절히 사용하여 그리는 행동을 유지할 수 있도록 지시하거나 팔레트를 다루고 색상을 잘 사용할 수 있도록 돕는 것 등과 같이 미술에 기반을 둔 대인관계적 개입을 실시하면서 아동과 좀 더 과감하게 상호작용을 시작할 수 있다.

일단 아동이 이러한 미술에 기반을 둔 개입을 받아들일 수 있게 되면, 치료사는 아동에게 '예' 혹은 '아니요'로 대답할 수 있는 질문이나 좋아하는 색상 등을 물어보면서 개인적 상호작용으로까지 나아간 시도를 할 수 있다. 단, 이때 아동에게 대답을 할 수 있는 충분한 시간적 여유를 두는 것이 좋다. J와의 치료 단계의 후반기에, 필자는 그가 그림을 그리기 전에 간단한 질문을 하여 그의 대답을 이끌어 내면서 이러한 상호작용을 확대할 수 있었다. (물론 그는 이러한 질문 뒤에는 곧 그림을 그릴 수 있다는 것을 알고 있었기 때문에 이러한 활동을 인내할 수 있었다.)

결국 J는 미술에 기반을 두면서 실시한 상호관계적 개입에 크게 좌절하거나 스트레스를 받지 않고 수용할 수 있었다. 마침내 그는 작업실 환경을 충분히 편안하게 느낄 수 있었으며, 이에 따라 창조적 활동에 대한 위험도 감수할 수 있게 되었다. J가 이렇게 창조적 모험을 할 수 있게 된 것은 그에게 정신내적인 변화가 일어났음을 상징하는 것이라고 할 수 있다.

초기의 미술 과정과 작업

J가 유치원에 다닐 무렵 이미 일찍부터 그의 담임교사는 그가 미술에 대한 끊임없는 욕구를 가지고 있다는 것을 인식하였다. 비록 J가 하는 미술 작업의 격렬함이나 강박적인 특징이 다소 이상하고 낯설다는 견해를 가지기는 했지만, 그들은 J가 틈나는 대로 작업을 계속할 수 있도록 허용하였다. J는 자신의 에너지를 직접적으로 배출할 수 있는 몇 가지 형태의 수단을 통해 학급에서 견뎌 내고 있었기 때문에, 그들은 실제로 그 문제에 대해 선택의 여지가 없었다. 만약 그림을 그리는 시간을 허용하지 않았더라면 J에게는 자기자극(self-stimulatory) 행동이나 다른 일탈적 행동이 의심의 여지없이 증가했을 것이고, 학업을 지속하는 것은 훨씬 더 어려워졌을 것이다. 따라서 유치원 때부터 J는 학급에서 그림을 그리기에 안전하고 예측 가능한 장소가 주어져 신뢰할 수 있

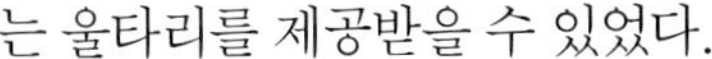

는 울타리를 제공받을 수 있었다.

특히 J의 부모는 그에게 있어 미술적 배출구의 중요성을 인식하고 있었으며, 초등교육에서도 이를 지켜 주고자 노력하였다. 그들은 J의 작업이 매우 실질적인 능력으로 이루어졌다고 정확히 판단하였으며, 이 능력은 충분히 키워지고 발전되어야 한다고 생각하였다. J는 4세 이후로 꾸준히 그림을 그려 온 것으로 보이며, 이 기간 동안 그가 그린 인물화나 풍경화를 살펴보면 아이답지 않은 세련된 모습을 볼 수 있다. (그러한 그의 작품은 어떤 격려나 성인의 지시 없이 자발적으로 만들어졌다는 데 주목해야 할 것이다.)

J는 10세 이전까지는 미술교육이나 미술치료를 받은 적이 없었다. 7세 때 그의 작품집을 보면 매우 독특하고 세련된 방식이 이미 발달해 있음을 알 수 있다. J는 주로 크레용과 사인펜으로 셀 수 없이 많은 실내건축 그림을 그렸는데, 이러한 작업에서 그의 운동 감각적 양식이 드러났다. 이러한 그의 작품을 보고 있자면 조숙하고 독특한 관점에 의해 창조되었다는 인상을 받게 된다. 그의 표상 능력의 질 또한 그 나이 또래의 보통 아동과 비교해 보았을 때 상당히 놀라운 수준이었다.

한편 의자나 탁자, 그 밖의 가구와 같은 사물은 대개 7세 정도에게서 기대되는 정형화된 개념에 미치지 못하였다. 그러나 J가 심각한 장애를 가졌다는 점에서 생각해 본다면, 그의 지각적 관점에서 나온 작업 능력은 매우 주목할 만한 것이었다. J는 실내의 사물에 대해 그가 본 그대로 간략하게 그림을 그려 내면서 이미 시각적 어휘에 대한 타고난 재능을 발전시키고 있었다.

의자는 눈높이에서 주로 보이는 앉는 자리와 등 아랫부분이 아동의 관점에서 표현되었다. 전체적 환경은 아동의 작은 키를 반영하는 관점에서 표현되었다. 6세 아동의 미술작품에서 이러한 관점이 반영된 특징을 발견하는 것은 드문 일인데, 이 연령대의 발달 단계에서는 3점 투시를 표현하지 못하기 때문이다. 분명 누군가는 이 작품들에서 공간과 사물의 뛰어난 배치를 보며 이 아동에 대해 경외감을 가질 것이며 아마도 어리둥절함마저 느낄 것이다.

또한 J의 이러한 그림에는 절박함과 필사적인 느낌도 존재한다. 그것은 아동이 놀면서 무심코 그린 그림이 아니라 마치 사물에서 받은 중요한 인상과 정보가 창조적인 미술 활동을 통해 처리되는 것처럼 계획된 의도를 가지고 아주 진지하게 그려진 그림이었다. J가 자신의 왜곡된 감각적 입력 정보에 대처하고자 활용할 수 있는 보상기제는 단지 그림을 그리는 것뿐이었으며, 그는 이를 통해 환경적 자극을 의미 있는 정보로 해석하고자 하였다. 따라서 J의 미술 과정은 외부세계와 소통할 수 있는 중요한 연결 경로로 여겨지는데, 이는 그가 자신의 환경에 대처하고 동화하며 개념화할 수 있도록 조력하기 때문이다.

이 기간 동안의 작품 양으로 볼 때, J는 거대한 환경에 대해 자신의 통제력을 행사하기 위한 노력의 일환으로 이미지를 끊임없이 떠올리고 있었음에도 방대한 자극에 압도되어 두려움을 느꼈던 것으로 판단된다. 아마도 연속적으로 이미지를 창작하는 행위는 궁지에 몰렸을 때 그 장소에서 그가 자신을 지킬 수 있도록 도움을 주었을 것이다. 시청각장애 아동에게는 세상이 예측할 수 없고 통제할 수 없는 셀 수 없이 많은 일이 존재하고 따르는 곳이다. 이러한 것을 상징적으로 창조해 나감으로써, J는 공격적인 환경과 그 과정에서 방어해 나가는 자신을 확인할 수 있었을 것이다. 그러나 아무리 이렇게 많은 정신역동적 이론을 가져와 설명한다 할지라도, 다른 예술가가 그랬던 것처럼 J 역시 자신의 환경에 존재하는 무수한 형태나 구조, 공간에 매료된 것이 그의 작품을 만들어 낸 감각을 구성하였다는 것은 틀림없다.

대부분의 다른 탐구 방식이 J에게 거부된 것으로 볼 때, 그가 자신의 에너지를 쏟아부을 수 있었던 그 방식이 비교적 건강한 방식이라고 생각하는 것이 합리적일 것이다. J는 진짜 예술가처럼 그가 받은 인상을 심지어 약간의 장엄함까지 포함하여 자신의 스타일과 디자인 감각으로 여지없이 표현하였다.

이 기간에 그린 사람 형태 역시 그의 조숙성과 정신병리적 견지에서 주목할 만하다. 첫째, 그가 그린 것처럼 흔히 사람 형태를 서로 다른 몇 가지 양식으로 그리는 것은 매우 드문 일인데, 왜냐하면 그것은 현재의 발달 수준 및 인지 기

능을 나타내기 때문이다. [그림 6-1]은 학급 교사가 J에게서 얻은 그림이다. 아마도 이 그림은 지시에 의해 그려졌을 것으로 보인다. 그것은 정서적 투입을 거의 배제하고 최소한의 장식으로 그려 낸 진부한 그림이기 때문이다.

[그림 6-2]는 자발적으로 그린 그림으로서 근본적으로 다르다. 이것은 모든 부분이 분명하게 표현된 인물이 친숙한 환경적 맥락과 함께 그려진 그림이다. 이 그림은 신념과 열정을 바탕으로 명백히 세련된 설계 방식을 사용하여 그려졌다. 평범하지 않게 잘린 인물의 형태와 색깔의 강도를 살펴보면 그 특징을 알 수 있다. 이 두 그림을 보면 자폐증을 가진 인물로 잘 알려진 나디아(Selfe, 1977; Henley, 1989)가 떠오른다. 그 아동 역시 어린 나이에 조숙한 지각적 방식으로 그림을 그릴 수 있었다. 한번은 이러한 자폐 아동에게 강제로 그림을 이끌어 낸 적이 있는데, 그녀 역시 더욱 틀에 박힌 그림을 그리는 퇴행의 면모를 보여 주었다.

또한 그림의 형태는 J의 정서적 삶의 한 부분에 자폐적 성향이 존재한다는 것을 보여 주고 있다. 구상적인 면에서 조숙한 그의 작품에는 기이함이라는 특징이 만연해 있다. 정면이 잘 나타나 있는 그 그림은 통찰력 있고 정교한 설계 계획으로 그려졌는데 걱정스러울 정도로 폐쇄적이고 음침한 느낌이 든다. 아동은 그림을 그릴 때 자신이 중요하다고 판단하는 요소를 더 강조해서 그리는 경향이 있는데, 한편으로 그것은 불안과 두려움을 시사하는 것이라고 할 수 있다. 그 그림은 대상 세계에서 예측할 수 있는 성질과는 조화되지 않는 것처럼 보였고, 대신에 무표정한 노란색 얼굴이나 강력한 검은색 어깨와 머리카락이 불안하고 도발적으로 보였다.

일단 J가 인물상을 그리기 시작하자, 그의 작업의 본질은 변화하였다. 6세에서 12세까지의 작품에는 이러한 얼굴이 불안감을 주는 표현과 함께 구성되면서 반복해서 등장하였다.

J는 10세가 되면서 필자와 개인미술치료 회기를 시작하게 되었다. 처음에 그의 작품은 빌딩에서 보이는 외부 경관과 주변 풍경에 관한 것이었다. 비록

[그림 6-1]

[그림 6-2]

그는 여전히 세심히 조정된 휘갈기는 양식을 보였지만, 그의 시각적인 어휘는 6세 때의 작품집과 비교했을 때 상당히 확장되어 있었다. 그의 이미지는 사실상 시각적 인상으로 만든 백과사전식 목록과도 같았다. 그는 수백 가지 관점의 상이한 장면과 사물을 그만의 독특한 스타일로 그려 기록하고 있었다.

앞서 필자는 J가 사실상 그림 표면을 공격이라도 하듯이 맹렬히 그림을 그리는 과정을 기술했다. 이러한 공격적이고 강박적인 작업 방식은 지금까지도 전혀 수그러들지 않고 지속되고 있다. 그는 명시적인 예비 단계나 준비 계획 없이 처음부터 극히 격렬한 방식으로 작업한다. 그의 지각 안에는 장식적인 또는 심미적인 허식을 부리려는 사고는 존재하지 않는다고 할 수 있다. 그는 보이는 것을 자신의 열정적 스타일로 간단하게 그려 내면서 7년간의 꾸준한 작업을 통해 발전시켜 나갔다.

이 기간에 J는 주로 자신이 거주하는 집의 정면이나 지붕 윤곽, 인근의 풍경을 그리면서 외부에 집중하여 작업하였다. 그는 다른 장식은 최소로 한 데 비해 창문이나 문, 지붕에 대해서는 세심한 주의를 기울였다. 이러한 수백 채의

[그림 6-3]

집은 모두 다른 전망으로 표현되었다. 많은 그림이 [그림 6-3]처럼 낮은 지점에서 바라본 형태로 그려졌는데, 모서리와 같은 각도가 상당히 개선되었다. J의 미술적 진보가 나타난 이 시점은 필자가 그의 미술치료사로 개입하기 시작한 때였다.

미술치료 과정과 개입

미술치료의 첫 6개월 동안, 필자는 J가 새 작업실과 더불어 매체나 소품, 가구 배열, 그리고 가장 중요하게는 회기의 틀에 익숙해지도록 하는 데 주력하였다. 가장 일상적이고 간단한 활동으로 시작함으로써, J가 가능한 한 빠르고 고통 없이 이러한 새로운 환경 속에서 편안해지기를 바랐다. 따라서 미술실을 왔다 갔다 하며 움직이는 것이나 앞치마를 찾는 것, 종이를 선택하고 그의 텐서 라이트[1]의 전등 스위치를 누르는 것 등 모든 것이 각 회기를 시작하는 치료계획에 포함되었다. 필자는 그 방을 돌면서 그를 안내하였고, 그가 매체를 선택하는 것을 도왔으며, 그의 작업 공간이 어수선해지지 않도록 비교적 깨끗하게 유지하였다. 요컨대, 나 자신을 유용하게끔 만들었다. J는 필자가 교사의 역할을 하리라고 예상했고 또한 그러한 역할을 했다면 분명 저항했을 것이라고 필자는 확신하였으므로, 교사의 역할에서 벗어나 좀 더 중립적이고 지지적이 되고자 노력하였다. 그렇게 하면서 필자는 일관성, 안전성, 그리고 작업을 하면서 성장을 이룰 수 있는 환경적 자극을 그에게 제공할 수 있기를 바랐나 (Henley, 1995a).

필자의 초기 개입은 오로지 미술 과정을 통해서 이루어졌다. 이러한 미술에 기반을 둔 개입은 심미적 문제나 인지적 문제 그리고 미술치료적 문제가 언급될 수 있는 방식으로 환경 또는 기법, 매체를 적용하는 것을 수반한다. 이러

---

1) 역주: 조명 위치를 임의로 바꿀 수 있는 탁상 램프.

한 문제에는 적응성 촉진, 의사결정과 실험적 경험의 격려, 심미적 자각 촉진, 적합한 행동 개발이 포함되었으며, 이 모든 문제는 미술치료 과정에서 다루어졌다.

이미 언급한 이러한 목표 중에서 첫 번째 목표로 잡은 것은 J의 반영(reflection) 능력을 발달시키는 것이었다. 이는 미술작품을 만드는 과정에 순수하게 운동 감각적으로 관여하는 데서 벗어나 생산된 미술작품에 대한 그의 자각을 증가시키는 쪽으로 역점을 이동시키기 위해, J만의 독특한 스타일에 영향을 미치는 방식으로 계획되었다. J의 완성된 그림에 대한 음미와 자각을 증가시킴으로써, 필자는 그에게 자기 자신이나 계획, 의사결정, 문제 해결에 있어 보조를 맞추는 능력이 주입되기를 바랐으며, 결국에는 자신의 완성된 결과를 숙고하거나 반영할 수 있기를 바랐다.

반영이라는 목표를 성취하는 것은 몇 년간이나 제자리에서 맴돌던 J의 작업 방식, 즉 그 체계의 전면적인 변화를 의미한다. 따라서 필자는 그에게 이미 정착된 매우 중요한 방어를 느슨하게 하기 위해 조심스럽게 진행해야 했다. 대신 필자는 이러한 것을 좀 더 융통성 있으면서도 그 아동이 성공적으로 기능할 수 있는 똑같이 안전한 체계로 대체하고자 시도하였다(Henley, 2004).

컴퓨터의 하드드라이브처럼 이미 단단하게 고정된 체계의 변화를 촉진하는 것은 확실히 J에게(또한 우리 모두에게) 어느 정도의 저항과 좌절을 의미했다. 물론 개입에서는 J의 창조적인 에너지를 위태롭게 하지 않기 위해 (지금까지 그를 성공적으로 나아가게 했던) 그의 체계를 존중해 주는 것이 필요할 것이다. 그러나 필자는 J가 과정 중에 보이는 강한 강박성에서 벗어나 좀 더 유연한 방어를 통해 단단하게 보존할 수 있는 행동으로 대체하여 성장 과정이 앞으로 나아갈 수 있기를 바랐다.

J에 대한 관찰을 시작하였을 때, 그는 잠깐의 휴식도 없이 색깔을 맹렬히 휘갈기고 가장 두꺼운 크레용을 뚝 부러뜨리거나 가장 단단한 색연필마저도 으스러뜨리는 행동을 보였다. 필자는 이전에는 그의 작업을 방해하지 않은 채 지

속적으로 새로운 매체를 가져다주는 것으로 반응하였다. 그러나 마침내 필자는 J에게 연필을 날카롭게 깎도록 하고 그 매체에 대한 책임감과 존중감을 가지도록 촉진하는 것이 가능하다고 느꼈고, 뿐만 아니라 그림을 그리는 과정 사이에 잠깐 중단하는 시간을 만들거나 또는 만들어서 반영의 기회를 주는 것이 더욱 중요하다고 생각하였다. J는 연필깎이를 들고 생각에 잠긴 듯 서서는 때때로 탁자를 훑어보았고, 그때 필자는 하고 있는 그의 작업을 지지하거나 눈맞춤을 얻고자 시도하였다. 이러한 개입은 엇갈린 결과를 가져오기도 했지만 회기에서 숨 돌릴 틈을 허용하였고, 그 자체가 하나의 관례적 의식이 되었다. J는 매체를 더 잘 알고 매체의 속성에 따라 회기의 흐름에 영향을 미칠 수 있는 단계에 이르게 되었다(Henley, 1955b).

한편 필자는 색상, 질감, 그 외에도 매체의 다른 속성에 대한 J의 자각을 증가시킴으로써 그가 임의로 매체를 선택하는 것을 막기로 결정하였다. 필자는 그에게 수화를 통해 색상이나 종이의 크기, 매체를 선택하도록 요구하였다. J는 이 모든 말에 대해 불쾌하게 생각하였고, 필자의 수화를 완전히 무시함으로써 처음으로 자신의 감정을 드러내었다. 그를 더 다그치자, 한번은 자신의 손가락을 물고 종이를 찢어 버렸다. J는 대략 6회기가 지난 후에야 이 요구를 받아들이기 시작하였다. 그는 실제 작업을 시작할 수 있도록 필자가 허락하도록 하기 위해서나 필자를 만족시키기 위해 비록 한정된 색상이기는 하지만 몇 가지 색상을 선택함으로써 필자에게 적응하였다. 우리는 아주 약간의 상호작용을 시작하게 되었다. 다시 말하자면, 그것은 오로지 미술 과정의 역동에 근거한 것이었다. 이후 필자가 다루었던 또 다른 문제는 셀 수 없이 많은 크레용과 연필심으로 종이를 빽빽하게 채움으로써 종이 하나에 너무 몰두하는 J의 작업 성향이었다. J는 작품을 끝낸 후 종이를 바꿀 시간조차 없이 말 그대로 완성된 그림 바로 위에 다시 다른 그림을 그리기 시작했고, 이것은 완성된 작품에 대한 그의 관심이 부족하다는 것을 입증한다. 이에 대한 중재와 동시에 지나치게 야단스럽지 않게 하는 것, 이 두 가지를 함께 하는 것은 어려웠다. 그것은 확

실히 그를 막으려고 끼어드는 것이었다. (실제로 그를 작품에서 떼어 놓으려고 그야말로 몸싸움까지 벌인 적도 있었다.) 결국 필자를 향해 그를 돌려세우고는 끝났느냐는 신호를 보냈다. 그리고 마침내 2년이 지난 후에야 J는 타협하였고, 마지못해 "네, J는 끝냈어요."라고 수화로 응답한 다음 작품에서 억지로 손을 뗐다.

일관성 있는 개입이 계속되자, 결국 J는 그러한 극단적인 맹렬한 작업, 크레용을 부러뜨리는 것, 무제한으로 도구를 제공받는 것, 자기 뜻대로 되지 않는다고 손가락을 깨무는 것 등을 더 이상 할 수 없다는 사실을 받아들였다. 그는 매체의 선택이나 미술 작업의 조건, 그의 수행과 직접적으로 관련된 약간의 상호작용을 받아들이는 능력을 학습하게 된 것이다. 이러한 기대와 제한과 함께, J는 또한 필자가 일반학급 교사와는 다르다는 점을 발견하였다. 그는 계속되는 요구에 좌절하기도 하고 화를 내기도 하였다. 그가 하는 행동에 대해 전혀 간섭이 없던 긴 기간은 지나간 것이다. 그러나 또한 그에게는 그의 생산성을 통해 마음껏 탐색하고 실험할 수 있는 작업실 공간에서 완전한 자유가 상대적으로 주어졌다.

개인회기가 8개월째 접어들자, 미술치료는 그의 행동과 미술작품 모두에 영향을 미치고 있었다. [그림 6-4]는 J가 그를 위해 마련되었던 많은 목표를 성취했다는 것을 입증하고 있다. 그의 작품 형태는 더욱 명확해진 것으로 보였다. 그림의 구도는 그에게 강도나 힘을 약간 버리게 함으로써 편안해졌다. J는 여전히 거칠게 작업했지만, 이전보다는 속도감을 줄이면서 훨씬 잘 통제하는 모습을 보여 주었다. 이 그림에서 매우 중요한 점은 아마도 J가 내부 공간에 다시 관심을 가지기 시작했다는 것일 수 있다. J가 열심히 그린 잘 정돈된 모습의 내부 변화는 그가 정신내적으로 반영의 상태에 좀 더 가까이 다가가고 있다는 것을 나타내는 증거이기도 하다.

더욱 성숙한 방식으로 작업하게 되면서, 마침내 J는 사람을 다시 표현하기 시작하였다. 그는 이전에 사용했던 구상계획을 상당수 보이면서도 친숙한 사

[그림 6-4]

물을 계속해서 표현하였다. 그러나 [그림 6-5]가 보여 주는 것처럼, 그는 사람을 실제 존재하는 대상이 아니라 무생물인 방 안에 있는 가구의 하나로 포함하였다.

여기에 표현된 두 사람은 텔레비전과 벽에 걸린 그림에 가둬져 있으므로 무력하다고 볼 수 있다. 다시 말해, 이는 아동의 문제해결 방식을 보여 주는 매우 놀라운 한 예다. 아동은 위협적이고 자극적인 주제를 택하고는 이를 반쯤 무효화된 해결책으로 통합해 버린 것이다. 비록 아동이 자폐/정동장애의 징후를 보이기는 하지만, 이는 상징적 표상의 투사를 통해 갈등을 해결해 나가는 흥미로운 예시라고 할 수 있다.

이러한 자폐적 특징을 가지는 구도 장치는 어느 정도 퇴행이 예상되기는 하지만 필자로 하여금 상대적으로 도발적인 개입을 하도록 목적을 추가하게 만들었다. 그것은 필자가 지불해야 했던 대가이자 성장 과정에 있는 아동이 실제로 치러야 할 대가처럼 보였다. 또한 성장하는 고통이 어떤 식으로 치료적이면서도 미술적인 경험의 일부가 될 수 있는지를 강조한다. 이 퇴행에 관한 의문

[그림 6-5]

은 다음의 구상적인 그림에서 더욱 분명히 드러났다.

이를 보여 주는 [그림 6-6]에서 J는 인물상 중심의 구도로 돌아왔는데, 이는 대단히 흥미롭고도 퇴행적인 이행을 겪고 있다는 것을 드러낸다. 이 인물은 지금 마치 뒤쪽의 출입구에서 달려 나오는 것처럼 그림 안에서 기울어져 있다. 그의 뒤에는 터널과 같은 긴 벽이 있으며 천장의 모습은 어린 아동에게서 보이는 관점이다. 얼굴 표정은 이전의 인물상과 달라지지 않았으나 몹시 슬프고 심지어 불길한 느낌마저 떠올리게 한다. 이 결과는 일단 그림이 무생물로 한정되어 있던 형태에서 확실히 벗어났다는 것을 전달하고 있다. 여기에 나타난 인물은 위협적이면서도 도발적인 인물로, 불가해하게도 아동이 왜곡해서 주변을 지각하는 관점 너머에 잠복해 있는 존재일 수 있다.

이 그림은 J가 미술치료 인턴이었던 Cynthia Orsini와 작업하기 시작했던 그 시기에 나타났다. 프로젝트의 일환이었던 그 작업에서, 우리는 J가 이 과도기에 적응할 수 있는 준비가 될 때까지, 조형적인 작업을 할 때 그 규모와 매체의 변화를 너무 주지 않는 것이 그에게 이익이라는 점에 동의했다. 색연필을

[그림 6-6]

사용하고 수채화 물감을 씻는 것에서부터 시작하여, J는 그림 그리는 붓, 팔레트, 수채화 용지의 이용법, 물을 사용하여 색을 혼합하고 옅어지게 하는 방법에 관해 익히게 되었다. 그는 신속하게 이러한 기법을 숙달하였다. 매체에 대한 적응이나 기술은 정말 최소한의 수준이었지만, J의 강력한 휘갈김에도 두꺼운 손잡이의 뻣뻣한 스텐실 붓으로 잘 지탱할 수 있었고, 무거운 종이에 넓게 보호 테이프를 둘러 물통이나 팔레트처럼 안정되게 할 수 있었다.

수채화와 템페라 화법으로 작업한 몇 개월 후, J는 아크릴 컵과 탁자 표면에 테이프로 고정한 몇 장의 캔버스 종이를 받았다. 두 손에 번갈아 잡아가며 지도를 받자, J는 붓의 무게감이나 캔버스의 마찰 느낌, (급식쟁반을 사용한) 팔레트에 색깔을 섞는 것을 통해 경험을 얻을 수 있었다. 일단 이 과정에 익숙해지자, J는 매우 가까이서 관찰하면서 이젤 위의 4″×4″ 크기 캔버스 앞에 서게 되었다. 이는 J가 큰 규모로 창조하고 작업할 수 있도록 자연스럽게 격려된 것이라고 할 수 있다.

우리의 예상과 달리, J는 뛰어난 자기통제로 그림 매체의 변화를 다룰 수 있

[그림 6-7]

었다. 그의 반응은 점성이 있는 색상 매체를 다룰 때 종종 보이던 우리가 예상한 매우 과격한 열정과 흥분이 아니라 다소 부드러운 모습이었다. J는 어느 때보다 사려 깊은 방식으로 안정된 이미지로 윤곽을 그리고 2인치 크기의 집을 붓으로 색칠하면서 체계적으로 선을 그어 나갔다.

[그림 6-7]은 이 과정 동안의 Orsini와의 상호작용과 예술가적인 상호작용을 나타낸다. 이 그림은 불안한 선의 얽힘과 형태가 자유로운 색상을 취한 커다란 평면으로 어떻게 정리될 수 있는지를 잘 보여 주고 있다. 사물은 그 수가 줄어들면서 간소화되었지만 활력과 강렬함을 유지하였다. 그림에서 예측할 수 있듯이, 사실적인 정확성은 줄어들었지만 그림의 분위기나 풍조는 여전히 살아 있으며 단지 인물상의 부재가 뚜렷이 관찰됨으로써 퇴행을 암시하였다. 현재 J는 일상적으로 자신의 캔버스에 초상화나 인물을 포함하고 있다. 인물상이 매우 강렬한 쟁점이 될 수 있음을 감안할 때, J의 치료에서 그림 매체를 변화시킨 시기에 그가 사람 형태의 문제를 제거한 것은 자연스러운 행동이라고 봐야 할 것이다.

필자가 그 학교를 떠났을 때에도 J는 Orsini와 작업을 계속하고 있었고, 아크릴 물감으로 그린 큰 스케일의 그림([그림 6-8] 참조)으로 판단할 때 완전히

[그림 6-8]

순응한 것처럼 보였다. 그는 여전히 지나친 작품 활동을 했지만, 그 작품은 색깔의 순도나 명료성을 띠고 있었고 세련된 디자인을 취하고 있었다. Orsini의 지도하에 J는 그의 캔버스에 인물을 다시 그렸으며, 좀 더 '관련성' 있게 표현하고 이를 통해 나아진 대인관계적 자각을 그려 냈다(Orsini, 1988). 장기치료와 더불어 성숙은 계속되고 있지만, 진보가 순조로운 만큼이나 퇴행과 정체 또한 나타나면서 일정치 않은 과정을 보여 주고 있다.

결론

필자가 J의 사례를 기술한 것은 이 사례가 쉽게 경험하기 힘든 문제와 모순점, 그리고 중복장애를 가진 청각장애 예술가가 지닌 엄청난 가능성 등을 풍부하게 다루고 실제적으로 보여 주고 있기 때문이었다. J의 사례에서와 같이, 이

러한 장애군의 많은 이들은 특정 영역에서의 극심한 결함과 다른 영역에서의 놀라운 적극성을 보이면서 광범위한 이질적 특성을 소유한다. 대단히 흥미로운 것은 중복장애를 가진 청각장애 아동의 성향인 창조성이다. 이것은 종종 병리적인 면과 선천적인 재능의 두 요소와 불가분의 관계를 맺고 있다. J의 미술적 재능이 그의 신체적/인지적 및 지각적 구조로 인해 나타난 왜곡과 특이성에 깊이 영향받았다는 것은 확실하다. J의 선천적인 재능이 어디에서 시작했고 그의 병리가 어디에서 멈췄는지는 논의할 가치가 있는 문제다. 이것은 또한 극심한 인지적 · 행동적 결함이 있음에도 5세에 놀라운 그림 실력을 보여 주었던 자폐성 서번트 증후군을 가진 나디아의 사례(Selfe, 1997)를 상기시킨다. 나디아의 사례에서는 선천적 재능과 병리적 수준이 크게 균형을 이루고 있지는 않은데, 집중적인 언어 및 인지적 훈련으로 방해를 받자 화가로서의 재능이 극적으로 사라졌다. 이는 선천적 재능과 그에 수반하는 병리성 간에 아주 미묘한 관계가 있다는 것을 결정적으로 시사하는데, 어쩌면 재능이 정교하고 놀라운 증상 자체로 동일시될 수도 있다. 이러한 이론과는 관계없이 가장 핵심적인 문제가 여전히 남아 있다. 이러한 집단의 경우, 그들의 적응과 상대적인 정상화를 위한 제한과 기대를 유지하는 한편, (공감적 관심을 유지하되 증상학을 수용하여 이를 반영한) 치료를 위해서는 어떻게 작업해야 하는가?

중복장애를 지닌 청각장애 아동을 대상으로 한 필자의 프로그램을 통해, 필자는 이 두 가지 모순적인 요구 간에 조화를 꾀하고자 하였다. 필자는 아동에게 견딜 수 없는 어려운 과정을 부여하지 않고도 성숙된 성장을 촉진하고자 시도해 왔다. 아동 모두에게 초점을 맞출 때, 필자는 행동적/인지적 접근 또는 정신역동적 치료, 이 둘 간을 거의 구분하지 않았다. 필자는 이러한 각각의 영역은 미술치료사 스스로 정하는 범위라고 강하게 생각한다.

예를 들어, 우리는 아동을 화나게 만들거나 그에게 적합한 것으로 기대되는 행동이 무엇인지 이해시키는 것을 다루지 않고서는 아동의 행동 변화에 영향을 미치기란 매우 힘든 일이다. 각각의 기능은 서로 연결되어 있으며, 그 어떤 개입도 단지 한 측면만을 개선하기 위한 노력은 효과적이지 못하다. 따라서 미술치료사로서 우리는 행동주의자, 교사, 성인으로서의 역할 모델로, 그리고 특히 성숙된 작업을 하는 예술가로서의 역할 또한 맡아야 한다.

우리는 창조적인 어떤 투쟁을 이해하고 이에 따라 행동하기 위해서, 또 이 장에서도 기술했듯이 아동의 행동을 참아내기 위해서 예술가로서 훈련을 받는 것이 필요하다. 이 예술적인 감정이입 없이는 그 누구도 아동의 문제와 관심을 예상할 수 없을 것이다. 만약 우리가 이러한 문제를 예측할 수 없다면, 아동의 관심을 다룰 수 있는 적절한 전략을 세우리라고 바라서는 안 된다. Kramer(1975)가 지적했듯이, 감각이 상실된 비언어적인 집단의 경우 더욱 효과적으로 변화와 성장을 촉진할 수 있는 힘은 그 어떤 언어적 치료보다 미술 과정 안에 있는 힘에 있다. 이러한 힘을 사용하기 위해서는 우리가 이성적이고 민감해져야 하며, 우리의 개입에 확신을 가져야 한다. 아울러 아동의 가능성과 잠재력에 대한 믿음이 확고해야 할 것이다.

필자는 이 글 외에도 다른 집필 활동(Henley, 1995, 1986, 1987)을 통해 심지어 가장 심각한 장애를 가진 아동조차도 잠재적인 가능성이 존재한다고 주장해 왔다. 여러 해에 걸친 임상 경험에서, 필자는 창조적인 불꽃을 소유하고 있는, 그것이 점화되고 발전되기를 기다리고 있는 최중도의 자폐, 정신지체, 청각/시각 장애 아동을 만나 왔다. 그러므로 우리는 아동의 잠재력에 대한 우리의 평가가 편견 또는 자기 충족적 예언에 의해 오염되지 않도록 확신을 가지고 이러한 집단에게 접근해야 한다. 우리는 과거를 통틀어 신체 이상이나 기이한 행동에 관해 총체적으로 살펴보고, 아동에게서 두드러지게 나타나는 강점을 찾아내야 한다.

참고문헌

Bettelheim, B. (1952). *The empty fortress*. New York: The Free Press.

Henley, D. (2005). Attachment disorders in post-institutionalized adopted children: Art Therapy approaches to reactivity and detachment. *Arts in Psychotherapy, 32*(1), 29-46.

Henley, D. (2004). The meaningful critique: Responding to art from preschool to postmodernism. *Art Therapy, 21*(2).

Henley, D. (2002). *Clayworks in art therapy*. London: Jessica Kinsley Publishers.

Henley, D. (2001). Annihilation anxiety and fantasy in the art of children with Asperger Syndrome and others on the Autistic Spectrum. *American Journal of Art Therapy, 39*.

Henley, D. (1995a). A consideration of the studio as therapeutic intervention. *Art Therapy, 12*(3), 188-190.

Henley, D. (1995b). Five scribbles: An inquiry into artistic intention and critical empathy. *British Journal of Art & Design Education, 13*(3),

Henley, D. (1994). Art of Annihilation: Early onset schizophrenia and related disorders in childhood. *American Journal of Art Therapy, 32*(4).

Henley, D. (1992). *Exceptional children, exceptional art*. Worchester, MA: Davis Publications. (Hardbound text in use in over 23 universities nation-wide.) (See reviews).

Henley, D. (1989). Nadia revisited: Regression in the autistic Savant Syndrome. *Art Therapy, 6*(2), 54-56.

Henley, D. (1989). Incidence of artistic giftedness in the multiply handicapped. In H. Wadeson (Ed.), *Advances in Art Therapy*. New York: John Wiley.

Henley, D. (1987). Art Therapy with the special needs hearing impaired child. *American Journal of Art Therapy, 25*(3), 81-89.

Henley, D. (1986). Approaching artistic sublimation in low functioning individuals. *Art Therapy, 3*(2).

Henley, D. (1986b). Art with self-injurious clients: Educational/therapeutic interventions. *The Arts in Psychotherapy, 13*(1).

Kramer, E. (1975). In *Art and emptiness: New problems in art education and art therapy.* Edited by Elinor Ullman and Penny Dachinger. New York: Schocken Books.

McInnes, J. M., & Treffry, J. (1982). *Deaf blind infants and children: A developmental guide.* Toronto: University of Toronto Press.

Orsini, C. (1988). *An art therapy/educational approach with a gifted multiple-handicap rubella child.* New York: New York University Press.

Selfe, L. (1977). *Nadia.* London: Academic Press.

Tinbergen, N. & E. A. (1983). *Autistic children: New hope for a cure.* London: George Aken and Unwinn Ltd.

Winnicott, D. W. (1965). *The maturational processes and the facilitating environment.* New York: International Universities Press.

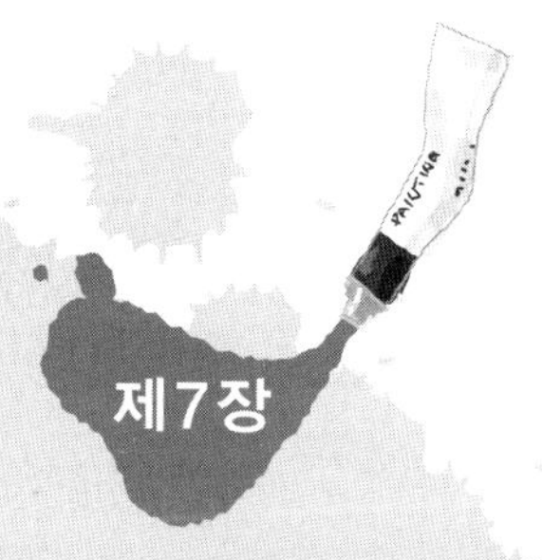

제7장

청각장애인에 대한 국제적 관점: 미술치료사를 위한 시사점

-Amy A. Szarkowski

■ 도입

이 책이 전 세계의 미술치료사에게 유용하게 이용되기 위해서는 이 지구촌의 다양한 지역에서 작업을 하는 데 도움을 줄 수 있는 시사점을 제시할 수 있어야 할 것이다. 이 장에서는 몇몇 현장에서 사용되는 '농 문화(Deaf culture)'의 의미를 탐색하고, 전 세계에서 발견되는 농(Deafness)과 장애(disability)의 정의에 대한 차이점을 살펴보고자 한다. 현재 장애 연구 패러다임은 청각장애 분야 연구로 확대되고 있다. 이는 장애 연구의 응용으로 언급될 수 있을 것이다.

미술치료사가 청각장애 내담자와 작업하기 위해서는 그들이 살고 일하는 문화적 맥락을 이해하는 것이 필요하다. 이 장은 청각장애인의 삶에서 청각장애의 영향을 인식하는 다양한 방법에 대한 몇 가지 '생각할 거리'를 제공할 것이다. 본인이 건청인이든 청각장애인이든 청각장애 내담자를 대상으로 하는 전문가라면 전 세계의 맥락에서 이러한 문제를 고려할 때 그들이 사는 그곳에 있는 청각장애 내담자를 더 잘 이해할 수 있다고 생각한다. 또한 이 장은 전 세계 청각장애인의 살아 있는 경험에서 그 공통점과 차이점을 개략적으로 기술할 것이다. 청각장애에 관한 일부 문화에 의해 채택된 긍정적 관점은 무엇인지, 그것의 수용 수준이 다른 사회와 문화에 어떻게 채택될 수 있는지 살펴볼 것이다. 마지막으로, 이 장은 특별히 청각장애인과 작업하는 미술치료사를 위한 시사점을 국제적인 관점에서 다루어 보고자 한다.

국제무대에서 '농 문화'는 무엇을 의미하는가? 미술치료사든 혹은 그 외 다른 정신건강 분야에 종사하는 사람이든, 청각장애인과 작업하는 전문가에게 있어 '위치'의 영향은 실로 크다. 소수 집단으로서 청각장애인을 보는 관점과 장애로서 청각장애를 보는 지각에는 국가 간에 차이가 존재한다(Marshall, 1996; Calderon & Greenberg, 2003). 심지어 문화 또는 국가 내에서도 청각장애인의 경험은 달라진다(Sedano, 1997).

배경

필자는 20세에 청력 손실이 진행되고 있다는 것을 처음 알게 된 친구의 개인적 경험을 통해 청각장애인과의 작업에 참여하게 되었다. 이후 그는 25세가 되면 청각장애인이 될 것이라는 것을 알게 되었고, 필자는 그를 지원하기 위해 미국식 수화(ASL) 수업에 참여하게 되었다. 필자는 바로 그 언어 자체에 빠져들었고 몸짓, 얼굴 표정, '그림'을 통해 의사소통을 이끌어 내고 있는 나 자신을 발견하였다. 청각장애인을 알게 된 후, 필자는 그들의 언어뿐만 아니라 그들의 삶에도 관심을 가지게 되었다. 필자는 그다음 미국식 수화(ASL) 수업 과정을 계속하면서 농 문화에 관해 배우게 되었고, 필자의 직업을 이 분야에 두기로 결정하였다.

필자는 학부에 이어 임상심리학 석사과정에 등록하였으며 청각장애와 정신건강분야에서 자격증을 획득했고, 나중에 갈루뎃 대학교에서 임상심리학 박사학위를 취득하고자 워싱턴 DC로 옮겼다. 갈루뎃 대학교에 있는 동안, 필자는 미국식 수화(ASL)를 더 많이 공부하였고 농 문화를 배우기 위해 깊이 있게 파고들기 시작했다. 필자는 이탈리아 로마에 가서 풀브라이트 장학금을 받고 청각장애 분야에서 잘 알려진 학자들과 국립 연구 센터에서 일하는 행운을 누렸다. 이러한 경험은 세계의 다른 청각장애인에 대한 필자의 시야를 여는 계기가 되었다. 필자에게 허용된 얼마간의 미국 외의 다른 지역에서의 삶이 청각장애인의 상황을 더 잘 이해할 수 있도록 도와주었다. 필자는 생애 최초의 국제 컨퍼런스였던 오스트리아의 바트이슐에서 열린 정신건강 및 청각장애 유럽회의에서 포스터를 발표했다. 거기서 필자는 필자가 읽고 존경했던 학자와 만나 대화하는 기회를 가지게 되었다. 더욱이 필자는 정신건강과 청각장애인에 대한 국제 상황에 눈뜨게 되었다. 그 회의와 이탈리아에서의 시간 이후 필자는

미국으로 돌아왔고, 남서부에 있는 뉴멕시코에서 임상 인턴을 끝마쳤다. 그 지역의 수많은 라틴아메리카계 사람과 토착 인구와 접하게 됨으로써 필자는 국내에 존재하는 다양성에 대해 더 많은 이해를 하게 되었다. 필자는 여행을 좋아하기는 했지만, 필자가 작업하고 있는 개인에 대한 지역사회와 문화의 영향을 이해하기 위해 해외로 갈 필요가 없다는 것을 깨달았다. 필자는 필자 '주변'의 다양성에 대해 수차례 반복해서 생각했다. 그러나 여전히 더 넓은 세상을 보고 싶다는 생각이 간절했다. 그래서 필자는 박사과정을 마친 뒤 여행과 다양한 지역의 청각장애인을 연구할 수 있도록 해 줄 일자리를 찾기 시작했고, 나아가 필자가 관계를 맺은 청각장애인과 지역사회 봉사를 위해 필자가 습득한 기술을 활용하기 시작하였다.

현재 필자는 일본 미야자키에 있는 미야자키 국제대학에서 비교문화 학부에 재직하고 있다. 심리학 과정을 강의하고 있으며 장애아동 교육에 관한 교사연수 학생들과 함께 작업하고 있다. 여전히 국제적 문제에 관해 관심을 가지고 있으며, 지금은 일본 농사회에 관여하고자 일본식 수화(Japanese Sign Language: JSL)를 배우고 있다.

필자는 확실히 전 세계에 있는 청각장애인의 상황을 완전히 알거나 이해한다고 주장할 수는 없지만, 필자의 훈련과 경험이 다소 객관적인 관점에서 이러한 문제를 볼 수 있는 시야를 제공했을 것이라 믿는다. 필자는 국제적 맥락에서 청각장애를 고려하고자 하는 이 여행에 여러분이 동참하는 것을 환영하는 바다.

'Be Deaf'란 무엇을 의미하는가?

이것은 오래된 질문이며, 그 대답이 단순하지 않기 때문에 다시 여기에서 상기되고 있다. 동일한 이 장에서 농과 장애를 포함하여, 필자가 논쟁을 자극하고 있다는 것은 잘 알고 있다. 농 문화 운동의 지도자의 관점에서 보면, 청각장애는 (틀린 것이 아니라) 다르다는 점에 있고 청각장애인은 언어적 소수 집단인 것이다(Skelton & Valentine, 2003). 학계 및 연구 분야에서 자주 사용하는 형태와 일치하는 이 장에서 사용하는 '농인(Deaf)'이라는 단어는 농 문화로 자신의 정체성을 찾는 개인을 칭한다. 또한 '청각장애인(deaf)'이라는 단어는 농인 사회의 구성원으로 스스로를 정의하지는 않지만 청력을 손실한 사람과 관련된 맥락에서 사용된다. 어떤 이에게는 청각장애가 수화를 사용하고, 국가 또는 태어난 곳의 농인 문화를 이해하며, 농인의 지역사회에 참여하는 것과 관련된 정체성을 나타내는 사회적 구조다. 이러한 정체성을 받아들이는 청각장애인은 장애에 관한 담론에 청각장애라는 이슈를 포함하는 데 반대할 것이다.

필자는 이러한 자세를 받아들이고 '청력 손실(hearing loss)'의 의학적 관점에서 초점을 돌려 농인에게 불리하게 존재하는 압박을 이해시키고 그들 문화의 독특성을 알리고자 하는 청각장애인 지도자의 활동을 적극적으로 지지한다. 그러나 전 세계적 관점에서는 농과 장애를 별도의 측면에서 논의할 수 있는 시점에 아직 와 있지는 못한 것 같다. 전 세계의 많은 농인은 이러한 움직임을 알지 못하고 있는데, 그것은 그들이 자신들의 권한부여나 역량강화에 대한 개념에 노출되지 않았거나, 또는 그들이 생존이라는 공동의 절박한 문제에 놓여 있고 그들의 요구를 충족하는 서비스 제공을 위한 장애 운동 내에서 그 작업이 이루어지고 있기 때문이다. 캄보디아에서 만난 농인 여성과의 개인적 대화를 예로 들어 보면, 그녀는 장애인을 위한 국립센터가 그녀에게는 생명선과 같았다고 언급하였다(개인적 인터뷰, 2005. 3. 11). 필자가 장애로서 청각장애에 대한 그녀의 관점에 대해 질문하자, 그녀는 "물론 청각장애는 눈이 멀거나 혹은 휠체어에 앉아 있는 것과 같이 하나의 장애입니다. 그것이 장애가 아니었다면 나에게 필요한 도움을 받을 수 없었겠죠. 나는 크메르족이고 그것이 나의 문화입니다. 청각장애는 나의 문화가 아닙니다. 그것은 나의 장애입니다."라고 말했다.

이 장에서는 스스로를 청각장애인으로 부르고 장애를 가진 사람으로 자기 자신을 확인하는 사람뿐만 아니라 스스로를 농인으로 여기는 사람의 상황과 그들의 지역 사회에 대해 논의하고자 한다. 이 모든 현실은 중요하고 오늘날과 같은 세상에서는 정당하다.

국제적으로 청각장애인이 공통으로 겪는 몇 가지 경험과 차별

국제적 관점에 관해 이 장에서 모두 다루는 것은 어려운 일이다. 그러나 세계 각지의 연구에서 선택된 일부 개관은 농인이라는 것을 인식하는 데 있어 몇 가지 문화적 차이를 강조하고 있다. 여기에서 그 모든 것을 총망라할 수는 없지만, 이를 통해 세계의 다른 지역에서 일하고 있는 미술치료사의 관심을 끌 만한 몇 가지 차이를 언급하고자 한다. 치료가 행해지는 위치와 문화에 관계없이 미술치료사는 보통 자신의 영역에 있는 일반 대중이 가진 장애와 청각장애의 인식에 대한 정보가 필요하다.

이후 제시할 연구는 청각장애인이든 난청인이든 그 밖에 다른 무엇이든 농인 내담자와 작업할 때 그들의 자기 지각과 정체성을 포함하여 고려되어야 하는 몇 가지 중요한 측면을 강조하고 있다. 또한 특정 국가 내에서 농인 사회, 문화 또는 개인의 집단에서 자기 자신을 어떻게 인식하고 있는지 더 잘 이해하기 위해 청각장애의 역사적 맥락을 고려하는 것도 중요하다. 청각장애 아동의 가족이나 부모 경험은 이러한 어린 청각장애를 가진 내담자를 이해하는 중요한 정보를 제공할 수 있다. 전문가는 농인을 지원하는 고용 기회나 법에 관한 지식을 얻음으로써, 농인 내담자가 자신의 잠재력을 최대화할 수 있도록 도울 수 있는 문화 내에 존재하는 가능성에 대해 더 잘 이해할 수 있을 것이다. 마찬가지로, 특정 문화 내에서의 사회 운동에 대한 정보는 청각장애나 장애에 관해 그 문화의 집단의식이 어떠한지 치료사에게 알려 준다. 마지막으로 다양한 지역의 장애에 관한 관점을 고려함으로써, 미술치료사는 치료사가 내담자를 이해하는 것뿐만 아니라 내담자가 그들 자신을 이해하기 위해서도 치료사에게 도움이 되는 참조적 틀 내에서 함께 작업할 수 있다.

영국

영국에서 실시된 연구는 청년기 청각장애인의 정체성과 자기기술에 관해 보고하고 있다(Skelton & Valentine, 2003). 연구진은 농인 또는 청각장애인으로서의 자기 정체성을 사정하기 위해 20명의 젊은이와 면담하였다. 그들이 면담한 젊은이들의 정체성은 혼종되어 있었고 역동적이었다. 대다수 10대 청소년은 그들 자신을 (영어와 영국식 수화를 사용하는) 이중언어 사용자(bilingual)로 생각하였다. 그들은 청각장애인이 되어 간다는 생각에 최초의 거부와 농인으로서 그들 자신을 인정해 가고 있다는 것까지 상세하게 이야기하였다. 대부분의 참가자는 수화를 매우 사랑하고 있었고 자기 자신을 완벽하게 표현할 수 있게 된 것에 대해 감사를 표시했다. 영국에서 구세대가 활용한다는 농인 클럽에서 그들은 상호작용을 위한 사회적 기회가 부족한 것이 좌절감을 일으킨다고 인정하였지만, 한편으로는 그들의 농인 동료와 함께하는 것이 편안하다고 표현하였다. 그러나 거의 모든 젊은이는 농인이 되는 것을 감수하고 받아들인다는 체념의 느낌을 표현했고, 또한 차이는 있었지만 커다란 주류사회의 한 부분이 되고 싶다는 소망을 연구자와 함께 나누었다. Skelton과 Valentine (2003)은 미래에 관한 전반적인 낙관론을 보고하였는데, 그들은 이러한 젊은이가 농인으로서 '건강한' 정체성을 받아들일 것이라는 긍정적인 징후로 시각하였다.

영국에서 실시한 연구에서 인터뷰한 젊은이는 청각장애와 장애의 정의에 대해 혼란을 나타냈다(Skeleton & Valentine, 2003). 스스로를 장애로 생각하지 않는다는 것이 참가자의 공통적인 진술이었다. 그러나 그들은 더 나은 교육을 위해 장애학생 지원 보조금이 필요하다고 인정하였다. 참가자는 농인이 주류 사회로부터 배척된 것을 인정하는 농에 대한 '사회적 모델'에 관해 일관성

있게 말하였다(Tregaskis, 2004). 이 모델은 신체 손상의 존재를 부정하는 것이 아니라, 오히려 '장애'는 사회에 의해 지각된 것이고, 다음으로 비장애에 대한 사회적 태도와 신체적 제약이 있는 사람과 비교되는 건강한 사람의 역량에 의해 지각된다고 강조한다. 이러한 젊은이와의 인터뷰를 통해 발견한 '정체성 찾기'는 적어도 서구 문화에서 이 단계에 있는 젊은이에게는 당연한 것이라고 볼 수 있다(Skelton & Valentine, 2003). 그러나 '나는 누구인가?'라는 전형적인 자기 질문을 덧붙인다면, 이 젊은이들 또한 '청각장애인이 된다는 것은 무엇을 의미하는가?'라는 질문을 스스로에게 던지게 된다. 그들의 대답은 상황에 따라 달라지는데, 연구에서는 다른 농인과 함께하며 영국 수화(BSL)를 사용할 경우 그들은 농인으로서 그들 자신을 편안하게 정의내린다고 제안하고 있다. 그러나 다른 상황에서, 특히 그들이 자신을 농인으로 정의하는 청각 손실을 가진 다른 사람과 함께하지 않을 때에는 그들은 농인으로서 자신의 정체성을 경시하는 것으로 나타났다. 이 연구는 구두 교수법을 활용하는 농인은 포함하지 않았다. 구두 교수법을 통해 의사소통하는 청년기 농인 집단은 농인이 된다는 것에 있어 상이한 관점을 취할 것이라 추측할 수 있다.

청각장애인의 자기 지각은 사회에서의 청각장애 수용과 관련될 것이다. 영국에서 장애차별 행위에 대한 법률은 1995년에 통과되었는데, 이는 장애인의 권리를 보장하는 디딤돌 역할을 하였다. 동등한 접근과 교육에 대한 권리는 그 분과가 2002년까지 구현되지 않았음에도 법률 관련 분과로 맡겨지고 있었다. 2006년 말에 특수교육을 요하는 장애에 관한 법률이 완전히 시행되었다. 고등교육에 참여하는 모든 농 학생을 위해 통역사 서비스를 포함한 것은 대학 입학생 수는 물론 대학에서 그들의 경험에 영향을 미칠 것이다.

러시아

러시아의 농 문화를 살펴보면, 농인의 정체성 형성에 대한 관점이 많은 서

유럽 학자에 의해 제시된 전형적인 생각과 다소 상이하다는 것을 알 수 있다(Burch, 2000). 농 문화가 억압을 경험하는 언어적 소수 집단과 관련되어 종종 정의되는 까닭에, Burch(2002)는 러시아에서의 농인의 상황은 역사적으로 매우 다르다고 주장하고 있다. 다른 많은 곳에서 그랬던 것처럼, 러시아의 농 문화는 청각장애인 기숙학교 설립과 함께 시작되었다. 또한 다른 농 문화와 마찬가지로, 러시아 농 문화의 구성원은 공통적인 수화나 다른 농인과 교제하는 그들 자신의 전통문화를 가지고 있으며 농인 공동체사회 행사에 함께한다. 그러나 다른 농 문화와는 달리 러시아의 농 문화는 고용, 경제적 상황, 러시아 농인의 사회적 특성, 그들의 교육, 지역사회와 정부 사이의 관계와 같은 중요한 점에 있어서 다르다.

러시아에서 첫 번째 청각장애인 학교는 1807년에 건립되었다(Burch, 2000). 그 학교는 1809년 상트페테르부르크로 옮겨 왔고, 다른 학교도 곧이어 러시아 내 다른 주요 도시에 설립되었다. 학교는 수화의 사용을 허용하고 제국정부의 공인을 받았다. 러시아 서부에 있는 청각장애인 학교는 흔히 기독교 교회에 의해 시작되었으므로, 초월철학과 교육 · 훈련이 농인의 교육에 영향을 미쳤다.

서양문학에서 청각장애인 교육에 대한 역사적 기술은 종종 그들의 교육이 어떻게 하여 수화를 이용한 가르침에서 구두 교수법으로 진행되어 갔는지, 구화주의 운동에 관해 설명하고 있다(Burch, 2000). 농 문화의 구성원은 청각장애인 공동체 발전을 위해 수화 사용으로 돌아가는 것이 중요하고 자유롭다고 기술하며 운동을 벌이고 있다. 그러나 러시아에는 청각상애에 대한 디원적인 견해가 존재한다. 그들은 그들 동료와 수화로 의사소통하는 것을 선호하나 더 큰 사회에서 함께 일하고자 하는 강한 욕구를 충족하려는 수단으로 구두주의를 인정한다. 구두주의 운동이 절정에 달하고 있을 때, 러시아에서 농인을 가르치는 교사는 대부분 본인 자신도 농인이었다.

청각장애인을 위한 학교는 교육제도하에 있었고 (서구의 초기 청각장애인 학교와는 달리) 그들을 지원하는 자선단체에 의존하지 않았다. 그래서 단일 공급

자에게 자금을 의존하거나 자금제공 기관의 요구에 따라 움직이는 학교처럼 '이래라 저래라' 하는 간섭을 받지 않았다. 따라서 대부분의 농인은 구두 교수법을 기존에 존재하던 의사소통 방식의 억압이라기보다는 그들을 위한 추가적인 도구로 인식하고 있었다. 사실 러시아 농 문화에서 가장 잘 알려져 있고 많은 사랑을 받고 있는 지도자 중 한 사람은 구화주의의 강력한 지지자인 Feodor Andreevich Rau다. 그는 농인을 향한 사랑의 실천뿐만 아니라 그들이 일과 생활 공간을 구할 수 있도록 도움을 준 것으로도 알려져 있다. 그는 농인의 법적 권리 보호를 위해 투쟁했고 그들을 지원하여 교육의 기회를 확대하기 위해 일했다.

1926년, 러시아 정부는 청각장애인에게 그들 자신의 제정 의회로 청각장애인을 위한 전 러시아기구(All-Russian Organization for the Deaf)인 VOG를 승인하였다(Burch, 2000). 청각장애인은 공장교육 기관으로 제공된 Rabfaks에서 일할 수 있도록 고용되었다. Lenin의 아내 Nadezhda Krupskaja는 농인 노동자와 학생을 위해 VOG에게 탄원하였다. 그 당시 다른 곳에 사는 농인의 경우 일자리를 찾는 데 어려움을 가졌으나 건강한 노동자가 필요한 러시아는 농인을 환영하였다. 그들은 더 큰 사회에 이익을 줄 수 있는 것으로 보였기 때문에, 장애를 가진 다른 사람과는 달리 어떤 식으로든 장애로 분류되지 않았다. 공장에서 작업 유용성은 러시아에서 농인의 경제적 지위를 향상하였고 농 문화를 전파하는 수단을 제공하였다. 지금까지 러시아 청각장애인에게는 다른 장애나 다른 국가의 소수 집단에 비해 더 많은 특권이 부여되었다.

독일

청각장애 아동 부모의 경험을 탐구하면서, Hintermair(2000)는 정부가 청각장애인 가족에는 거의 관심이 없고 청각장애 아동 교육에만 너무 집중하고 있다고 독일 상황에 대해 기술하고 있다. 그는 독일이 청각장애 아동의 교육을 위해 '올바른 방법'을 찾고자 노력하고 있다는 것과 국가가 교육문제 전반에 걸쳐 청각장애인 센터의 대다수 서비스를 주관한다고 지적하였다.

Abidin에 의해 만들어진 양육 스트레스 지표의 독일어판을 사용하여 청각장애 아동을 둔 가족의 경험을 검토하였다(Hintermair, 2000, 재인용). 연구 결과, 독일에서 추가적 장애를 가진 청각장애 아동의 부모는 추가적 장애를 가지지 않은 청각장애 아동 부모보다 더 높은 스트레스 수준을 보여 준다고 제시한다. 부모가 가장 스트레스를 받는 영역은 적응성, 수용성 및 과중한 부담이라고 보고하였다.

Hintermair(2000)는 부모가 일상생활에서 자녀와 함께하면서 겪는 그들의 실제적 문제에 관해 질문해야 한다고 지적하고 있다. 그리고 그들에게 제공되는 피드백은 그들이 조언을 청하는 전문가를 포함하여 검토되어야 한다. 게다가 청각장애 아동의 건청 부모를 위한 부모지지 집단은 부모에게 유익하다는 것이 밝혀졌다. 우리는 이러한 연구를 통해 거대한 독일 사회 내의 청각장애에 대한 관점이 청각장애인과 건청인의 삶을 공평하게 만드는 데 초점을 둔 농인 교육에 둠으로써 건청인과 농인 간의 차이에 두고 있다는 것을 추론할 수 있다.

미국

미국에서 고용 및 교육에 대한 접근은 배경에 관계없이 모든 이에게 권리를 보장하는 '평등 장치(equalizer)'로 인식된다(Smits, 2004). 1990년에는 장애인이 이용하는 데 있어 불편함이 있는 건물을 만드는 건축업자뿐 아니라 장애 근로자를 차별하는 고용주에 대해 합법적인 영향력을 행사할 수 있는 미국장애인법(Americans with Disabilities Act)이 통과되었다. 게다가 장애인교육법(Individuals with Disabilities Education Act: IDEA)과 인력투자법(Workforce Investment Act)은 장애인으로 하여금 사회에 좀 더 완전히 참여할 수 있도록 하는 문을 열어 주었다.

전통적인 미국 사회에서 장애를 가진 개인은 상당히 형편없는 치료를 받았다(Smits, 2004). 제1차 세계대전 이후 부상을 당한 수많은 참전용사가 전쟁에서 돌아왔을 때에야 그들의 사회 참여를 보장하는 법률 제정이 개시되었다. Eisenhower 대통령과 행정부는 보건 · 교육 · 후생성에 직업재활(Vocational Rehabilitation: VR) 부서를 신설하였다. 그때 이후로 직업재활(VR)은 장애인에게 제공되는 서비스를 결정하는 데 중요한 역할을 했고, 더 나은 치료와 서비스를 위한 공공 정책 변화를 지지하였다.

미국에서 농 문화는 크게 미국식 수화로 의사소통하거나 청각장애 공동체에 참여하는 개인과 스스로를 언어적 소수 집단으로 지각하는 개인의 사회로 볼 수 있다(Woll & Ladd, 2003). 잘 알려진 농인 지도자 MJ Bienvenu는 미국 농 문화의 규범, 신념 및 가치를 반영한다고 믿는 4개의 범주를 구별하였다. Deaf Way 컨퍼런스(1989) 총회연설에서, Bienvenu는 농인의 유머는 그들이 직접 경험한 것에 관한 공유 언어로 농 문화 외부에서는 재미없어하거나 알려지지 않았다고 제시하면서 농인의 유머 개념에 대해 발표하였다. 그녀는 농인의 농담은 시각적이고 종종 다른 사람을 흉내 내는 것을 포함하고 있다고 주장한다. 그들은 건청인이 농담의 대상인 상황에서 웃고, 미국식 수화(ASL)의 언어적 측면에서 나타나는 동작이나 신호를 변경하면서 재미를 느낀다. 게다가 미국 농 문화의 구성원은 그들이 함께했던 압박의 경험에 관해 종종 농담 삼아 말하거나 언급하기도 한다.

미국 농 문화는 동질적 집단이 아니다. 미국의 민족 다양성을 감안할 때, 그들의 정체성을 알고자 하는 청각장애인의 하위집단은 매우 많다고 할 수 있다(Sedano, 1997). 미국 남서부에 주로 살고 있는 히스패닉계 청각장애인의 경우 종종 세 언어를 병용하는 상황에 직면하게 된다. 왜냐하면 부모는 스페인어를 말하고, 그들은 학교에서 영어를 배우면서 의사소통을 위해서는 미국식 수화(ASL)를 사용하기 때문이다. 따라서 뉴멕시코에서 훈련받는 통역사에게는 스페인인, 멕시코인, 멕시코계 미국인의 전통에 관한 교육이 필요하다고 볼 수 있다. 더 많은 청각장애인이 가장 공통적인 미국식 수화(ASL)를 채택할수록 지역 간이나 민족 간 통용되지 않는 일부 수화가 결국 사라지겠지만, 아직도 미국 남동부에 있는 아프리카계 미국인 농인의 경우 '옥수수빵(cornbread)'을 나타내는 수화와 같이 그 지역 밖의 다른 사람에게는 알려지지 않은 수화를 사용하기도 한다(Hairston & Smith, 1980).

농 문화 내에 존재하는 의견과 이념의 차이 외에, 미국인 사이에도 다른 많은 이들은 농 문화에 참여하지 않거나 미국식 수화(ASL) 사용을 선호하지 않기도 한다. 농 및 난청을 위한 알렉산더 그레이엄 벨 협회(Alexander Graham Bell Association)는 구두교육에 초점을 맞추고 인공와우에 관한 연구를 추진하는 데 적극적으로 참여해 왔다(A.G. Bell Association, 2005). 교육 또는 서비스에서 진행되고 있는 운동과는 대조적인, 미국에서 진행 중인 이 움직임은 청각장애 개인에 대한 선택권 제공과 관련한 것으로 보인다(Calderon & Greenberg, 2003). 이중언어-이중문화 프로그램이 존재하며, 조기개입 프로그램은 아동이 청각장애로 진단받은 직후 부모와 함께 작업하는 장을 마련해 준다. 정말 중요한 것은 주어진 가족을 위해 적용할 수 있는 '올바른 방법'을 찾기보다는 '방법의 올바른 조합'을 찾는 데 있다. 교육 외에도 청각장애 아동의 사회-정서적 발달은 매우 큰 중요성을 가진다. 부모-자녀 상호작용, 그리고 청각장애 아동 발달에 있는 맥락적 요인에 대한 이해는 최근 몇 년간 강조되고 있다(Traci & Koester, 2003). 이러한 연구 결과를 종합해 보면, 미국인에게 '농인이 되는 것'은 의사소통 방식, 실시되는 개입 유형, 교육 체계에서 매우 어려운 선택 상황에 자주 직면하게 된다는 것을 의미한다. 그러나 선택권이 많다는 것은 부모가 자신의 자녀에게 가장 적합한 프로그램을 만들 수 있도록 허용한다는 뜻이 되기도 한다. 미국에서는 청각장애 개인이 존중받아야 할 권리를 가지고 있다는 목소리를 높이고 있지만, 그들을 위해 마련된 법은 완벽하지 않다.

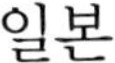

일본

일본에서는 정부에 의해 청각장애인의 완전한 참여와 평등을 달성할 수 있도록 보장하는 법안을 구현하고 있다(Takada, 2003). 일본에서 청각장애인은 최근 몇 년 동안 정책 결정에 참여하는 경우가 많아지고 있으며 그들은 그만큼 중요한 존재가 되어 가고 있다.

이전에는 더 큰 지역사회 참여에 청각장애인을 배재해 왔던 법률이 2002년에 약간 개정되거나 폐지되었다(Japanese Federation of the Deaf, 2005; Takada, 2003). 이전에 일본에는 청각장애인의 경우 약사 또는 의사가 될 수 없다는 법률안이 있었다. 또한 청각장애인의 운전면허 취득은 금지되어 있었다. 그해에 '장벽제거(barrier-free)' 운동이 진행되었고, 이는 청각장애 및 장애 문제에 대한 일반 대중의 인식에 크나큰 영향을 미쳤다. 그러나 현재 청각장애인 공동체 지도자에게 가장 큰 우려는 이러한 법률이 시행될 수 있는 방법에 있다(Japanese Federation of the Deaf, 2005). 한 예로, '지체장애인의 후생을 위한 법'은 수화 통역을 보장하지만 이 법률이 어떻게 규정하고 있고 시행되어야 하는가에 대한 설명은 없다. 마찬가지로 '장애인기본법'은 장애인의 권리를 보호하기 위해 만들어졌으나 아직 그것을 준수하지 않는 개인이나 기업을 처벌하기 위한 어떤 규정도 없다.

일본은 주로 청각장애인에 관한 법령 및 정책을 개선하고 구현하기 위한 모델로 북유럽 국가를 예로 든다(Takada, 2003). 북유럽 국가는 종종 청각장애인이 그들 자신의 단체를 확립할 수 있도록 전세계 어디에나 원조를 제공하고 있다. 청각장애인을 위한 일본 연맹은 일본 청각장애인의 평등 보장이라는 해결해야 할 문제가 여전히 남아 있다는 사실을 인정하지만, 아시아에서는 그들 스스로가 국제적인 영향력을 갖고 있다고 보고 있다. 일본 청각장애인 단체는 그들 자신의 체계 내의 문제에 대해 고심하는 한편, 캄보디아, 태국, 베트남에서 청각장애인 개발 프로그램에 개입하고 있을 뿐만 아니라 다른 국가에 있는 청각장애인을 원조하기 위해서도 많은 투자를 하고 있다(Japanese Federation of the Deaf, 2004).

청각장애 일본인에 관한 현재 진행 중인 연구는 아직 완전하지 않지만 상황이 많이 좋아지고 있다고 제시한다. 그들은 법률에서의 변화와 장애 문제에 관한 대중의 인식이 점점 더 높아지고 있다는 것을 알고 있다. 게다가 최근 청각장애인을 등장인물로 묘사했던 TV 드라마는 이 시리즈의 방영 후 일본식 수화 수업 등록학생 수를 2배 이상 늘리는 큰 영향을 미치기도 하였다(Japanese Federation of the Deaf, 2004). 일본에서 청각장애인은 고용 기회와 교육 제한에 관한 우려를 계속해서 표명하고 있다.

미크로네시아

미크로네시아연방의 캐롤라인제도 환초에서 Mac Marshall(1996)이 완료한 연구는 장애에 관한 관점을 비교하는 데 흥미로운 틀을 제공한다. Marshall은 이 특정 섬에 대한 연구에 더하여 다양한 미크로네시아와 폴리네시아 섬 문화를 연구한 다른 연구자의 작업 또한 끌어들였다. 전체적으로 그들의 연구는 이들 지역사회가 집단 중심이며 공동체 구성원 간의 의사소통이 상당히 중요하다고 보고한다. 그들은 이들 섬에서 장애를 특징짓는 가장 중요한 정의는 지역사회와의 연계 불능과 그들 자신의 생각을 공유하지 못하는 데 있다는 것을 발견하였다. 따라서 신체적 한계를 지닌 개인, 심지어 시각장애인 또는 청각장애인이라 할지라도 그들이 사회생활에 참여할 수 있는 한 '장애'로 간주하지 않는다.

캐롤라인제도의 Namoluk 사람들에 의해 보고된 이러한 장애 관점에서 보면, 개인은 그들이 할 수 있는 어느 정도까지는 지역사회에 참여해야 한다(Marshall, 1996). 이 섬에서 선천성 질병, 장애를 초래하는 질환, 신체장애 등을 가진 개인은 이 사회의 다른 사람과 다르게 취급되지 않는다. 그러나 기이

한 행동 또는 그 문화의 규범에서 벗어난 행동을 보인다면 그들은 대개 사회적 무능력으로 번역될 수 있는 'bush'로 낙인된다. Namoluk 문화에서는 아직 자신을 말로 설명할 수 없고 의사소통에 참여하지 못하는 어린 아동 또한 '장애'를 가진 것으로 인식되고 있다.

Marshall(1996)이 언급한 연구는 지혜, 지식, 지능은 말하고 듣는 능력에 근거한다는 이들 섬 사람들에 의해 고수된 이론을 나타내고 있다. 그들은 유능한 사람들은 듣고 이해할 수 있고, 그래서 자신의 생각을 말할 수 있다고 믿는다. 이 문화에서는 '감정 영역'이 배꼽 위 몸의 중심부에 존재한다고 알려져 있다. 마음은 몸 중심의 아래 부분에 있는 배꼽 바로 밑에 존재한다. 따라서 두 종류의 인식은 겹쳐진다. Namoluk 사람들은 자신의 감정과 사고를 표현하는 것이 성숙의 표시라고 생각한다. 예를 들어, 시각장애인은 지역사회에서 필요시 네비게이션의 도움을 받지만 그 외 다른 모든 면에서는 정상적으로 인식된다. 그들은 장애로 간주되지 않는다.

그렇다면 이 제도에서 청각장애인이 의미하는 바는 무엇인가? Marshall이 연구하던 당시, 그 섬에는 2명의 청각장애 아동이 있었다. 둘 모두 말을 하지 못했지만 소리를 만들어 냈다. 들리는 바에 따르면, 1명은 그녀의 가족과 함께 사용할 수 있는 '몸짓 체계'를 개발하였고, 둘 모두 몸짓과 얼굴 표정을 통해 매우 표현적인 아동으로 식별되었다. 그들이 가진 청각장애가 이 문화의 중요한 측면인 '그들 마음을 공유'하기 위한 그들 능력에 영향을 미쳤다면, 이 청각장애 아동은 그에 준하는 장애를 가진 것으로 간주될 것이다. 그러나 그들은 사회화가 잘되어 있었고 지역사회의 생산적인 작업에 참여하였다. Namoluk 지역사회에서 진정한 장애는 서로에게서 그들을 고립시키는 만성적인 심리적 문제를 가지는 경향을 말한다. 미크로네시아 제도에 대한 다른 연구를 함께 고려해 보면, 이곳에서 장애는 의학적 모델과는 다른 방식으로 인식되고 있고 또는 장애란 정상적 범위 내에서 활동을 수행할 수 있는 능력이 제한되거나 부족한 것으로 정의한 세계보건기구에 의해 제안된 것이라고 할 수 있다(Marshall,

1996, 재인용). 분명 캐롤라인제도에서의 상황은 적어도 그러한 방식에서 장애를 인식할 수 있도록 하는 하나의 대안을 제공한다.

나이지리아

Woll과 Ladd(2003)는 다양한 청각장애인 공동체에 관해 기술하고 있는데, 그 가운데 나이지리아 북부의 Hausa족이 포함된다. Hausa 사회에는 '청각장애인 족장'이 있다고 한다(Schmaling, 2000, Woll & Ladd, 2003, p. 159, 재인용). 그 부족의 청각장애 구성원은 수화를 통해 의사소통을 한다. 부족의 건청 구성원은 부족의 청각장애 구성원과 대화할 수 있고, 의사소통을 위해 기꺼이 수화와 몸짓을 사용한다. 이곳은 청각장애 및 장애의 비교적 높은 발병률로 인해 사회에서 부족의 청각장애 구성원 참여가 높아질 수밖에 없었다. 청각장애 Hausa족은 높은 수준의 의식을 가지고 있다고 하며, 그들의 의사소통 능력에 대한 자부심과 그들 청각장애 집단에 대한 일종의 소속감을 가지고 있는 것으로 보인다.

의사소통과 상호 지지에 의한 청각장애의 공유로 정의될 수 있는 청각장애인 공동체의 정의에 근거하여(Woll & Ladd, 2003), 나이지리아의 Hausa족은 강력한 청각장애 공동체를 나타낸다. 이러한 문화 내의 농인 집단 구성원에게는 고용이나 접근성에 관한 법률제정 문제가 사실 직접적으로 중요하지 않다고 할 수 있다. 그러나 정부 갈등의 결과로 인한 나이지리아에 있는 부속의 변화나 전통적인 집단주의 문화에서 개별화 도입은 가까운 장래에 이러한 청각장애인 공동체에도 영향을 미칠 수 있을 것이다.

장애 모델

장애를 바라보는 사고의 틀은 시간이 흐르면서 변화하였다. 세계보건기구

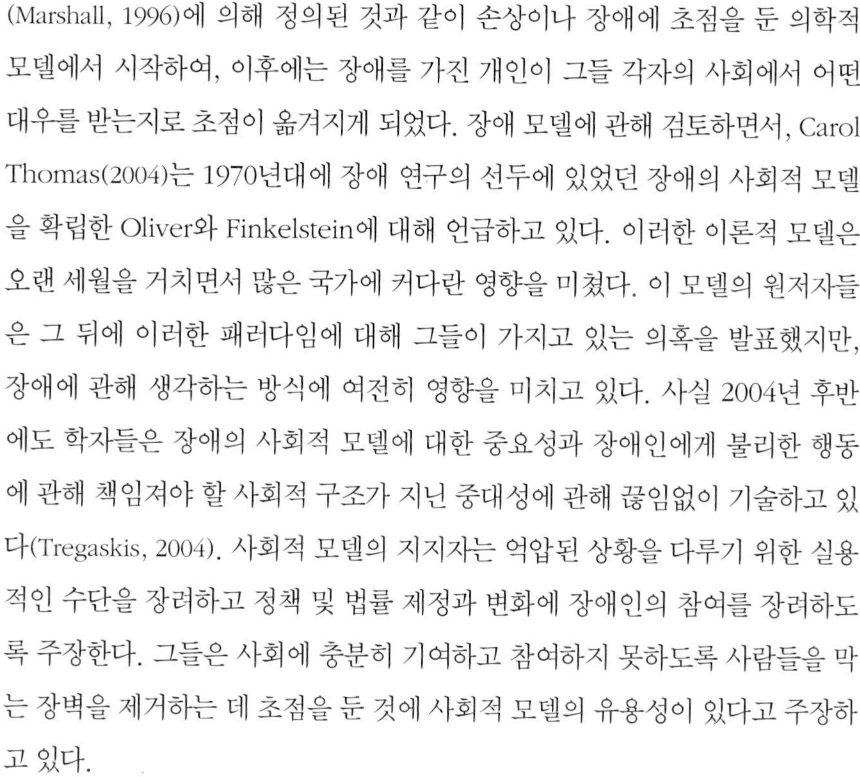

(Marshall, 1996)에 의해 정의된 것과 같이 손상이나 장애에 초점을 둔 의학적 모델에서 시작하여, 이후에는 장애를 가진 개인이 그들 각자의 사회에서 어떤 대우를 받는지로 초점이 옮겨지게 되었다. 장애 모델에 관해 검토하면서, Carol Thomas(2004)는 1970년대에 장애 연구의 선두에 있었던 장애의 사회적 모델을 확립한 Oliver와 Finkelstein에 대해 언급하고 있다. 이러한 이론적 모델은 오랜 세월을 거치면서 많은 국가에 커다란 영향을 미쳤다. 이 모델의 원저자들은 그 뒤에 이러한 패러다임에 대해 그들이 가지고 있는 의혹을 발표했지만, 장애에 관해 생각하는 방식에 여전히 영향을 미치고 있다. 사실 2004년 후반에도 학자들은 장애의 사회적 모델에 대한 중요성과 장애인에게 불리한 행동에 관해 책임져야 할 사회적 구조가 지닌 중대성에 관해 끊임없이 기술하고 있다(Tregaskis, 2004). 사회적 모델의 지지자는 억압된 상황을 다루기 위한 실용적인 수단을 장려하고 정책 및 법률 제정과 변화에 장애인의 참여를 장려하도록 주장한다. 그들은 사회에 충분히 기여하고 참여하지 못하도록 사람들을 막는 장벽을 제거하는 데 초점을 둔 것에 사회적 모델의 유용성이 있다고 주장하고 있다.

2001년에 Shakespeare와 Watson(2001)은 장애의 사회적 모델과 더불어 인식의 한계에 대한 문제를 다루었다. 그들은 장애를 다루는 연구는 장애뿐만 아니라 사회적 억압을 해결하기 위해 필요하다고 주장하였다. "장애는 생물적, 심리적, 문화적, 사회 · 정치적 요인의 복잡한 변증법이다…." (Shakespeare & Watson, 2001, p. 22) 신체장애와 장애인의 사회적 억압 모두를 고려한 다른 사람으로는 Bury와 William이 있다(Thomas, 2004). Michael Bury와 Simon Williams는 의료사회학자로서 생리적 장애, 주변 환경의 구조적 조건, 그리고 사회 · 문화적 상호작용이 서로 영향을 미친다는 데 중점을 두고 있다. 추가적인 관점으로는 장애에 대한 저항 모델을 들 수 있는데, 여기에서는 사람들이 사회 권력과 '그 체계'에 저항하며 세계의 일부분에서 여전히 유지되고 있는 인간성을 말살하는 사례에 반대하는 것으로 여겨진다(Gabel & Peters, 2004).

Schalock(2004)에 의해 제안된 장애에 대한 최근 패러다임은 장애에 초점을 두어야 할 네 가지 영역을 제시하고 있다. 첫째, 장애인을 위해 의학적으로 우려되는 사항이나 문제를 다룰 필요성에 대한 인정을 나타내는 기능 제한(functional limitations)이 있다. 둘째, 최근 생겨난 패러다임은 (긍정심리학에서 온) 장애인의 강점 활용을 포함하고 그들의 삶의 질을 다루면서 장애인 개인의 안녕(well-being)을 고려하는 것이다. 셋째, 개인이 장애인의 필요에 따라 지원하는 것이다. 생태적 상황에 대한 이해의 필요성과 사회의 전면적 참여에서 장애인을 금하거나 또는 지지하는 요인이 고려되고 이해되어야 한다. 마지막으로, 이 모델에서는 적응성과 역량을 고려한다. 개념적, 사회적, 실제적 지식은 충만한 인생을 살기 위해 중요하며, 이 모델은 장애를 가진 각 개인이 살면서 겪어 온 경험을 더욱 잘 이해하도록 하는 각 영역에서의 적응 기술에 대해 생각할 것을 제안하고 있다. Schalock(2004)은 이러한 모델의 채택은 개인의 특성으로 장애를 인식하는 데서 기능의 제한으로 이해할 수 있도록 하는 움직임을 허용할 것이라고 주장한다.

이러한 장애 패러다임을 어떻게 청각장애와 연결할 것인가? 청각장애 공동체의 일부 구성원은 사실 전혀 해당되지 않는다고 주장할 수도 있다. 다른 청각장애인의 경우에는, 예를 들어 장애의 사회적 모델과 같이 이미 제시되어 있는 관점 중 하나로 그들 자신에 대해 생각할 수도 있다. 그 모델은 일부 자기비난에서 자유롭고 거대한 공동체/사회가 조치를 취하도록 촉구하는 자기 개념화를 고려하도록 할 수도 있다. 청각장애인 개인의 관점은 고려하지 않고 그러한 사람 모두는 한 부분이며 그들의 환경과 상호작용한다고 볼 수도 있다. 청각장애인으로서의 그들의 경험은 대부분 그러한 맥락적 요인과 지역사회에서 그들 자신과 사람들 사이의 상호작용에 의해 영향을 받는다. 따라서 주요한 장애와 청각장애 모델을 이해함으로써 청각장애인을 더 잘 이해하고 인식하는 미술치료사로서의 작업을 시행할 수 있을 것이다.

긍정적 관점

세계적 동향을 인식하고 분류하는 것이 어려울 수 있지만, 필자는 청각장애를 특별하면서도 일반적인 장애로 인식하면서 점점 더 긍정적인 시각으로 변화되기를 제안한다. *The Journal of Rehabilitation*의 최근 판은 재활의 실천과 연구(2005)에서 긍정적인 접근을 위해 혼신의 힘을 기울이고 있다. 개인의 결함보다는 오히려 인간의 강점에 초점을 맞춘 재활 활동에 관심을 갖고 낙관론, 회복력, 대처, 주관적 안녕감, 응집력, 자아효능감과 같은 긍정심리학의 몇 가지 원리를 통합해 가는 움직임이 일어나고 있다(Wright & Lopez, 2002). 또한 미국 심리학자들은 긍정심리학과 관련된 화제에 대한 이슈에 몰두하고 있다(APA, 2001). 전세계 공동체가 장애의 정의에 대해 일치점을 보이거나 청각장애에 관해 공동의 견해를 나타내는 것은 아니지만, 인간의 강점에 중점을 둔 최근 경향은 국제사회가 청각장애 개인을 좀 더 긍정적인 방향으로 바라보고 있다는 것을 시사한다.

세상이 장애인과 관계되는 문제에 대해 생각할 준비가 되었다고 공포한 '국제연합 장애인 10년(United Nations Decade of Disabled Persons), 1983-1992'는 세계적 시대사조의 전반적 변화에 대한 또 다른 증거다(Takada, 2003). 개발도상국과 진보적인 사회적 의제를 가진 국가를 위해, 이 10개년은 법적 권리와 그들 해당 국가의 요구를 다루기 위한 프로그램을 더욱 확대할 수 있도록 하였다. 개발도상국에 있어서 UN의 이러한 장애인에 대한 강조는 어쩌면 장애문제를 법률과 정책 결정에 의해 공식적으로 소개한 첫 번째 시도였다. UN의 이러한 초기 노력은 '아시아 · 태평양 장애인 10년, 1993-2002'와 같은 프로그램에 의해 일부 지역으로 확산되었다. 아시아 및 태평양의 대부분 지역에서 상당히 의미 있는 진전이 있었지만 해야 할 더 많은 일이 남아 있다. 이것은 '두 번째 아시아 · 태평양 장애인 10년, 2003-2012'로 이어졌다. 이 지역에서의 장애인에 중점을 둔 첫 번째 10년이 서비스를 많이 제공하고 접근을 보장하는 법적 파급 효과에 초점을 두었다면, 현재의 초점은 장애인의 삶의 향상과 즐거움에 있다. 이들 지역에서 개인의 집단의식에 있어 이러한 전형적인 패러다임의 변화는 장애와 청각장애에 대해 긍정적인 인식을 야기하였다.

몇몇 연구는 농인과 농 문화에 대한 노출은 사람들이 청각장애인에 대해 가지고 있는 태도에 상당히 긍정적인 영향을 미친다는 것을 증명하고 있다(Hahn & Beaulaurier, 2001; Nikolaraizi & Makri, 2004/2005). 예를 들어, 그리스에서 수행된 연구는 그리스식 수화(Greek Sign Language: GSL) 강의를 듣는 건청인은 청각장애와 어떤 접촉도 없는 다른 그리스인보다 청각장애인에 대해 훨씬 좋은 평가를 한다고 밝혔다(Nikolaraizi & Makri, 2004/2005). 그 연구의 저자들은 그리스 전체에서 청각장애에 관한 인식이 변화하고 있다고 언급하였는데, 그러한 인식의 변화는 그리스식 수화(GSL) 수업에서 준비가 갖추어졌거나 또는 실제로 그 강좌에 참여하기 위한 결정이 영향을 미쳤을 수 있다.

청각장애인을 대상으로 하는 미술치료사를 위한 국제적 시사점

미술치료사는 청각장애인이 그들의 삶에서 경험한 사건에 관련한 생각과 감정에 접근하여 표현할 수 있도록 도움을 주는 독특한 위치에 있다. Frost (2005)는 가혹한 조건에서도 놀이와 창조적인 미술을 통해 그들 자신을 표현한 아동의 사례를 인용하였다. 예를 들면, 홀로코스트[1]에서의 생존 아동은 단지 살아남는 것 이상을 해냈다. 그들은 미술작품과 시를 통해 살고자 하는 의지와 회복력을 보여 주었다.

아프리카의 니제르, 르완다 및 수단에서의 충돌처럼, 전쟁과 집단학살을 경험한 아동은 그들의 감정을 표현하고 그들의 세상을 이해하기 위해 미술을 사

1) 역주: 1930~1940년대 나치가 행한 유대인 대학살.

용하곤 한다(Frost, 2005). 처음에 아동은 종종 폭력적인 그림을 그렸다. 그러나 후에 안전한 곳으로 위험을 피하게 되자, 풍경화나 사랑하는 사람과 함께하는 행복한 시간의 장면을 창조했다. Frost(2005)는 놀이와 창조적 표현은 아동에게는 당연한 것으로, 그들이 말로 기술할 수 없는 생각이나 감정을 표현할 수 있도록 한다고 주장하고 있다. 이러한 표출은 카타르시스를 일으키고 미술치료사가 아동을 도와 그들의 욕구를 다룰 수 있도록 한다. Frost(2005)는 재해와 외상에서 회복할 수 있도록 아동을 도와야 한다고 제안하면서, 특히 아동이 자신의 감정을 이해하지 못하는 것처럼 보인다면 가상 놀이를 하고 감정을 밖으로 표출하거나 행동으로 표현할 수 있도록 아동을 격려해야 한다고 제시하였다. 그림이나 스케치, 또는 음악, 드라마, 스토리텔링과 같은 창조적인 예술을 사용한다면 아동의 치유를 도와줄 수 있다.

청각장애 아동이나 성인의 경우 정신건강 문제 또는 외상을 다룰 때 미술치료 기법을 사용하는 데서 특히 이득을 얻을 수 있는데, 미술치료 기법은 말하는 능력에 의존하지 않는 '표현의 자연스러운 방법'을 제공하기 때문이다. 청각장애인에게서 창안된 문화적 맥락과 작품이 만들어지는 문화적 맥락을 이해함으로써 미술치료사는 그 사람에게 영향을 미치게 되는 맥락적 문제를 더 잘 이해할 수 있다. 예를 들어, 고용에 있어 거의 동등한 접근성을 갖는 사회에서 살아가는 청각장애인은 직업과 관련된 불안을 덜 체험하게 될 것이다. 청각장애가 장애로 간주되지 않고 오히려 언어적 소수 집단으로 인식되는 문화에 살고 있는 청각장애 개인은 청각장애에 대한 부정적인 이미지와 압박에 더 많이 노출되어 있는 문화에 사는 청각장애인과는 다른 방식으로 자기 자신을 지각할 것이다.

청각장애를 개념화하는 방법에는 여러 가지 방식이 있다. 청각장애 개인의 치료에 있어 세계적 추세는 손상이나 장애에 초점을 맞춘 의학적 견해에서 사회가 청각장애인의 지각을 결정짓는 역할을 하는 것으로 인식하는 사회적 모델과 청각장애인에 대한 생각의 다양한 방식을 인정하고 다양한 층을 포함하는 최근의 패러다임으로 움직이고 있다. 전 세계적으로 수화의 수용이 증가하고 있는 추세이며 청각장애인을 위한 서비스와 권리에 대한 접근성이 증대되고 있다고 말할 수 있다. 그러나 어떤 곳에서는 수용이 중요한 문제가 되지 않는다. 세계의 다른 지역, 예를 들면 극심한 빈곤에 맞서 고군분투하는 곳에서는 청각장애인 관련 문제는 우선순위가 아니다. 따라서 청각장애인의 삶을 개선하기 위한 공동의 많은 노력에도 불구하고 해야 할 더 많은 일이 남아 있다. 미술치료사는 국제적인 맥락에서 그들의 상황을 이해함으로써 내담자를 조력할 수 있고 그들의 환경과 그들이 살고 있는 사회가 내담자에게 미치는 영향에 대해서도 함께 탐색할 수 있다.

참고문헌

A. G. Bell Association (2005). [Organizational website] Retrieved January 28, 2006 from http://www.agbell.org/DesktopDefault.aspx

American Psychologist. (2001). *Positive psychology*. Washington, DC: American Psychological Association.

A positive approach to rehabilitation research and practice. (2005). *The Journal of Rehabilitation, 71*(2), 3.

Bienvenu, M. J. (1989). Reflections of American Deaf Culture in Deaf humor. Plenary address at The Deaf Way Conference in Washington, DC, 2000. In Lois Bragg (Ed.), *Deaf world: A historical reader and primary sourcebook* (pp. 99-103). New York: New York University Press.

Burch, S. (2000). Transcending revolutions: The Tsars, the Soviets, and Deaf Culture. *Journal of Social History, 34*(2), 393-400.

Calderon, R., & Greenberg, M. (2003). Social and emotional development of deaf children: Family, school and program effects. In M. Marschark & P. E. Spencer (Eds.), *Oxford handbook of deaf studies, language, and education* (pp. 177-189). Oxford, England: Oxford University Press.

Frost, J. L. (2005). Lessons from disasters: Play, work and the creative arts. *Childhood Education, 82*(1), 2-11.

Gabel, S., & Peters, S. (2004). Presage of a paradigm shift? Beyond the social model of disability toward resistance theories of disability. *Disability & Society, 19*(5), 585-600.

Hahn, H., & Beaulaurier, R. L. (2001). Attitudes toward disabilities: A research note on activists with disabilities. *Journal of Disability Policy Studies, 12*(1), 40-46.

Hairston, E., & Smith, L. (1980). Black signs: Whatever happened to the sign for "cornbread?" In L. Bragg (Ed.), *Deaf world: A historical reader and primary sourcebook* (pp. 97-98). New York: New York University Press.

Hintermair, M. (2000). Children who are hearing impaired with additional disabilities and related aspects of parental stress. *Exceptional Children, 66*(3), 327-334.

Japanese Federation of the Deaf. (2004). Asian Deaf Friendship Fund. *Japanese Deaf News,* May 2004 issue. Retrieved July 12, 2005 from http://www. jdf.or.jp/en/news/2004-05b.html

Japanese Federation of the Deaf. (2005). And now . . . 4 years from the Elimination of Disqualification Clauses . . . *Japanese Deaf News,* May 2005 issue. Retrieved February 14, 2006 from http://jdf.or.jp/en/news/2005-05.html

Marshall, M. (1996). Problematizing impairment: Cultural competence in the Carolines. *Ethnology, 35*(4), 249-261.

Nikolaraizi, M., & Makri, M. (2004/2005). Deaf and hearing individuals' beliefs about the capabilities of deaf people. *American Annals of the Deaf, 149*(5), 404-414.

Schalock, R. L. (2004). The emerging disability paradigm and implications for policy and practice. *Journal of Disability Policy Studies, 14*(4), 204-217.

Sedano, R. (1997). Traditions: Hispanic, American, Deaf culture: Which takes precedence in trilingual interpreter training? In Anita B. Fard (Ed.), *Who Speaks for the Deaf Community? A Deaf American Monograph* (p. 47). Silver Spring, MD: National Association for the Deaf.

Shakespeare, T., & Watson, N. (2001). The social model of disability: An outdated ideology? In *Research in social science and disability, Vol 2: Exploring theories and expanding methodologies* (pp. 9-28). London: Elsevier Science Ltd.

Skelton, T., & Valentine, G. (2003). 'It feels like Being Deaf is Normal': An exploration into the complexities of defining D/deafness and young D/deaf people's identities. *The Canadian Geographer, 47*(4), 451-467.

Smits, S. J. (2004). Disability and employment in the USA: The quest for best practices. *Disability & Society, 19*(6), 647-662.

Takada, E. (2003). Report for Japan for the Expert Group Meeting and Seminar on the International Convention to Protect and Promote the Rights and Dignity of Persons with Disabilities. Bangkok, Thailand, 2-4 June 2003. Retrieved July 25, 2004 from http://www.jfd.or.jp/en/doc/bangkok2003-jpcr.html

Thomas, C. (2004). How is disability understood? An examination of sociological approaches. *Disability & Society, 19*(6), 569-583.

Traci, M., & Koester, L. S. (2003). Parent-Infant Interactions: A transactional approach to understanding the development of Deaf infants. In M. Marschark & P. E. Spencer (Eds.), *Oxford handbook of deaf studies, language, and education* (pp. 190-202). Oxford, England: Oxford University Press.

Tregaskis, C. (2004). Applying the social model in practice: Some lessons from countryside recreation. *Disability & Society, 19*(6), 601-611.

Woll, B., & Ladd, P. (2003). Deaf Communities. In M. Marschark & P. E. Spencer (Eds.), *Oxford handbook of deaf studies, language, and education* (pp. 151-163). Oxford, England: Oxford University Press.

Wright, B. A., & Lopez, S. J. (2002). Widening the diagnostic focus: A case for including human strengths and environmental resources. In C. R. Snyder & S. J. Lopez (Eds.), *Handbook of positive psychology* (pp. 26-44). New York: Oxford University Press.

컴퓨터, 진화 및 문화: 청각장애인을 위한 미술치료의 잠재력

-Ellen G. Horovitz

인터넷은 아직 길들여지지 않은 미개척지다. 그 규칙과 예절은 참여자들에 의해 발전되었고 또 지금도 계속 발전되고 있다. 여기서는 인간의 표현에 있어 비교할 수 없는 풍부함을 발견할 수 있는데, 대량으로 발표되고 있는 원리들은 이제 더 이상 엘리트만의 전유물이 아니다. 여러분은 비양심적인 야비함, 익명성의 부정적 측면, 손쉬운 의사소통에 대해서도 알게 될 것이다. 전자 공동체의 구성원으로서, 여러분은 자신이 어떤 기여를 할 수 있을지에 대해 스스로 자문할 수도 있을 것이다.

—Netscape Navigator Handbook(1995)

■ 초록

몇 가지 방식을 나열하자면 이메일, IRC(채팅방), IM(인스턴트 메시지), 블로그, (코넬 대학교의 CUSeeMe에서 개발한 것과 같은 비디오나 소프트웨어 중계를 통한) 가상현실, 아이폰(Iphone), 아이채트(IChat), 아이사이트(ISight), 사이트스피드(SightSpeed), 웹폰(WebPhone)과 같은 다양한 방식을 통해 사람들은 신호를 전달하고 있다. WWW(World Wide Web)으로 알려진 최고의 접근로를 통해 정보에 접근하고 다운로드 하는 것은 현재의 정보처리 사회에서 하나의 문화가 되었다. 이러한 형태의 의사소통은 즉각적이고 포괄적이며 컴퓨터를 통해 누구나 접근 가능하다. FAQs(자주 묻는 질문; frequently asked questions)는 늘 있지만 그에 대한 대답은 균형을 이루고 있지 않은 것이 전자통신의 현 주소다. 알려지지 않은 것은 사용자에 대한 이의 장기적 영향이라고 할 수 있다.

여기서는 컴퓨터와 문화를 하이퍼미디어(hypermedia)[1]나 컴퓨터 애니메이션과 결합하는 것과 같은 가능성과 이점이 특수교육적인 도구로 이용되는 방

---

1) 역주: 텍스트를 동영상 · 음성 파일과 연결하는 시스템.

법에 대해 탐색할 것이며, 특히 이러한 자원은 정서장애를 가진 청각장애/청력 손상 내담자와 작업할 때의 교수-학습 과정에 적용하는 데 초점을 맞출 것이다. 또한 이러한 특성을 통합하는 방법론을 제시하고자 하는데, 이는 청각에 손상을 입은 사람에게 향상된 말하기와 글쓰기를 통해 의사소통 기술을 촉진할 수 있도록 할 것이다. 현재의 연구는 이러한 집단을 대상으로 작업할 때 도입하는 언어 체계(구어, 언어 구조, 쓰기 등)와 다양한 의사소통 코드의 측면을 검토할 것이다. 또한 하이퍼미디어의 적용을 미술치료와 연결하는 것은 교육적이고 치료적인 학습을 촉진하기 위한 수단으로서 연구될 것이다. 주의지속 시간의 향상, 시각적 표현의 발달, 증가된 자신감과 창의성, 의사소통 기술 향상은 컴퓨터보조학습(Computer-Assisted Learning: CAL)의 부차적 결과로서 검토될 것이다.

언어 습득 체계

복잡하고 신비로운 인간의 의사소통 코드는 주로 몇 가지 감각으로 받아들일 수 있는 신호의 조합을 기반으로 한다(Chomsky, 1965). 그럼에도 청각장애/청력 손상을 가진 사람은 듣고 말할 수 있는 건청인이 사용하는 의사소통 코드에 접근할 수 없다. 이렇게 조작할 수 있는 코드에 대한 접근을 박탈하는 것은 상호작용의 곤란을 가져오고 그들이 처한 환경에 대한 이해를 어렵게 만들며 각 발달 단계에 맞는 적합한 사고 구조에서 고통을 초래한다(Carretero & Garcia, 1984; Fourcin, 1982; Meadow, 1980; Rodriquez, 1990; Sieflbuch, 1980; Vygotsky, 1962).

청각장애인에게는 시각적 정보가 내적 언어를 구성한다. 이 언어를 의사소통하는 방법이나 표현 없이는, 개인은 그들의 환경, 지역사회, 그들의 세계에서 고립되고 말 것이다(Horovitz-Darby, 1991). 개인의 의사소통 양식을 분석하는 것은 청각장애/청력 손상을 가진 인구 집단과 작업할 때 매우 중요하다.

예를 들어, 가족 구성원에 의해 사용되는 의사소통의 양식은 다양할 수 있고, 언어 체계의 범위도 포괄적이거나 제한적이거나, 두 가지 양식을 가지고 있거나 거의 없을 수도 있다.

부모의 의사소통 양식에 따라 청각장애 아동의 언어적 환경과 사회화 정보는 달라지는데, Meadow(1980)는 이를 다음과 같은 세 가지 범주로 나누고 언어 습득에 관해 살펴보았다.

(1) ASL(미국식 수화)만을 사용하는 청각장애 부모를 가진 청각장애 아동
(2) 구어와 수화영어를 동시에 사용하는 청각장애 부모 또는 건청 부모를 가진 청각장애 아동
(3) 영어 구어만 가능한 건청인 부모를 둔 청각장애 아동

Harvey(1982)는 대부분의 청각장애 아동과 그들의 건청인 부모는 ASL을 주 언어 체계로 사용하여 의사소통할 수 없다는 점을 발견하였다. ASL이나 수화영어 모두 인간의 의사소통으로 고려되는 것이지만, ASL이라는 언어는 수화영어와 언어학적으로 다르다. ASL은 고유의 구문론을 가지고 있고, 따라서 영어의 문법 체계와는 다른 반면 수화영어는 구어체 영어와 똑같은 구문론을 따른다.

수화와 구어체 영어를 동시에 아동에게 제공하는 부모를 가진 청각장애 아동은 두 가지 형식의 언어적 표현 모두를 발달시키나, 오직 구어체 영어만을 사용하는 부모를 가진 아동은 '지극히 느린' 속도로 언어를 획득한다. 게다가 Moores(1982)의 연구는 청각장애를 가진 부모의 아동은 건청 부모를 둔 청각장애 아동보다 학업적 성취와 영어 언어 능력에서 더 뛰어나다고 제시하고 있다. 90%의 건청 부모가 수화를 사용하지 못하기 때문에(Schein & Delk, 1974) 청각장애와 건청 구성원을 모두 가진 가족에게는 뚜렷이 구분되는 두 가지의 언어가 나타나며, 그 결과 치료사나 교육자는 주로 동일한 언어를 사용하지 않

는 가족 구성원을 만나게 된다. 이러한 발견은 치료나 교육에서 과소평가되어서는 안 된다. 뚜렷이 다른 두 가지의 문화와 언어가 대표적으로 나타난다는 것이다. 따라서 치료사와 교육자는 모두 비교 문화적이고 이중 언어적인 현상에 직면하게 된다(Horovitz-Darby, 1991). 이러한 건청인에 의해 사용되는 청각/구어 양식에 대한 접근의 어려움은 청각장애/청력 손상을 가진 사람에게 정상적인 의사소통과 사고 구조를 발달시킬 수 있는 대안 코드가 제공되도록 하였으며, 결국 구어와 글쓰기 학습을 촉진하는 결과를 낳았다. 이러한 과제에서 가장 적합한 코드는 이중언어든 이중양식이든 간에 모두 수화가 가장 적합한 것으로 경험을 통해 증명되었다. 이중언어 수화(bilingual sign language)라는 것은 모어 또는 제1언어로 수화 능력을 획득한 후 이 능력을 제2의 언어 기술로서의 구어 획득에 있어 기초로 삼는 것을 뜻한다. 이중양식 수화(bimodal sign language)는 주 언어의 구조에 바탕을 둔 것으로, 문장의 문법적 맥락과 구어에서의 통사형태론적 요소가 유지된다.

언어 해석에서의 어려움

앞에서도 언급했듯이, 청력 손상은 인간이 가장 공통으로 사용하는 조작적 코드인 청각적/구두적 전달에 영향을 미치며, 따라서 구어에 영향을 미친다(Crystal, Fletcher, & Garman, 1976). 이는 청각장애/청력 손상을 가진 사람이 청각적/구두적 메시지를 받고 전달하는 능력을 손상하고, 그리하여 '정삭적' 환경에서의 상호작용을 방해한다. 청각장애인이 구어를 배우는 것은 힘들고 고된 과정이다. 음성통제와 조음 훈련 회기는 청각장애인이 건청인과 의사소통할 수 있도록 하는 적절한 구어 표현을 획득하도록 돕는 구어 이해의 필수적인 부분이다.

현재 청각장애인이 구어에 접근할 수 있도록 하는 두 가지의 통로에는 다음과 같은 것이 존재한다.

(1) 듣기 경로: 청력의 기능에서 데시벨 손상에 따라 잔존 청력 활용
(2) 독화(lip-reading)

이 두 경로 모두 제한적이며, 의사소통이라는 것은 상호 배타적으로 하나의 경로로만 향하게 하고 다른 경로에 대해서는 이해하기 어렵게 만든다. 이는 다음 두 요인에 의한 것으로 보인다.

(1) 메시지의 의미론적 내용을 향상하는 맥락적인 참조틀이 없는 문법적 요소는 없어진다.
(2) 구어의 사용으로 강화된 굳어진 사고 구조는 인지 과정과 충돌하거나 동시에 발달하지 않는다.

이러한 제한은 훈련의 포기가 반드시 필요하다기보다는 오히려 (하이퍼미디어 지원과 같은) 기술의 발달을 불러오고 있다.

추가로, 이전의 연구는 정서적 부적응이나 외상으로 발달이 억제될 때 미술치료 기법이 정서장애를 가진 청각장애인의 인지적 지연을 동시에 해결한다고 제시하고 있다(Horovitz, 1981, 1983, 1999, 2004, 2005a; Silver, 1970, 1976, 1996 참조). 게다가 정서적으로 괴로웠던 경험에 대한 탐색을 함께 다루는 미술치료 기법은 자존감, 사회적 적응, 인지적 성취를 향상한다(Horovitz, 1981, 1983, 1999, 2004, 2005a; McNiff, 1995; Moon, 1996). 사실 Moon(1996)은 그의 내담자와 함께 작업하면서 정서적으로나 인지적으로 성취를 얻기 위해 미술 매체를 활용하는 것의 유용성을 주장했다. 한 삽화로 '외상후 스트레스 장애(Post-traumatic stress disorder: PTSD)에 관해 이야기'하는 능력을 증가시키기 위해 담당 치료사에 의해 의뢰된 여성의 사례를 인용하였다. Moon(1996)은 말로 나타내는 언어화를 이끌어 내기 위해 미술 재료를 사용한다는 개념을 얕보았지만, 그럼에도 내담자의 의사소통 능력은 증가하였고, 그녀를 의뢰했던 의사 역시 만족하였다. Moon (1996)은 물론 "우리가 한 것은 그림 그리는 것밖에 없었다."라고 강조하였다. 그럼에도 내담자의 인지적 기술은 스튜디오에서 향상되는 모습을 보여 주었고 동시에 (이전에는) 억압되었던 그녀의 문제에 관해 말로 나타내고 의사소통하는 능력이 개선되었는데, 이는 아마도 미술이 내담자의 잠재력을 분출해 주는 통로의 역할을 했기 때문으로 보인다. 또한 McNiff(1995)는 미술이라는 명약은 항상 "스튜디오에서 흘러나오며" "1차원적인 언어나 행동과학의 개념" 에 꼭 들어맞지는 않는다고 말했다.

반대로, 이들 연구자는 미술이 행동 변화에 영향을 미친다는 데 동의하기도 하고 동의하지 않기도 한다. 진화심리학에서 최고 권위자인 Buss는 다음과 같이 주장하였다.

> …미술은 적응적 기능을 가지고 있다. 나는 미술이 정서적으로나 심미적으로 인지적 순서를 만들어 내고자 하는 인간의 욕구를 특별하고 독특하게 만족시켜 준다고 주장한다. 이러한 순서에 대한 창조 욕구는 인간 본성의 모델에서 주요한 요인이다…(2005, p. 938).

또한 Dissanayake(1992)는 '특별함을 만드는' 미술에 대해 이야기하고 그것을 중요한 문화적 활동과 나란히 보았다.

> 중요한 활동을 특별하게 만드는 것은 인간 진화와 존재의 기본적이고 근원적인 것이 되었다…. 특별하게 만드는 것이 엄밀히 모든 미술을 말하는 것은 아니지만, 미술은 항상 특별하게 만드는 것의 한 예가 되는 것이 사실이다. 넓은 의미에서 미술을 인간의 성향으로 이해하는 것은 특별한 것을 만드는 인간의 기원에서 찾을 수 있으며, 나는 특별한 것을 만드는 것이 본질적으로 인간이 살아남기 위해 생계에 중요한 조건을 통제하는 데 있어 필수적이었으며 불가분의 관계에 있었다고 주장한다(1992, p. 92).

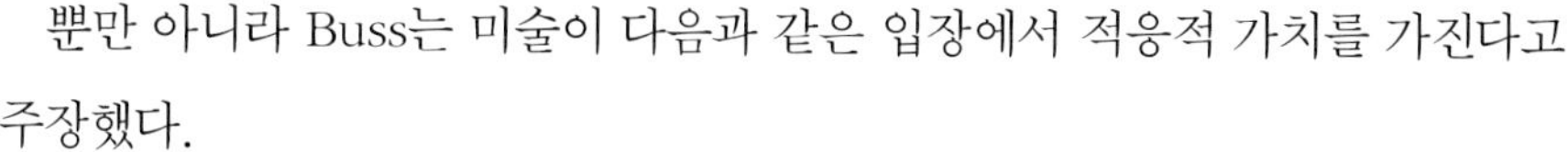

뿐만 아니라 Buss는 미술이 다음과 같은 입장에서 적응적 가치를 가진다고 주장했다.

> (1) 미술은 모든 문화에서 발달되고 있는 인간의 보편적 언어다. (2) 미술은 값비싸고[2] (3) 고도로 구조화된 과정이며[3] (4) 개인의 소속감과 문화의 소속감에 있어서 필수적이다(2005, p. 940).

자연스럽게 미술 연구의 결과는 사회적 학습과 문화적 기질에 영향을 미치는 것을 설명하기 위해 거울세포와 뉴런의 연결에 대한 개관을 요구한다.

거울신경세포, 사회 학습 그리고 문화적 영향

최근 위키피디아(Wikipedia)의 거울세포 정의를 살펴보면 다음과 같다.

> …행동을 수행하거나 똑같은 행동이 다른 개체에 의해 수행되는 것을 관찰할 때 활동하는 신경세포… 따라서 이 신경세포는 마치 관찰자가 그 행동을 직접 수행하는 것처럼 다른 개체의 행동을 '거울처럼 반영한다(mirrors)' …. 이러한 신경세포는 영장류 동물에서 직접 관찰되었고, 인간에게도 있다고 여겨지고 있으며, 조류를 포함한 다른 동물에도 있는 것으로 여겨진다. 인간의 경우에는 거울신경세포와 연관된 지속적 뇌 활동이 브로카 영역과 하두정부 대뇌피질(하위두정엽의 피질)[4]에서 나타나고 있다. 일부 과학자는 거울신경세포가 최근 10년간 신경과학 분야에서 이루어진 가장 중요한 발견 중 하나라고 생각한다.
>
> –http://en.wikipedia.org/wiki/Mirror_cells

---

2) 편저자 주: 가치나 유용성을 의미함.

3) 편저자 주: 우뇌와 좌뇌 모두를 사용하는 과정.

더 최근에 Dobbs(2006)는 인류의 뇌가 어떻게 정보를 획득하는지에 대해서 기록하였다. 여기에는 많은 논의가 있었다.

> 인간 뇌의 중요 부위인 전운동피질과 언어중추, 공감과 고통 영역에 산재하고 있는 거울신경세포는 우리가 특정 행동을 수행하는 것을 관찰할 때에도 활동한다(p. 22).

이 개념은 청각장애인의 관점에서 보았을 때 커다란 시사점을 준다. 청각장애인이 청각적 정보가 아닌 시각적 형태로 정보를 학습한다고 했을 때, 타인의 행동에 대한 '모방' 또는 '반영'을 통한 학습은 실로 중요하며, 특히 많은 신호가 이러한 개념을 기초로 하고 있기 때문에 더욱 그러하다. 이는 언어 습득의 암시뿐만 아니라 문화적, 사회적 학습의 해석에 있어서, 그리고 실제 지능에도 해당된다. Van Schaik(2006)는 "지능을 가진 동물은 문화를 가지고 있다. 그들은 생태적 또는 사회적 문제에 대해 서로에게서 혁신적인 해결책을 학습한다."(p. 66)라고 주장하고 있다. 더 중요한 것으로, Van Schaik(2006)는 오랑우탄의 분석을 통해서 "특별한 기술의 문화적-사회적 학습은 지능만을 촉진하는 것이 아니라" 더 정확하게는 "시간의 흐름에 따라 더욱 거대한 진화를 촉진한다."라고 추론하였다. 이 논문에서 Van Schaik(2006)는 이러한 증가된 통찰력은 도구의 사용에 대한 직접적인 결과였다고 지적했다. 그러나 이는 잠재된 뇌의 힘을 연구하는 것 이상의 일로서, 그것은 세대에서 세대로 전해져 내려오는 이러한 기술의 전달이었다. 정보의 형태화(paeerening)를 알게 된 과학자들이 관찰한 것은 '집단적 원형 무의식'과 유사한 것이었다. 이것이 차이를 만들어 낸 것이다. 거울세포의 학습이라는 바로 그 행위가 종이 생존하고

4) 편저자 주: 간단히 말해, 시각에 관여하는 뇌의 한 부분이다. 따라서 이 영역은 수화 체계와 미술치료 적용에 중요하다(Horovitz가 제시한 도해 참고).

번식하는 능력을 되풀이하도록 했지만, 더 중요하게는 이것이 바로 문화(특정한 기술의 사회적 학습)를 만들어 냈다는 것이다. 이것은 매우 정신적인 것이며 더 높은 수준의 복잡한 또는 더 통합된 것으로, 단순한 감각적인 것이나 생존 본능과는 대조된다.

거울세포 이론은 Van Schaik(2006)가 위에서 기술한 것과 같이 수화, 의미, 문화적 획득과 정확하게 들어맞는다. 수화에 토대를 둔 언어인 ASL은 시각적 교환에 기초한 것이다. 책을 나타내는 수화와 같은 가장 기본적인 수화를 살펴보면 손을 모으고 손바닥을 위로 해서 아래로 떨어트리거나(펼쳐진 책) 손바닥을 접는(덮어진 책) 것과 같이, 이 수화가 얼마나 책의 이미지를 잘 복사하고 있는지 알 수 있다. 게다가 수화를 사용하는 사람이 단지 신체적 자세만으로 과거, 현재, 미래를 의사소통하게 하는 명백한 시각적 언어다. 이러한 점에서 수화는 거울세포 복제와 학습과 가장 관련 깊은 언어라고 할 수 있다. 사실 이 이후에는 이러한 언어를 가르치는 것이 하부 두정엽에서 학습을 촉진하도록 할

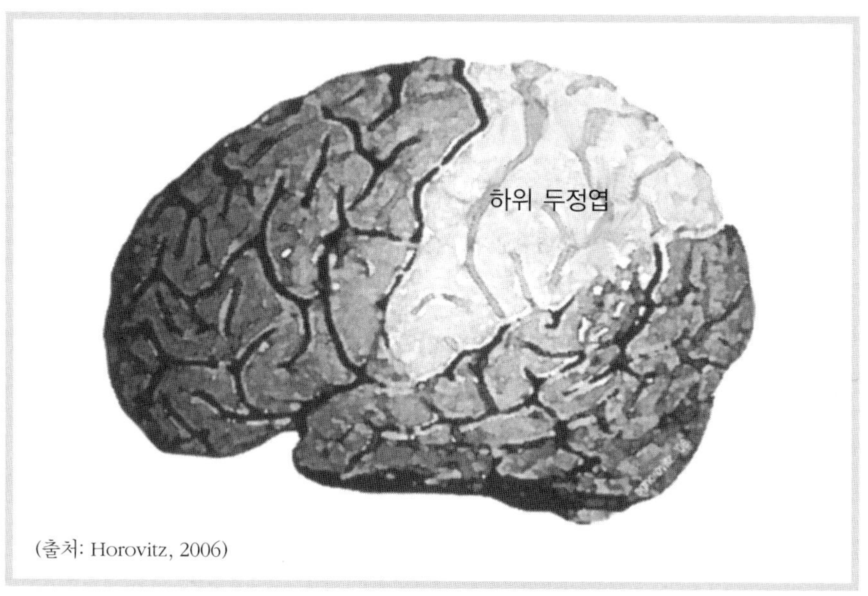

(출처: Horovitz, 2006)

[그림 8-1]

수 있고 재능이나 적성을 개발하도록 한다는 제안으로 나아가고자 한다. 수화를 배우는 것은 시각적 수준의 복제를 요구한다. 따라서 수화는 거울세포의 기능을 자극해야 하는 면에 있어 가장 근접한 언어라고 할 수 있다.

습득 도구로서 컴퓨터 기반 학습

청각장애/청력 손상을 가진 사람이 건청인과 똑같은 방식으로 읽는 기술을 습득하려고 할 때, 그 과정과 관련된 어려움(특히 적절한 속도와 억양 습득과 음운 변환)은 청각장애인의 경우 더 오랫동안 지속될 수 있다. 음성, 조음, 소리의 강도와 호흡을 함께 협응하는 데 있어서의 문제는 청각장애의 경우 청각적 피드백과 모델링이 결핍되기 때문에 더욱 심각하게 다가올 수 있다. 따라서 청각장애/청력 손상을 가진 사람의 읽기는 일반적으로 불규칙적이고 단조로우며 듣는 사람이 이해할 수 없는 경우가 많다. 그러나 받은 메시지를 전달하는 것은 의심할 여지없이 너무나 중요하다. 이러한 문제는 청각적 피드백의 결핍으로 일어나는 문제와 언어적 결함으로 인한 문제의 두 가지 방식으로 나타나게 된다. 읽기 분석은 대화자를 참조해서 만들어지기 때문에, 읽기 조음의 분석과 발음뿐만 아니라 맥락에서 그 의미의 연관성까지 크게 손상될 수도 있다. 언어적 결핍은 어휘의 부족 및 빈약한 구문론적 구조를 가져오며 (언어의 형태론적 측면에서 유래한) 의미론적 가치와 언어의 맥락적 이해의 손상을 낳는다.

만약 누군가 앞서 언급했던 인지적 발달을 돕는 학습 과정을 청각장애인에게 만들어 내기를 원한다면, 다음과 같은 다양한 하드웨어와 소프트웨어 자원을 구비하여 하이퍼미디어나 다중매체를 활용한 컴퓨터 시스템이 요구된다.

(1) 의미 있는 문맥 내에서 다양한 구어 변수를 교정하기 위한 보이스 카드

(2) 수화, 수화 사전, 지화술이나 시각-음성 지원 프로그램 등에서 사용되

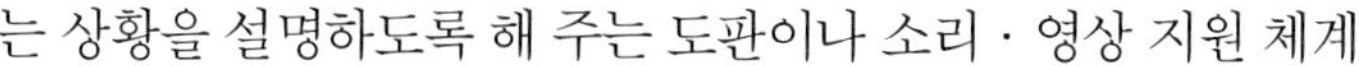

는 상황을 설명하도록 해 주는 도판이나 소리 · 영상 지원 체계

(3) 향상된 독화를 위한 입술 형태 교정 훈련 활동을 돕는 컴퓨터 비디오

(4) 음악적 구조의 운율과 함께 작동하도록 하는 진동-촉각적 출력

(5) ALLALO(시각적 인지, 입술 운동, 어휘 접근을 다루는 연습 및 평가 검사), VISHA(소리의 유무와 강도에 따른 학생 훈련과 동시에 음성 출력을 분석하는 음성 기반 체계), HANDS ON(컴퓨터에 저장된 문장이 화면에 비치는 미국식 수화[ASL] 비디오에 결합되는 것으로, 실제 인물을 스크린에 비춰서 미국식 수화[ASL] 로 의사소통을 할 수 있도록 하는 레이저 디스크 기술), LAO (Lenguaje Asistido por Ordenador, 컴퓨터 보조 언어)와 같이 현재 존재하는 소프트웨어 프로그램과 유사한 프로그램으로, 그림을 움직이도록 하는 다양한 소프트웨어 프로그램을 통한 디지털 심상 출력을 통해 단어의 정의적 또는 설명적 측면뿐만 아니라 그 사용의 예와 같은 수화와 관련된 심상을 제공

미술치료, 하이퍼미디어 및 컴퓨터 애니메이션: 정서장애에 대한 적용

행동적 문제나 정서적 문제를 가진 모든 연령의 대상에 대한(Kramer, 1975; Naumburg, 1980; Silver, 1989; Moon, 1990; Horovitz-Darby, 1994; Horovitz, 1999, 2004, 2005a), 그리고 특히 청각장애/청력 손상 집단에 대한(Henley, 1992; Horovitz, 1988, 1999, 2004, 2005; Horovitz-Darby, 1988, 1991, 1994; Silver, 1970, 1976) 미술치료 기법의 효과는 오랫동안 입증되어 왔다. 그러나 CAL(Computer Assisted Learning; 컴퓨터보조학습)을 미술치료와 결합하는 것은 상대적으로 개발되지 않은 잠재력을 가진 영역이라 할 수 있다. 1989년 초반, Canter는 미술치료 회기에서 소프트웨어를 통해 창의적인 실험을 실시하였다. Canter(1989)는 창조적이고 지적인 도전을 불러일으키는 자극에서 제어

효과로 인해 소근육 협응에 곤란을 가지거나 충동성, 파괴적 성격을 가진 사람에게 컴퓨터가 건설적이고 유익한 도구가 될 수 있다는 것을 발견하였다. 더욱이 3개월의 연구 후 다음과 같은 결과가 나타났다.

(1) 주의집중 시간이 10분에서 1시간 이상으로 증가함
(2) 그림과 애니메이션 프로그램을 통해 시각적 표현이 향상함
(3) 내담자가 음악이나 음악 작곡에 익숙하지 않더라도 컴퓨터를 통한 음악적 표현이 가능하게 됨
(4) 타인의 긍정적 보상 경험으로 인해 자신감, 창의성, 문제해결 능력이 개발됨
(5) '사용자 친화적 환경'으로 인해 환경에서 갈등 없이 내담자의 향상된 의사소통 기술을 함양함

그러나 치료적 도구로서의 창의적 소프트웨어와 결합된 개인 컴퓨터(PC)의 힘과 어떻게 이러한 힘이 정서장애를 가진 청각장애/청력 손상 집단과 같이 좀 더 특별한 대상자에게 영향을 미치는지에 대한 것은 아직 연구되지 않고 있다.

Turkle(1984)은 컴퓨터를 이용한 구체적인 표현을 통해 사람들이 그들 자신에 대해 생각하는 방식을 컴퓨터가 변화시켜 준다고 결론 내렸다. Hopkins(1991)는 정서 및 행동 장애를 가진 아동을 대상으로 컴퓨터 기술을 활용하는 것에 대한 영향에 관해 연구하였다. 정서장애를 가진 청각장애 내담자와의 작업에서, 앞서 언급했던 연구자들은 컴퓨터의 사용이 동기를 높이고, 학습의 속도를 통제하며 자아상과 자존감을 향상하고, 현재 자신이 할 수 있는 것과 할 수 없는 것 사이의 차이를 줄이며, 전반적인 집중 시간을 향상한다고 주장하였다. Rutter(1967)는 언어적 기술, 지각 및 지각-운동 기술은 종종 정서적 행동적 어려움을 가진 아동에게 불리하게 작용한다고 밝혔다.

그러나 모니터는 TV 화면과 비슷하고 이러한 화면을 오랜 시간 보는 것에

익숙한 아동은 작고 밝게 빛나는 영역에 좀 더 오랫동안 주의집중이 가능하기 때문에, 여전히 컴퓨터는 생산성과 연관되어 있다. 정보 기술은 비판단적 교수 체계를 통해 사용자 친화적인 것으로 고려되고 있고, 따라서 행동 문제를 가지는 정서장애 학생은 이러한 환경에 잘 견뎌 나가는 것으로 보인다. 화면에 비친 캐릭터에 그 문제를 투사할 수 있게 되는 것은 다른 방식에서는 할 수 없었던, 그들이 더욱 분리된 상태에서 침착하고 생산적인 방식으로 작업을 할 수 있게 하는 것이다.

예를 들어, Bailey와 Weippert(1992)는 최중도의 청력 손상을 가진 2명의 어린 원주민 소녀를 대상으로 언어 및 행동 반응의 향상을 위한 컴퓨터 기반 학습의 유효성을 사정했던 질적인 사례 기반 연구에 대해 기술하였다. 게다가 구문론적 오류는 45%에서 25%로 감소하였다. 주목할 만한 것은 문화적 차이가 있음에도 원주민 소녀는 움츠러들거나 컴퓨터에서 사용되는 언어나 기술에 의해 혼란스러워하지 않았다는 것이다. 따라서 컴퓨터 기반 학습은 원주민 아동과 마찬가지로 어린 청각장애 아동에게 언어적 능력과 참여 및 주의집중 행동을 향상할 수 있는 것으로 판단된다.

청각장애는 구어의 문제는 아니지만 결핍된 개념으로 인해 좌절을 일으킬 수 있다. 언어뿐만 아니라 미술도 개념을 의사소통하는 수단이고, CAL과의 결합은 자존감, 의사 전달의 추론, 행동적 관리를 향상하는 것으로 이미 입증되어 왔기 때문에, 향상된 의사소통과 행동 관리는 앞서 말한 소프트웨어와 하드웨어를 적용해 증대하는 데 있어 합리적인 이유가 될 수 있다. 또한 디지털 장비와 아이무비(Imovie)와 같은 단순한 편집 도구를 사용한 영화 만들기는 창의력, 인지적 발달, 자존감 향상을 촉발하는 역할을 할 수 있다. 사실 Horovitz(2002, 2003, 2005b)는 4년에 걸쳐 한 아동과 영화 만들기 작업을 했고, 이를 통해 향상된 인식, 행동적 변화, 운율 체계와 조음에서의 향상뿐만 아니라 성숙과 인지적 발달까지 이끌어 냈다.

경험의 질적인 부분은 말로는 설명할 수 없는 부분이 있지만 미술을 통해서는 똑똑히 나타낼 수 있다. 말풍선이 없는 만화가 오히려 더 다양한 감정을 담아낼 수도 있다. 심지어 읽고 쓰는 사회의 건청인에게도 구어적 언어만으로는 충분치 않을 때가 있다.

미술은 많은 정신적 과정의 연습이나 훈련이 필요하다. 미술은 의식을 또렷하게 하고 기억을 강화한다(Silver, 1970, 1976). 어린 청각장애 아동은 종종 가상 경험 또는 대리 경험을 언어화할 수 없지만 그러한 것을 그림으로 그릴 수는 있다(Horovitz, 2004, 2005a). 많은 미술치료사가 미술은 조직화가 필요하고 판단에 대한 지속적인 연습이 요구되기에 추론 능력을 발달시킨다며 주장하고 증명해 왔다. 미술은 정서를 드러내게 하는 것 이상의 작용을 한다. 정서적 긴장에서 해방함으로써 미술은 통합을 가능하게 하고 치유적임을 알 수 있다. 또한 시각적 표현은 청각장애인에게 더 강렬하게 나타나는 것으로 보인다. 아마도 청각장애인의 경우 그들의 의사소통 경로가 이미 제한되어 있고, 시각적인 것에만 맞추어져 있기 때문에(하위 두정엽), 심상을 만드는 기회를 놓치지 않을 것으로 보인다. 역설적으로, 청각장애인은 청각적 대화의 즐거움을 알지 못하기 때문에 쓸모없는 수다가 그들을 산만하게 만들지 못한다. 창의적 표현을 격려하고 그 기회를 제공함으로써, 아마도 청각장애인은 우리가 우리의 눈을 통해 들을 수 있는 말을 만들어 낼 수 있을 것이다.

언어가 생각을 표현하는 유일한 수단은 아니다. 상징이 작동할 때는 언제나 그 의미가 있다. 그림은 단어보다 더 많은 상징적 표현을 담고 있다. 처음부터 말했듯이, 미술은 내적으로든 외적으로든 그 형태뿐만 아니라 내용을 통해서 경험과 사고를 의사소통하도록 돕는다. 미술의 의미는 매우 보편적이어서 언어와 문화를 초월한다. 마치 작가가 단어를 사용하듯이, 미술가는 특정한 형태나 공간, 선, 질감, 색과 같이 가소성이 있는 요소를 사용한다. 표상에는 기억을 동원하여 경험에 대한 개관과 생각의 명확화를 하는 것이 필요하다. 단어와 마찬가지로, 시각적 상징은 다른 방법으로는 표현할 수 없거나 사라졌을 개념을 보존하도록 한다. Silver(1970, 1976)에 따르면, "언어적 장애에 있어서"

그림은 개인의 지식 기반을 그려 내는 동시에 다른 이와 공유하는 방법이 된다.

정서장애를 가진 청각장애/청력 손상이 있는 사람의 경우 추상적 능력을 발달시킬 기회가 부족한 것으로 알려져 있다. CAL은 하이퍼미디어/컴퓨터 애니메이션 및 영화 만들기와 결합되면서 상상, 연합, 기억, 지각, 조직화, 언어 습득의 연습 기회를 촉진할 수 있었다. CAL 장비의 기능은 단지 창의성을 극대화할 수 있는 컴퓨터 인터페이스를 제공하는 것이다.

미술치료와 CAL의 결합에 대한 가설

증가된 의사소통, 주의집중 시간, 긍정적 자기 가치는 미술치료 기법과 결합된 CAL에서 예상할 수 있는 성취일 것이다. 그림이나 디지털 심상은 컴퓨터에 스캔되거나 연결되어 다양한 소프트웨어를 통해 조작되어, 청각장애 환자에게 시각적이고 움직이는 이야기를 만들어 낼 기회를 제공한다. 이러한 미술작품은 추상적 사고, 공간적 추론에 대한 통합을 촉진하고, 현재 가지고 있는 의사소통의 양식을 증대한다. 추가로, 하이퍼미디어를 적용하여 그들의 작품을 조작하는 환자의 능력은 향상된 주의집중 시간과 사전/사후 측정으로 사용될 실버그림검사(Silver, revised 1996)에서의 발달적 성취를 통해서도 사정될 수 있다.

이 절차는 하이퍼미디어나 CAL의 적용과 결합된 미술치료 기법을 오픈 스튜디오 체제에서 일주일에 최소 2회의 개입을 가지는 형식으로 도입할 필요가 있다. 연구는 최소 일주일에 2회의 회기를 가지는 것이 치료적 과정을 촉진하고 그보다 적을 경우에는 결과 중심의 사정을 위태롭게 할 것이라고 제시하고 있다(Harvey, 1982; Henley, 1992). 또한 회기의 길이는 한 시간은 되어야 하며, 가능하다면 3시간 정도의 상호작용이 있어야 한다(Kramer, 1975). 그 이유는 다양하지만 이 경우에는 꽤 구체적으로 제시할 수 있다. 먼저 청각장애 환자는 적용된 소프트웨어를 어떻게 사용하는지를 배우고, 디지털 스캔을 하는 미술 작업에 참가하며, 그 작업으로 애니메이션이나 영화 장면을 만드는 활동까지 시작해야 한다. 프로그램을 사용하는 것이 많은 교육과 시행착오를 요구하기 때문에 일정 수준의 좌절이 있을 수 있다. 이미 언급했듯이, 과거의 연구들은 정서장애를 가진 학생의 학습 과정을 강화하는 데 대한 (사용자 친화적 도구인) CAL 도입의 장점을 제시하였다. 또한 오픈 스튜디오 체제의 제공은 놀이와 실험의 요소를 도입하도록 하여 학습 과정을 필연적으로 강화하게 될 것이다. 결과적으로 이러한 체제 연구의 기반은 고등교육 기관에서 제공되는 학습 기반 환경과 유사한 구조화된 오픈 스튜디오가 되어야 한다. 컴퓨터 연구실을 이러한 방식으로 모델링하는 것은 책임 있는 행동과 사회적 상호작용을 주입할 수 있도록 할 것이다.

또한 모든 회기는 교육적 성공뿐만 아니라 좌절과 의사소통의 실패를 이끄는 정보를 분석할 수 있도록 비디오테이프를 통해 관찰되어야 한다. (정신적 장애가 심하고 이중진단을 받은 내담자는 좌절이 파괴적 행동을 이끌며, 그러한 경우에는 스튜디오에서 배제되어야 할 수도 있다.) 컴퓨터 장비를 다루는 것에 대한 규칙이 게시되고 시행되면, 연구는 그러한 행동을 예방하는 요인에 대한 대책을 세워야 한다. 앞서 언급한 연구자들이 증명했듯이(Kramer, 1975; Henley, 1992; Allen, 1995; McGraw, 1995; McNiff, 1995), 오픈 스튜디오 공간은 신체적 이완과 창조성을 향상하며 비선형적 의사소통을 지원한다. McNiff(1995, p. 183)에 따르면 다음과 같다.

> 우리는 스튜디오와 매체가 어떤 역할을 하며, 어떻게 미술작품이 우리 자신이나 우리에게 영향을 받은 타인에 의해 만들어지는지에 초점을 맞춤으로써 미술치료의 실제를 재구성한다. 우리가 우리의 영혼의 눈으로 미술치료를 바라볼 때, 우리는 영향력의 생태적인 장과 창조라는 완전한 존재를 보게 될 것이며, 이는 행동과학의 개념이나 일차원적 언어와는 맞지 않는 것이다. 미술을 통한 치유의 주류는 항상 스튜디오에서 흘러나올 것이다.

필자의 (30년 이상의) 경험에서 볼 때, 미술 매체의 제공은 파괴적인 태도를 조장하기보다는 실제로 행동화(acting-out) 행동을 완화하였다. 오픈 스튜디오 체제의 제공을 통해 피험자는 자유의지에 따라 나가거나 남아 있을 수 있는데, 따라서 잠재적으로 구속하는 환경이 제거되는 것은 종종 폭력적인 행동이 악화되는 결과를 가져올 수 있다. 누군가에게 좌절이 일어날 것이라 생각된다면 보조 인원을 통한 위기 중재를 활용하는 것이 필요할 것이다.

결과 중심의 사정은 비디오테이프 분석과 (계열적 순서, 보존, 언어 습득, 공간적 추론, 상상을 창조하는 기술과 같은 개념을 포함한 인지적 기능을 시간에 따라 측정하도록 설계된) 실버그림검사의 사전/사후 결과에서 나타난 자료를 포함할 수 있으며, 하이퍼미디어 적용과 CAL 구조를 통해 만들어 낸 실제 미술작품도 포함될 수 있다.

청각장애/청력 손상을 가진 사람은 비언어적 개입에 매우 잘 반응하기 때문에, 사전-사후 실버그림검사와 같은 검사 배터리가 피험자에게 실시되어야 한다(Silver, revised 1996). 그림은 지난 50년 동안 지능을 사정하기 위해 사용되어 왔다. 벤더 시각운동형태검사(Bender, 1938), 인물화지능검사(Goodenough-Harris, 1963), 인물화검사(Koppitz, 1968), 토랜스 창의성검사(Torrance, 1984)를 포함한 몇 가지 검사는 유창성, 융통성, 독창성, 정교성을 측정하며, 개념적 문제를 실제적으로 해결하는 능력을 측정하기 위해 고안된 것은 아니다.

실버그림검사(SDT)에서 그림은 생각을 전달받고 표현하는 일차적인 경로로서 언어와 같은 역할을 담당한다. 자극 그림은 문제의 해결과 개념의 표상을 나타내는 반응 그림을 촉진한다. 세 가지 하위검사인 예측화, 관찰화, 상상화는 인지적인 응답과 정서적인 응답이 필요하다. 또한 Silver revised(1996)는 이 검사를 특히 청각장애 인구를 염두에 두고 개발하였다. 그 결과, 이 검사의 결과는 WISC-R과 같은 전통적인 방식의 다른 검사와 상관관계를 보이고 있다. 실버그림검사의 발달적 기법은 국립교육연구소 프로젝트 #79-0081 (National Institute of Education Project #79-0081)에 나와 있으며, Silver

(1996)에 대해 다루고 있는 5장의 부록 C에서도 볼 수 있다.

실버그림검사(SDT)의 사전/사후 검사 자료에서 모은 정보는 발달적 그리고 인지적 지연을 보여 줄 수 있고, 또는 하이퍼미디어나 컴퓨터 애니메이션을 활용한 실험으로 인한 컴퓨터 기반 학습의 기능과 직접적으로 관련된 성취를 뒷받침할 수 있다. 하이퍼미디어와 결합된 CAL은 (건청인 집단과의 작업에서) 인지적 그리고 발달적 촉진을 효과적으로 중계한다는 연구가 이미 많지만(건청인과의 작업에서), SDT를 통해 나타난 자료는 발달적인 관점에서의 발견을 추정할 수 있을 뿐만 아니라 분석되고 측정될 수 있는 양적 자료까지 제공한다.

또한 이전에 기술했듯이 향상된 언어 습득, 의사소통, 발달적 그리고 행동적 변화를 이끌었던 특정 소프트웨어나 프로그램의 영향과 관련되어 있는 행동의 변화를 시간에 따라 사정하기 위해 모든 회기는 비디오테이프로 기록되어서 이후에 분석된다.

앞서 언급했던 소프트웨어와 결합된 미술치료의 적용은 사실 학습 과정을 유도하고, 자존감을 북돋아 주며, 의사소통과 사회적 상호작용의 향상을 이끌어 낸다고 제안되고 있다.

교육에서 적용되는 컴퓨터 기술은 (지능적 교수 체제, 프로그램 학습 체계 등) 무수히 많지만, 많은 연구자는 하이퍼미디어/다중매체 기법이 효과적으로 학습을 촉진한다고 결론 내리고 있다. 컴퓨터와 결합된 미술치료에서의 정보의 취급과 접근성, 그리고 그 구조는 정신적 과정을 닮아 있으며, 사실 학습 과정에 관여하는 조사하고 연구하는 속성을 찾아내고 자극하는 것이다(Jonassen, 1992).

인간에게서 나타나는 주요한 변화는 초기 인류가 존재를 지속하기 위해 서로 단결하여 도구와 전략을 만들어 냈을 때부터 발달해 왔다. 이는 상호 의존과 혁신을 촉진하였다. 그 결과로 문화의 적용을 통한 지식의 영속화가 나타났다. Van Schaik(2006)에 따르면, "과거 1만 년 동안의 기술의 폭발은 석기시대부터 시작한 뇌의 진화와 더불어, 문화적 입력이 제한 없는 성취를 촉발할

수 있다는 것을 보여 준다. 문화[5]가 실제로 예전의 뇌에서부터 새로운 마음을 만들어 낼 수 있다" (p. 71).

청각장애인은 '거울신경세포'의 정보 전달을 통해 학습을 하는 경향인 시각적 문화를 가진다고 알려져 있다. 이는 청각장애인의 언어뿐만 아니라 농인(Deaf)을 묘사할 때 대문자 'D'를 쓰도록 요구하는 문화에도 잘 나타나 있다. 농 문화는 점점 수화만을 사용한 단순한 의사소통을 능가하고 있다. 이는 실로 문화가 대부분 거울신경세포의 전달을 통한 학습을 잘 보이고 있다는 것을 뜻한다.

미술과 CAL이라는 보조매체는 동일한 신경 경로에 영향을 미치기 때문에 이러한 형태의 학습에 직접적으로 반영된다. 현재 독자적으로 발전해 나가고 있는 컴퓨터 기술의 미래를 이해하기 위해서는 문화적(세계적) 교류와 컴퓨터에 대한 이해와 의미가 필요하다. 『디지털이다(*Being Digital*)』의 저자이자 권위자인 Negroponte(1995)에 따르면, 새로운 생각은 서로 다른 차이에서 오는 것이다. 창의성은 이 같은 '있을 것 같지 않은 병치'에서 나타난다. 차이를 극대화하는 것은 상상하도록 하고, 창의성에 연료를 공급해 주며, 낙관주의와 열정을 만들어 낸다. 어쩌면 이것이 우리가 목표로 하는 것일 수 있다.

참고문헌

Allen, P. (1995). Coyote comes in from the cold: The evolution of the open-studio concept. *Arts in Psychotherapy, 12*(3), 161-166.

Bailey, J., & Weippert, H. (1992). Using computers to improve the language competence and attending behaviour of Deaf and aboriginal children. *Journal of Computer Assisted Learning, 8*, 118-127.

Bender, L. (1938). *The Bender visual motor integration test.* New York, NY: The

5) 편저자 주: 특정 기술의 사회적 학습.

American Orthopsychiatric Association, Inc.

Buss, D. (Ed.). (2005). *The handbook of evolutionary psychology.* Hoboken, NJ: John Wiley & Sons, Inc.

Canter, D. S. (1989). Art therapy and computers. In Harriet Wadeson (Ed.), *Advances in Art Therapy.* New York, NY: Wiley & Sons, Inc.

Carretero, M., & Garcia, J. A. (1984). *Lectures de Psicologia del Pensamiento.* Madrid, Spain: Alianza Editorial.

Chomsky, N. (1965). *Aspects of theory of syntax.* Cambridge, MA: MIT Press.

Crystal, D., Fletcher, P., & Garman, M. (1976). *The grammatical analysis of language disability.* London: Arnold.

Dissanayake, E. (1992). *Homo Aestheticus: Where art comes from and why.* New York, NY: The Free Press.

Dobbs, D. (2006). A revealing reflection. *Scientific American Mind,* April/May, 22-27.

Fourcin, A. J. (1982). Desarralo Linguistico en Ausencia de Lenguaie Expresivo. In E. Lennenberg (Ed.), *Fundamentos del Desarrollo del Lenguaje.* Madrid, Spain: Alianza.

Goodenough, F., & Harris, D. B. (1963). *Children's drawings as measures of mental maturity.* New York, NY: Harcourt, Brace, and World.

Harvey, M. A. (1982). The influence and use of an interpreter for the deaf in family therapy. *American Annals of the Deaf,* 819-827.

Henley, D. R. (1992). *Exceptional children, exceptional art: Teaching art to special needs.* Worcester, MA: Davis Publications, Inc.

Hopkins, M. (1991). The valus of information technology for children with emotional and behavioural difficulties. *Maladjustment and Therapeutic Education,* Win, *9*(3), 143-151.

Horovitz, E. G. (1981). Art therapy in arrested development of a preschooler. *Arts in Psychotherapy, an International Journal, 8*(2), 119-126.

Horovitz, E. G. (1983). Preschool aged children: When art therapy becomes the

modality of choice. *Arts in Psychotherapy, 10*(2), 23-32.

Horovitz, E. G. (1988). Short-term family art therapy: A case study. Chapter 11 in *Two decades of excellence: A foundation for the future.* (Eds. Watson, D., Long, D., Taff-Watson, and Harvey, M.). Little Rock, AR: American Deafness and Rehabilitation Association (ADARA).

Horovitz-Darby, E. G. (1988). Art therapy assessment of a minimally language skilled Deaf child. Proceedings from the 1988 University of California's Center on Deafness Conference. *Mental Health Assessment of Deaf Clients: Special Conditions.* Little Rock, AR: ADARA.

Horovitz-Darby, E. G. (1991). Family art therapy within a deaf system. *Arts in Psychotherapy, 18,* 251-261.

Horovitz, E. G. (1999). *A leap of faith: The call to art.* Springfield, IL: Charles C Thomas.

Horovitz, E. G. (2002). *Art therapy and speech/language therapy: An interdisciplinary approach.* [DVD]. Rochester, NY: Julia Production, 16-minute film.

Horovitz, E. G. (2003). *Paddle to the sea: A psychopuppetry documentary.* [DVD]. Rochester, NY: Julia Production, 16-minute film.

Horovitz, E. G. (2004). *Spiritual art therapy: An alternate path.* Springfield, IL: Charles C Thomas.

Horovitz, E. G. (2005a). *Art therapy as witness: A sacred guide.* Springfield, IL: Charles C Thomas.

Horovitz, E. G. (2005b). *Yo-Yo Man.* [DVD]. Rochester, NY: Julia Production, 15-minute film.

Horovitz-Darby, E. G. (1991). Family art therapy within a deaf system. *Arts in Psychotherapy, 18,* 251-261.

Horovitz-Darby, E. G. (1994). *Spiritual art therapy: An alternate path.* Springfield, IL: Charles C Thomas.

Jonassen, D. H. (1992). Designing hypertext for learning. New directions in educational technology. *Proceedings of the NATO Advanced Research Work-*

shop, I.

Koppitz, E. M. (1968). *Psychological evaluation of children's human figure drawings.* New York, NY: Grune & Stratton.

Kramer, E. (1975). *Art as therapy with children.* New York, NY: Schocken Books.

Meadow, K. (1980). *Deafness and child development.* Berkeley, CA: University of California Press.

McGraw, M. (1995). The art studio: A studio based art therapy program. *Arts in Psychotherapy, 12*(3), 167-174.

McNiff, S. (1995). Keeping the studio. *Arts in Psychotherapy, 12*(3), 179-183.

Moon, B. L. (1996). *Existential art therapy: The canvas mirror.* Springfield, IL: Charles C Thomas.

Moores, E. (1982). Educating the deaf: Psychology, principles and practices. Boston: Houghton-Mifflin.

Naumburg, M. (1980). *Dynamically oriented art therapy: Its principles and practices: Illustrated with case studies.* Chicago, IL: Magnolia Street Publishers.

Negroponte, N. (1995). Being decimal. *Wired,* November, 252.

Rodriquez, J. M. (1990). La Deficiencia Auditiva: Un Enfoque Cognitivo. *Publicationes de la Universidad Pontifica de Salamanca.* Salamanca.

Rutter, M. (1967). A children's questionnaire for completion by teachers. *Journal of Child Psychology and Psychiatry, 8,* 1-11.

Schein, J. D., & Delk, M. T. (1974). *The Deaf population of the United States.* Silver Spring, MD: National Association of the Deaf.

Sieflbuch, R. (1980). *Non-speech language and communication.* Baltimore, MD: University Park Press.

Silver, R. A. (1970). *Art and the Deaf. Bulletin of Art Therapy.* Washington, DC: Ulman.

Silver, R. D. (1976). *Shout in silence, visual arts and the Deaf.* Rye, NY: Silver Publications.

Silver, R. A. (1978). *Developing cognitive and creative skills through art.* Baltimore,

MD: University Park Press.

Silver, R. (1989). *Developing cognitive and creative skills in art through art programs for children with communication disorders.* Baltimore: University Park Press.

Silver, R. A. (1996). *The silver drawing test of cognition and emotion.* Sarasota, FL: Ablin Press.

Torrance, E. P. (1984). *The Torrance test of creative thinking, figural form.* Bensenville, IL: Scholastic Testing Service, Inc.

Turkle, S. (1984). The second self. *Computer and the human spirit.* New York, NY: Simon & Schuster.

Van Schaik, C. (2006). Why are some animals so smart? *Scientific American,* April, 64-71.

Vygotsky, L. S. (1962). *Thought and language.* Cambridge, MA: MIT Press.

제9장

청각장애인 기숙학교에서의 미술치료 프로그램 제공에 대한 임상적, 운영 · 공급상의 문제

-Carole Kunkle-Miller

■ 서론

청각장애인은 의사소통 능력이라는 지극히 중요한 기술이 손상된 세상에서 살고 있다. 이러한 손상은 종종 구어나 언어의 발달 지연을 초래하므로, 흔히 간단한 사고나 감정을 표현하려는 시도조차도 좌절을 일으킬 수 있다. 그리고 이러한 부정적 감정이 주어지는 시간은 자신감이나 정서적 안정과 관련한 어려움을 낳거나 높일 수 있다. Robinson(1978, p. 5)은 "청각장애인은 스트레스를 받는 하나 이상의 다양한 상황을 경험하게 되는데, 이러한 상황의 예로, 대개 유아기 때부터 시작되는 의사소통 문제, 어린 나이에 겪는 가족과의 분리, 고용 차별, 편견과 비웃음, 주류 사회에서의 고립 등이 있다."라고 명시하고 있다. Brauer(1981)는 청력 손상을 가진 사람의 일반적인 특성과 정신건강 문제가 나타날 가능성에 대해 다음과 같이 말한다.

> 많은 이들이 다음과 같은 의견에 동의할 것이다. 첫째, 청각장애인 다수가 삶의 문제에 대해 효과적으로 대처하는 방법을 가지지 못하고 있다. 둘째, 많은 수의 청각장애인이 학습된 무기력을 경험하고 있다. 셋째, 청각장애인의 경우 세상은 종종 아무런 설명 없이 사건이 일어나는 곳이라는 경험을 공통으로 가지고 있으며, 따라서 이는 그들에게 외적 통제 소재를 발달시키게 한다. 다시 말해, 그들은 신기하게도 모든 문제를 해결하는 데 있어 '지배적인 타인'에게 수동적이고 과도한 기대를 발달시키게 된다. 마지막으로, 몇몇 사회 환경적 요인은 청각장애인으로 하여금 스트레스, 불안, 비정상적인 상태를 초래하도록 기능할 수 있다(p. 7).

청력 손상 아동의 정서 적응과 관련한 문제는 아동기의 통상적인 스트레스 요인이라 할 수 있는 '정상적인 사회적 상호작용'을 방해하는 언어나 의사소통의 어려움으로 나타나는 경향이 있다(Warren & Hasenstab, 1986, p. 289). Schlesinger와 Meadow(1972)는 청각장애인 기숙학교에서 정서장애 발병에 관해 연구하였다. 그들은 이들 아동의 10% 이상이 심각한 정서장애였으며, 약 20% 아동은 덜 심각한 정서장애를 보였다고 보고하였다. 이와 유사한 연구로, Forquer와 Gibney(1984)가 펜실베이니아에서 수행한 연구 결과 역시 청력 손상 학령아동 집단의 10% 이상이 행동 문제를 가지고 있음이 발견되었다. 또한 이들 학생 중 71%가 즉각적인 서비스가 필요하며, 이 71%의 학생 중 67%는 외래 서비스, 나머지 4%는 입원치료 서비스가 요구된다고 보고하였다.

청각장애인을 위한 숙련된 직원의 부족 그리고/또는 자금 부족 때문에, 종종 적절한 정신보건 서비스가 제공되지 않고 있다(Forquer & Gibney, 1984). 1978년에 미국 정신보건위원회에서는 "그러한 서비스가 필요한 청각장애인의 85%가 이용할 수 있는 서비스가 없기 때문에 서비스를 제공받지 못하고 있다."(Sachs, Robinson, & Sloan, 1978, p. 1001)라고 보고하였다. 건청 아동을 위한 초등학교에서는 일반적으로 학교 심리학자와 생활지도 상담자가, 더 심각한 정서적 또는 행동적 문제에 대해서는 정신보건 분야의 전문가에게 의뢰할 수 있는 자원을 가지고 있다. 그러나 청각장애인 기숙학교에서는 (워싱턴 DC 또는 뉴욕 주의 로체스터와 같이) 상당수의 청각장애인이 도시에 소재하지 않는 한 이러한 전문적인 의뢰 지원망이 존재하지 않는다. 그렇기 때문에 만약 청각장애 아동에게 필요한 심리치료가 학교에서 제공되지 않는다면 아동의 호전은 기대할 수 없을 것이다. 따라서 정삭장애인 기숙학교에 다니는 아동의 경우, 기숙학교에서 일반적으로 제공하는 생활지도 및 적응 상담 프로그램 이외에도 표현예술치료와 같은 비언어적 심리치료를 제공하는 포괄적인 정신보건 프로그램이 분명 필요하다.

비언어적 의사소통을 제공하는 치료 양식은 청각장애인이 살아가면서 겪게 되는 의사소통 손상에 의한 어려움을 극복하는 데 도움이 된다. 예술을 통해 활용할 수 있는 비언어적인 의사소통과 표현은 청각장애를 가진 아동이나 청

소년의 자원을 개발할 수 있도록 한다. 이에 대한 논의로 이들 집단에게 효과적인 것으로 증명된 치료 기법에 대해 폭넓게 기술하고자 하며, 임상 자료와 더불어 그러한 기법을 적용한 실례를 소개할 것이다.

문헌 고찰

청각장애를 가지고 있다는 것이 불가능을 의미할 수도 있지만, 그것이 아동의 창의력과 예술적 능력에 있어 반드시 부정적인 영향을 미치는 것은 아니다. 청각장애 아동의 예술적 능력은 같은 연령대나 학년대의 정상 아동과 유사한 것으로 예측된다(Anderson, 1978). 청각장애인의 확산적 또는 창조적 능력에 있어 비언어적 검사 측정이 이루어질 경우 청각 손상을 입지 않은 아동의 능력과 유사하다는 점이 발견되었다(Laughton, 1979; Pang & Horrocks, 1968).

창조적 표현에 있어서 청각장애인의 잠재력이 확실시되고 있음에도, 창조적 예술 경험이 충분히 제공되지 않고 있다. 청각장애인의 경우, 추상적 사고 능력이나 상상력이 부족하다는 일반적 믿음에 입각하여, 청각장애인을 위한 많은 미술 프로그램이 자유로운 창조적 표현보다는 모방을 강조하는 경향이 있다. Harrington과 Silver(1968, p. 477)는 이러한 선입견에 대해 이의를 제기하면서 "청각장애 아동의 경우 자신의 상상력을 사용할 기회가 부족하다고 보는 것이 더 정확할 것이다."라고 하였다. Singer와 Lenahan(1976)이 실시한 상상력에 관한 연구는 청각장애 아동이 건청 아동보다 꿈, 놀이, 이야기 내용에 있어 더 실제적이고 덜 창조적이라고 밝혔다. 그들은 이러한 추상 개념과 상상력에 있어서의 어려움은 언어 능력의 제한과 관련되어 있다고 보았다. Singer와 Lenahan(1976)은 청각장애 아동에게 잠재되어 있는 상상력을 개발하는 방법으로 내적인 감정과 공상을 탐색할 수 있게 가르칠 것을 권장하였다.

창조적 미술 경험은 많은 학자에 의해 알려져 있듯이 교육적 가치 또한 크다. 이미 1959년에 청각장애인이 미술을 경험하게 되면 언어가 풍부해진다고 보고되었다(Jenson, 1959). 미술 경험이 보존, 계열적 순서, 대상의 분류, 공간적 관계와 같은 개념을 가르침으로써 추상적 사고 능력을 발달시킬 수 있는 것으로 보고하고 있다(Silver, 1976, 1977). Bell(1971)은 몽타주 혹은 콜라주와 같은 미술 기법이 문장을 형성하기 위해 단어를 조합하는 것과 같은 과정과 동일하게 이루어지므로 언어를 발달시키기 위해서도 적용될 수 있다고 제안하였다.

예술은 청각장애인으로 하여금 타인과의 상호작용이나 자기 표현을 경험할 수 있는 가능성을 높이기 때문에 치료적인 면에서 보았을 때 의사소통의 도구로 커다란 잠재력을 가지고 있다. 또한 미술 경험은 미술 매체와 그 내용을 스스로 조작하고 통제하는 과정을 통하여 환경을 통제하는 느낌을 만들어 내기 때문에, 미술이라는 것은 청각장애인에게 중요한 정서적 이점을 제공할 수 있다(Harrington & Silver, 1968). 즉, 청각장애인은 "긴장, 혼란, 외로움, 두려움에서 벗어나" 비판단적인 분위기에서 수용할 수 없는 부정적 감정에 대해 표현하는 것을 배울 수 있게 된다(Harrington & Silver, 1968, p. 477).

미술의 교육적이고 치료적인 잠재력을 고려해 볼 때, 많은 청각장애인의 충족되지 않은 정서적 욕구를 감안한다면 전체적인 치료 접근에 미술치료가 포함되는 것이 적합할 것으로 판단된다. Henley(1987)는 청각장애인 기숙학교에서 실시했던 치료적인 미술 프로그램에 대해 기술하였다. 그는 청각장애 학생이 "더 효과적인 방어를 발달시킬 수 있도록" 돕는 수단으로 미술을 사용하였고(Henley, 1987, p. 82), 그리고 장애에 대한 정서적 반응을 탐색하는 데 활용하였다.

이 장에서는 청각장애 아동을 위한 기숙, 사립학교에서의 치료적 프로그램을 개발하는 데 있어서의 어려움뿐만 아니라, 미술치료 프로그램을 통한 정서적 성장의 잠재적 가능성에 대해서도 기술하고자 한다. 아동에게 파괴적이고 공격적인 행동, 충동성, 빈약한 또래관계, 성적 부적응, 우울, 철회, 불안, 그리고 경우에 따라서는 현실성의 결여와 같은 어려움을 표현하도록 하였다. 청

각장애 아동 및 청소년은 개인, 집단, 그 밖에도 가족 미술치료에 참여하도록 선별되었는데, 이는 그들이 교육적 프로그램에서 더욱 충분한 혜택을 볼 수 있도록 하기 위해서였으며, 또한 (가족 구성원을 포함하여) 이러한 아동이 장애에 적응할 수 있도록 돕는 수단으로서 제공된 것이었다.

전통적인 언어적 치료에서는 단어를 사용하여 삶에서의 어려움을 표현하고, 결국 문제의 해결도 단어를 통해 가능하다. 예를 들어, 의사소통 장애와 같이 장애를 가진 많은 이들에게 언어화를 하거나 중요한 감정을 이해하는 것은 어렵거나 불가능할 수 있다. 실제로 서부 펜실베이니아 학교에서 많은 청각장애 학생을 대상으로 상담의 전통적인 언어적 접근을 사용하여 "그것에 대해 어떻게 생각하나요?(How do you feel about that?)"라고 정서적인 질문을 했을 때, 그들은 매우 어려워하였다. 그리고 이에 대한 반응은 일반적으로 다음 세 범주 중 하나로 나타났다.

(1) 무반응: 멍하니 쳐다보기
(2) 회피: 주제를 바꾸거나 또는 시선 피하기
(3) 부인: "괜찮아요, 난 행복해요."와 같은 반응

이러한 반응은 아동이 아무런 문제를 가지고 있지 않은 것으로 생각하게 만든다. 따라서 없는 문제를 만들어 내지 않는 것이 현명하다. 그러나 경험 있는 상담자나 치료사라면 아동에게 감정을 표현하는 수단이나 매개체가 부족하기는 하지만 그러한 아동의 감정을 알기 위해서는 비언어적인 단서인 아동의 행동을 보거나 듣는 것만으로도 가능하다는 것을 알고 있을 것이다. 청각장애인에게 있어 단어 또는 언어라는 것은 과거에 가졌던 의사소통에서의 반복적 시도와 실패 때문에 좌절감을 드러내는 것이라 할 수 있다. 청각장애 아동의 경우 의사소통이라는 것은 언어를 학습하는 과정에 익숙지 못한 그들에게 있어 매우 어려운 과제이며, 이는 건청인이 말을 배우게 되는 과정과는 다른 것

이다.

Thomas Goulder(1985) 박사는 "단어는 시간과 공간 내에 존재한다."라고 말하였다. 이에 따라 생각해 보면 단어는 추상적 개념에 해당하는 것으로, 생각의 의미 또는 감정을 충분히 표현하는 능력에 있어 한정되어 있다는 것을 말한다. (미국식 수화든 문어체 영어든) 다른 어떤 방법 없이 단어 하나만으로는 청각장애 아동이 그들의 복잡한 내면 사고나 감정을 표현하도록 돕는 데 충분치 않을 것이다. 10세 이하의 청각장애 아동은 자신의 사고나 감정을 의사소통하기 위한 적절한 단어나 수화를 학습하는 과정에서 여전히 고군분투하고 있다.

표현예술치료

전통적인 언어적 치료가 때때로 '대화에 의한 치유'로 기술되어 왔다면, 표현예술치료는 '행위에 의한 치유'로 설명될 수 있다. 표현예술치료라는 용어는 미술치료, 음악치료, 무용/동작치료, 드라마치료, 시치료를 포함하여 최근에는 사진/비디오치료까지 포함하면서 상당히 넓은 범위를 차지한다. 표현예술치료에서 개인은 충동이나 생각, 감정을 창조적인 상징으로 변형시키면서 그들의 감정을 드러내는 형태를 만들어 낸다. 이러한 상징은 중요한 감정을 대신하는 것으로, 그림이나 노래, 무용, 인형극의 줄거리, 시, 또는 자체 제작 영상 등이 포함될 수 있다. 미술, 드라마, 음악과 같은 표현예술치료는 비언어적이다. 따라서 이러한 치료는 청각장애인이 가지고 있는 비언어적인 강점에 초점을 맞추며 구두적인 부분의 약점은 최소화할 수 있다. 표현예술치료는 혼란스러움을 솔직한 감정으로 만들고 유형화하며 추상적인 것을 구체화할 수 있도록 도와준다. 단어가 사고와 감정에 대한 상징이듯 미술이나 놀이, 드라마는 상징을 활용하거나 또는 사고나 감정에 대한 상징적인 대체물로 생각될 수 있다. 단어는 말을 하는 순간 흔적도 없이 사라지지만, 미술이라는 형태는 영구적이다. 사람은 그림이나 조각을 통해 생생하게 재현된 느낌에 대해 쉽게 부

정할 수 없다.

예술은 상징을 제공하며, 이 상징은 공통적인 언어다. 아동이 '용'에 관한 극적인 이야기를 표현한다면, 그것은 죄악, 분노, 공격 및 힘과 관련된 감정이나 이미지를 전하는 것이다. 이는 강력한 감정에 대해 거리를 두는 수단을 제공함으로써 감정이 안전하게 표현되도록 한다. 학대받은 아동의 경우, 구두적으로 자신이 당한 구타를 인정하기보다는 마녀가 못된 아이를 잡아먹는다고 상상하는 편이 더 쉽다. 표현예술은 단어에 기반을 두지 않고 개인에게 창조적인 경험을 할 수 있는 기회를 허용한다. 표현예술치료는 추상적인 것을 구체화할 수 있도록 혼란스러운 것을 분명한 감정으로 명시화하는 데 도움을 준다. 표현예술치료는 청각장애인이 가지고 있는 언어적 약점을 최소화하면서 비언어적 강점에 중점을 둔다.

치료적 접근

필자가 개발한 치료 방식은 Naumburg(1947, 1966)와 Rubin(1978, 1984)이 기술한 미술치료에서의 정신분석적 접근과 Axline(1947)이 제시한 비지시적 놀이치료 접근에 기반을 둔 비지시적인 미술 · 놀이 면담법이다. 아동을 치료하는 데 있어 이러한 비지시적 접근은 다음과 같은 가정을 전제로 한다.

(1) 청각장애를 가진 많은 아동의 경우 기초적인 상징화 과정이 가능하다.
(2) 무의식적 감정이나 욕망은 투사가 개방된 상황을 통해 더 쉽게 드러난다.

이러한 표현예술치료 회기에서 내담자는 다양하고 폭넓은 표현예술 매체를 제공받게 되며, 그들이 원하는 것은 무엇이든 창조할 수 있다는 말을 듣게 된다. 이러한 매체에는 점토, 물감, 사인펜, 분필, 콜라주 재료뿐만 아니라 꼭두각시, 인형, 인형 집, 자동차, 트럭, 모래판, 변장(놀이)용 복장, 아기 장난감,

블록 장난감, 병원 놀이에 필요한 장비와 같이 놀이 기구도 포함된다. 필자는 극적인 놀이가 종종 미술 경험을 통해 자발적으로 나타난다는 것을 발견하였다. 다시 말해, 도움이 되는 재료를 활용하는 놀이 회기를 갖는 것은 청각장애 아동과 치료자 사이의 의사소통을 촉진할 수 있다.

청각장애인을 위한 서부 펜실베이니아 학교에 있는 필자의 동료들은 청각장애 아동의 경우 추상적인 사고 능력이 제한되어 있다고 필자에게 조언하였다. 그 의견에 따르면, 그 학생들은 명백하게 구조화되거나 지시적이지 않은 환경 속에서는 잘 기능할 수 없을 것이다. 또한 필자는 상징화 과정이 가능한 아동의 경우에도 의사결정에 있어 한정된 경험을 가지고 있어 치료 회기에서 선택의 자유는 큰 어려움을 가져다줄 것으로 보았다. 이에 따라 필자는 미술 매체로 교육적인 보조를 하고 주제를 제시하는 것이 바람직하다고 추측하였다. 그러나 거의 대부분 보조는 필요치 않았다. 일부 초기 회기 동안에는 치료 시간이 미술수업처럼 단계적으로 작업을 따라 하는 것이 아니라 학생들 자신의 아이디어를 개발하기 위한 것이라고 필자가 설명하자, 그들은 충격에 휩싸여 필자를 바라보았다. 그러나 사용할 수 있는 여러 매체에 대한 초기 탐색이 어느 정도 이루어지자, 학생들은 주어진 회기 동안 그들이 사용하기 바라는 매체를 표시하는 것에 편안함을 느끼게 되었다. 일부 미술작품은 표상적이었고 일부 작품은 그렇지 않았다. 어떤 이야기는 시작, 중간, 끝을 가진 기본적인 이야기식의 구조를 따랐지만 많은 경우 그렇지 못했다. 아동이 어느 정도 수준의 표현 능력을 가졌든 간에 강력한 감정과 갈등은 쉽게 전해졌고, 때로는 복잡한 수준의 의사소통이 이루어지기도 했다. 아동은 점점 더 치료의 비지시적인 방식에 익숙해져 갔으며, 치료는 그들을 기쁘게 할 수 있는 몇 안 되는 공간의 하나였다.

기숙학교에서는 일탈 행동에 관한 규칙을 두는 등으로 아동의 시간이 엄격하게 구조화되어 있다. 많은 아동은 '분노'를 가지는 것이 '나쁘거나' 또는 '자제력을 잃는 것'과 같다고 생각하며 분노 감정을 드러내지 않으려고 노력

하고 있었다. 즉, 기숙학교에서는 아동이 좀 더 편안해질 수 있는 가정과 같은 환경처럼 부정적인 감정을 자유롭게 표현할 기회가 아동에게 주어지지 않는다. 따라서 치료에 들어가자마자 아동은 처음에 처벌에 대한 두려움 없이 부정적인 어떤 것을 하거나 말하는 것이 '괜찮다'는 것을 배워야 한다. 아동이 이러한 치료의 범위에 대해 학습하기 위해서는 어느 정도의 시간이 걸린다.

필자는 수화와 구어를 조합한 총체적 의사소통 접근으로 아동과 의사소통하였다. 미술치료 프로그램을 처음 시작했을 때, 필자는 아동이 입술을 읽을 수 있기도 하거니와 우리가 몸짓, 마임, 쓰기를 활용하여 의사소통을 할 수 있기 때문에 필자가 수화를 배울 필요는 없을 것이라고 말했다. 실제로 수화 없이도 기초적인 의사소통은 어느 정도 가능하였다. 예를 들어, 필자는 아동이 분노한 것에 대한 비언어적인 행동이나 미술 작업에서 아동이 화가 난 것을 알아낼 수 있었다. 그러나 필자가 수화를 받아들이지 못하고 표현할 수 없었다면 아동의 감정을 둘러싼 중요한 세부 사항을 알 수는 없었을 것이다.

아동의 관점에서 회기의 초점은 미술과 놀이에 맞춰졌다. 그러나 이야기와 미술작품을 통해 드러나는 감정에 관한 언어적 의사소통을 하는 것 또한 점점 중요해져 갔다. 이야기 또는 미술작품을 만든 후 필자는 미술과 놀이를 통해 표현된 감정을 아동이 경험했던 실제 감정과 연결하기 위해 '이야기' 시간을 가짐으로써 각 회기를 마무리하였다. 이때 가능한 한 아동이 자신의 행동에 대한 통찰을 발달시킬 수 있도록 조력하였다. 만약 아동이 단어를 이해하지 못할 시에는 부정적인 행동에 대한 대안에 관해 논의하였다.

아동이 단어를 이해할 수 없거나 또는 단어 사용을 거부한다면, 치료사의 치료적 메시지를 의사소통하기 위한 상징적인 대체물로 미술 양식을 활용하였다. 따라서 아동의 감정과 문제의 의미는 미술 양식으로 전환되었다.

예를 들어, 아동이 산에 꼼짝없이 갇혀 있다거나 모래에 파묻혀 있거나 또는 불길에 휩싸여 있는 것처럼 자신이 피해자가 되는 주제를 반복적으로 표현한다면, 필자는 그 상황에 도움이 되는 캐릭터를 소개함으로써 이러한 문제를 해결하도록 할 수 있다. 필자는 아동에게 실제적 문제 해결을 제시하기 위해서 아동이 제시한 은유적 맥락 내에서 작업할 것이다. 따라서 만약 아동이 불 속에 갇힌 사람의 이야기를 만든다면, 필자는 화염에서 구출해 줄 수 있는 몇 명의 소방관이 타고 있는 소방차를 아동에게 제시할 것이다. (경찰이나 의사와 같이) 도움을 주는 사람을 표상하는 그림이나 모형인형이 이야기에 소개될 수 있으며, 그것은 아동을 구조할 수 있을 것이다. 이러한 치료적 개입을 통해 필자는 '누군가 너에게 관심을 가지고 있으며 너를 도와줄 것이다'라는 메시지를 전달하고자 하였다. 미술은 이런 식으로 치료적 과정을 자극하고 정서적 갈등을 해결하며 문제에 대한 해답을 가져올 수 있도록 사용되었다.

치료 환경 및 다양한 재료의 적용

어떤 종류든 장애를 가진 아동과 함께 치료적으로 또는 교육적으로 작업하고자 할 때 여러 가지 재료, 아이디어, 기법을 그 아동에게 가장 바람직한 방식으로 창의적으로 적용하는 것은 전문가의 몫이다. 언뜻 생각하기에는 청각장애 아동의 경우 신체장애 아동과 동일한 기법적 적용은 필요치 않을 것이라고 생각할 수 있다. 그러나 신중히 생각해 본다면 일부 기법의 적용은 유용할 수 있다.

개별 아동이나 집단을 위한 적절한 치료적 환경에 대해서는 놀이치료의 경우 Axline(1947)과 Ginott(1961)에 의해, 미술치료의 경우는 Rubin(1984)에 의해 기술되었다. 이러한 이론의 일반적인 전제는 무의식적 수준에서 자발적으로 매체에 투사할 수 있도록 촉진하기 위해 다양한 종류의 표현적 미술 매체와 놀이 재료가 비지시적 맥락 내에서 제공되는 것이다. 일반적으로 청각장애 아동을 위한 아동 치료실 환경 기준은 건청 아동의 환경과 동일하고 일부 추가적인 사항이 고려되어야 한다. 치료실의 구조와 치료실 내의 가구는 청각장애인의 모든 의사소통을 분명히 볼 수 있도록 하는 데 중요하기 때문에 세세한

주의와 창조적 사고를 요한다. 예를 들어, 필자와 동료들은 청소년 집단을 대상으로 사용하기 위해 특별히 고안된 탁자를 가지고 있다. 이전에 집단치료를 제공할 때에는 탁자가 직사각형 모양이었는데, 이러한 모양의 탁자는 종종 다른 집단원의 손을 통한 의사소통을 보기 어렵게 한다는 점 때문에 좌절을 일으키기도 했다. 그래서 학교 목공예실의 교사에게 위를 흑갈색 합판으로 만든 지름 72″의 원형탁자를 부탁하였다. 원형탁자는 집단 의사소통을 모두 볼 수 있도록 넉넉한 공간을 제공해 주기 위한 것이었으며, 이 탁자의 어두운 색깔은 손을 통한 의사소통을 더 쉽게 식별할 수 있도록 대조를 이루게 하기 위해서였다. 탁자는 집단 미술 활동에서도 필요한 공간과 물이 스며들지 않는 표면을 제공했기 때문에 매우 효과적이었다. 흥미롭게도, 이 탁자는 개인 치료 회기 동안에도 (동굴이나 기어 다닐 수 있는) 간편한 놀이 공간으로 기능하였다.

치료실에서 고려해야 할 또 다른 사항은 적절한 조명을 통해 손을 사용한 의사소통을 쉽게 볼 수 있게 하는 것이다. 때때로 어떤 아동은 이야기나 극놀이에서 특별한 효과를 만들어 내기 위해 머리 위의 조명을 끄는 것을 재미있어 하기도 한다. 이러한 경우에는 손전등이나 (주로 할로윈 때 변장용 액세서리로 파는) 광선검이 사용되기도 한다. 자금만 허락된다면 스폿 조명 또는 트랙 조명이 매우 유용할 것이다.

필자는 치료실에 싱크대가 있는 것이 매우 큰 도움이 된다는 점을 발견하였다. 미술 경험 후의 정리나 청소에도 편리하지만, 물을 좀 더 쉽게 사용함으로써 자발적인 물을 활용한 놀이를 이끌어 내기도 하였다. 치료에 의뢰된 청각장애 아동이나 청소년의 경우 흔히 놀이 기술의 발달에서 지연된 모습을 보인다. 10세 아동이 치료 회기에서 물이나 모래 놀이를 선택하는 것은 일반적이지 않은 일이다. 어떤 15세 아동은 핑거페인팅 작업에 계속해서 빠져 있었다. 이들 아동은 그들의 활동 선택이 자신의 연령대보다 낮다는 것을 알고 있었다. 따라서 그들은 복도를 어지럽히고 놀기보다는 싱크대가 설치되어 있는 치료실 안에서 그러한 활동을 하면서 개인적인 자유를 만끽하였다.

치료가 미술치료에 중점을 두고 이루어진다면 매우 다양한 표현적 미술 재료의 사용이 가능해진다. 크레용, 크레파스, 사인펜, 분필, 파스텔, 수채물감, 핑거페인트, 템페라 물감, 아크릴 물감, 세라믹 점토, 유토, 나무토막, 콜라주 재료는 아동을 위해 선택할 수 있는 매체의 일부일 뿐이다. 이젤, 탁자, 벽, 바닥 공간과 같이 작업 장소에 따른 선택도 이루어져야 한다. 아동에게는 가장 편안하게 느끼는 곳에서 작업하도록 한다. 아동과 작업하는 치료사로서 5년간의 과정을 통해, 필자는 특정 재료의 경우 언어나 의사소통의 장애를 가지지 않은 아동보다는 청각장애 아동에게 더 잘 맞는다는 것을 관찰하였다. 많은 청각장애 아동이 삼차원적 재료로 만드는 것을 좋아하였다. 청각장애 아동의 의사소통 체계에서 움직임과 몸짓이 중요하기 때문에 그들은 삼차원적인 미술 재료를 좋아하는 것으로 보였고, 따라서 그들은 이러한 매체를 인상적인 방식으로 쉽게 사용할 수 있었다. 종종 이러한 미술 작업은 극적인 시나리오를 위한 소품을 자발적으로 만들게 하면서 극놀이를 자극하기도 하였다. 필자는 이러한 일이 건청 아동보다 청각장애 아동의 경우에 더 많이 일어난다는 점을 관찰하였다. 예를 들어, 한 아동은 점토로 케이크를 만들고는 그 케이크를 통해 예전에 초대받았던 파티에서 자신만 혼자 청각장애를 가진 사람이었다는 경험에 관한 이야기를 표현하였다.

다양한 삼차원적 재료는 폭넓은 표현을 자극하는 데 있어서도 유용하다. 다양한 색깔의 플레이스토세(Pleistocene) 점토는 세라믹 점토보다 더 선호된다. 세라믹 점토는 분노나 적대감에 대한 직접적인 표현을 적절하게 표출할 수 있도록 제공될 경우 유용하지만, 어떤 아동은 이 점토를 '더러운' 것으로 보거나 느끼기도 한다. 많은 아동에게 있어 세라믹 점토의 지저분한 측면이 재료에 대한 매력을 느끼는 이유이기도 하지만, 일부 청각장애 아동의 경우 미끄러운 세라믹 점토가 미술작품을 만드는 동안 수화를 사용하는 그들의 능력을 손상하기도 한다. 이와는 달리 플레이스토세 점토는 유연한 재료로 창작의 욕구를 만족시켜 주며, 손을 사용한 의사소통도 자유롭게 한다. 흔히 사용되는 다른 삼

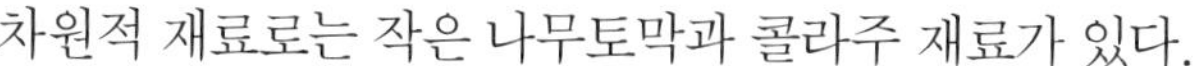

차원적 재료로는 작은 나무토막과 콜라주 재료가 있다.

모래놀이 탁자 또한 '지저분한' 것과 관련된 감정을 표현할 수 있는 다양한 선택 사항 중 하나로 아동에게 제시될 수 있다. 이 재료는 만졌을 때 손이 깨끗하다는 장점도 가진다. 놀랍게도, 많은 아동은 단순한 미술작품을 만들기보다 모래놀이 탁자에 물이나 장난감을 이용하여 탐색하는 것에 더 큰 흥미를 느꼈다. 잠복기 연령대의 모든 청각장애 아동이 물과 모래 놀이에 이러한 매력을 느끼는 것은 폭넓은 매체 선택의 범위를 제시하는 것이 중요하다는 것을 의미한다. 물과 모래를 사용하는 경험은 모래놀이 탁자에서 안전한 대체적 방법으로 공격적 행동을 표출하게 하고, 긍정적인 경험을 할 수 있도록 한다.

이차원적인 재료 중에 아동에게 선호되는 것은 얼굴 페인팅용 분장물감이다. 수성물감을 사용하여 얼굴에 그림을 그리는 것은 억제를 느슨하게 하여 자기 표현에 대한 아동의 욕구를 충족한다. 수줍음을 많이 타거나 매우 조용한 아동조차도 그들의 얼굴을 뱀파이어나 광대, 늑대인간, 사자, 또는 그들의 상상 속의 어떤 캐릭터로 변화시키는 것에 대해 편안함을 느낀다. 이는 그들 자신의 성격을 숨기도록 하고 자신도 모르는 사이에 다른 캐릭터라는 가면에 자신을 투사하도록 하기 때문이다. 청각장애 아동의 전체 의사소통에 있어서 중요한 측면은 몸짓이나 비언어적인 신체언어다. 따라서 얼굴 페인팅의 극적인 요소는 치료실에서 청각장애 아동을 대상으로 할 수 있는 활동 중 특히 적합하다고 할 수 있다. 손가락인형 같은 작은 인형 역시 아동의 흥미를 끈다. 그러나 그것은 아동이 수화로 의사소통을 하고자 할 때 기술적인 어려움을 느끼게 한다. 이러한 경우에는 1쿼트들이 단지 위에 인형을 놓아두면, 아동은 인형의 머리 위로 수화를 통해 캐릭터의 말을 전할 수 있다. 이는 매우 효과적이어서 아동이 인형을 통해 다양한 의사소통을 즐길 수 있도록 한다.

미술치료사 Edith Kramer(1979)는 미술이 광범위한 승화의 기회를 제공함으로써 "놀이보다 현실에 좀 더 근접하게 한다."(p. 64)라고 미술의 가치를 주장하였다. 미술 화가이자 미술치료사로서 Kramer는 창의적인 표현 방식을 좋아했고, 많은 내담자에게 있어 그녀의 접근은 대개 적절하였다. 그러나 놀이는 언어나 의사소통 장애가 있는 아동에게 주요 언어이기에 미술 단독으로 적용될 때보다 더 세부적이고 효과적으로 적용될 수 있었다. 놀이가 '나쁜' 감정에 대해 영구적인 기록을 남기지 않듯이, 어떤 아동의 경우에는 미술보다 놀이를 통해 공격적인 표현을 하는 것이 더 편안한 것처럼 보였다. 필자는 학교 환경에서 치료를 받는 많은 아동이 처벌의 두려움 때문에 부정적 감정에 대한 표현을 주저한다는 것을 알게 되었다. 만약 부정적 감정이 놀이를 통해 표현된다면 쉽게 잊힐 수 있겠지만, 미술은 그것을 다시 상기시키는 실재하는 유형을 남기게 된다. 성적 학대를 경험한 아동은 미술보다 놀이를 통해 학대에 대해 더욱더 상세하게 드러낸다. 그리고 놀이는 더 많은 사생활 보호를 제공하는 측면이 있다.

또한 필자는 특정 장난감을 준비하는 것이 아동에게 더 많은 자기 표현을 이끌어 낸다는 점을 발견하였다. 어떤 장난감은 미술치료실에서 치료를 받는 청각장애 아동에게 선호되어 자주 사용된다. 그리고 특정 장난감은 청력이나 청력 손실에 대한 느낌을 상징하는 것으로 보였다. 따라서 이러한 장난감을 활용하는 것은 그들의 주요한 정서적 핵심문제를 표현하도록 촉진한다.

실제로 채우고 풀 수 있는 가짜 수갑은 청력 손상에 대한 느낌이나 건청인 치료사에 대한 느낌을 다루는 데 매우 효율적으로 사용될 수 있다. 많은 경우에 아동은 치료사의 손을 뒤로 묶어서 수갑을 채우고는 치료사가 '나쁜 사람'이라고 수화로 표현하였다. 이러한 형태의 좋은 것과 나쁜 것 간의 힘의 갈등은 청각장애 아동의 놀이에서뿐만 아니라 건청 아동의 놀이에서도 흔히 볼 수 있다. 그러나 손이 뒤로 묶이게 되면 손을 이용한 의사소통이 불가능해진다. 이러한 형태의 놀이 후, 필자와 아동은 다른 사람과 의사소통을 할 수 없거나 다른 사람의 의사소통 능력을 통제했을 때의 느낌은 어떠했는지, 그리고 이야기 속에서 아동이 그 캐릭터와 어떤 감정을 공유했는지에 관해 논의하였다.

흔히 필자가 수화를 할 수 없었던 놀이 상황에서의 느낌을 설명할 때 좌절된

의사소통에 대한 주제가 대두되었다. 건청인 가족을 가진 청각장애 아동은 자신의 가족이 청각장애인이기를 바라는 것처럼 필자 또한 청각장애인이기를 바라는 소망이 있음을 인정하기도 하였다. 수갑을 사용한 동일한 시나리오의 또 다른 측면은 힘의 쟁투를 발전시킨다. 치료에 저항을 보이거나 치료사의 질문에 불편함을 느끼는 아동의 경우 또한 치료사보다 우세하기 위해서나 침묵을 강요하기 위해서 수갑을 사용하였다.

비슷한 이유로 치료사는 의도적으로 실제 또는 가짜 의료 장비를 준비하기도 한다. 대부분의 아동은 선천적인 문제나 결함으로 인해 청력이 손상되었다. 따라서 이러한 아동은 의사, 간호사, 병원과 관련된 다양한 의학적 상황을 경험했다고 볼 수 있다. 주사기, 청진기, 산소 튜브, 마스크, 환자복과 같은 병원 장비는 아동과 함께하는 모든 치료 회기에 사용될 수 있다. 많은 아동은 아프거나 무력해지는 것, 회복할 수 없는 장애를 갖게 되는 것에 대한 느낌을 작업할 기회가 필요하다. 특히 청진기는 (보청기와 유사하게) 청력을 확대하여 주는 도구로서 청각장애에 대한 느낌을 끌어낸다. 종종 아동은 의사 역할을 하면서 그들이 들을 수 있는 것처럼 행동한다. 또한 치료사의 귀에 청진기의 들리는 부분을 대고는 청진기 끝에 고함을 치거나 큰 소리를 만들어 냄으로써 청진기를 공격성의 표현도구로 사용하기도 한다. 일부 아동은 해 끼치는 방식인 커다란 발성을 이용하여 그들의 분노를 표현하기도 하였다. 치료 회기에 이러한 일이 일어난다면, 그것은 그들을 분노하게 했던 들을 수 없게 된다는 것에 대한 느낌을 토론할 매우 좋은 기회가 된다. 병원에서 쓰는 도구를 활용한 놀이 회기에서, 아동은 종종 정상적인 청력을 갖기를 바라는 그들의 소망을 시인하였다. 의사/환자 시나리오는 이전에 아동이나 부모가 회복하기를 소망했을 때 찾았던 의사에 대한 기억을 불러일으키기도 한다.

대부분의 놀이치료사는 치료 회기 동안 아동이 선택할 수 있는 여러 개의 인형을 제공한다. 필자는 (다양한 인종, 크기, 성별, 유아 및 성인과 같은) 선택의 폭이 다양한 인형을 준비하는 것이 아동에게 다양한 투사의 기회를 제공한다는 것을 발견하였다. 성적 학대를 경험한 아동에게 일정한 인형 가족을 사용하는 것은 실제로 '일어났던' 사건을 재현할 수 있도록 한다(Friedemann & Morgan, 1985). 이는 어떤 아동에게는 유용할 수 있다. 그러나 강력한 정서를 일으킬 것이 분명한 이 같은 장난감에 대한 아동의 상태나 요구를 고려하여 비밀이 보장된 공간에서 시행되어야 한다. 신체적 학대를 당한 한 아동은 자신과 다른 인종의 인형을 선택하여 가정에서 일어난 분노와 폭력 장면을 시연하였다. 이는 가족의 비밀을 드러내는 데 대해 충분히 편안하게 느낄 수 있도록 아동에게 필요한 정신적 거리감을 제공하여 주었다. 필자는 또한 커다란 인형에게 맞는 보청기를 제공하였는데, 이는 인형에게 청각장애라는 특성을 부여하는 데 사용되기도 했다. 흥미롭게도 이러한 보청기는 거의 사용되지 않았으며, 인형이 청각장애를 가진 것으로 표현되는 경우도 거의 없었다. 미술과 놀이에 관련된 재료 중 거부된 것은 선호된 재료만큼의 가치를 지니지는 못하지만 투사의 지표로 유용하게 사용될 수 있다.

적용에 있어서 한 가지 중요한 점은 치료적 견해나 질문을 할 시기의 선택이다. 치료사가 미술작품을 만드는 과정 중이나 작품이 완성되고 난 후 건청 아동에게 질문을 하는 것은 일반적인 일이다. 그러나 치료사는 질문을 할 때 창조 과정을 방해하지 않도록 매우 조심해야 한다. 특히 청각장애 아동의 경우에는 질문이 주어지면 작업을 멈추고 미술작품에서 고개를 들고 올려다보아야 하며 손을 사용하여 질문에 반응해야 하기 때문이다. 어떤 아동은 이렇게 중단되는 것에 대해 짜증을 내기도 한다. 결과적으로 필자는 대개 창조적 단계가 끝날 때까지 질문을 기다리거나 '예' 혹은 '아니요'로 대답할 수 있는 간단한 질문만을 한다. 종종 필자는 (행복, 슬픔, 분노와 같은) 다양한 감정 상태를 나타내는 간단한 얼굴 그림을 사용하기도 한다. 필자는 이 그림을 아동 근처의 탁자에 놓고는 그들의 감정이나 그림 속의 캐릭터가 어떻게 느끼는지에 대해 그림을 가리켜 지적해 달라고 요청하였다. 유사한 치료적 개입이 놀이 상황에서도 사용되었는데, 역시 치료 상황에서 너무 많은 질문은 놀이 과정을 느리게 하거나 방해하였다. '방백(aside)'으로 부르는 사이코드라마의 한 방법을 사용하는 것은 놀이 과정 동안 그 의미에 관해 아동에게 물을 수 있는 좋은 방법이었다.

학교와 치료의 만남

학교라는 기관에서의 치료적 프로그램은 치료를 하는 데 있어 일장일단이 있다. 미술치료 프로그램은 처음에는 학급 장면에서 실시되었고 후에는 정신보건 서비스의 전문적인 장면에서 이루어졌다. 일단 치료 프로그램을 학교 장면에 둔다면, 학교건물 내에 두는 근접성으로 인해 아동은 쉽게 치료에 의뢰되고 치료를 할 수 있다. 그들은 지역사회 정신보건국과 관련된 불필요한 형식적 절차에 따라 기다리지 않아도 되며 이동에 대한 문제도 없다. 교사와의 의사소통, 학교와의 협조, 치료적 진전 또한 쉽게 이루어질 수 있다.

그러나 예측하지 못한 다른 어려움이 발생하였다. 초기에 일어난 문제는 역할에 관한 것을 분명히 하는 것이었다. 필자가 학교에서 미술치료사로 일하면서부터, 미술교사와 생활지도 상담가로서의 직무가 겹쳐지는 것으로 일부 인식되기도 하였다. 역할 정의에 대한 설명은 이러한 초기의 혼란을 덜어 주었다. 교직원과의 잦은 접촉과 재직 중에 진행되는 미술치료의 본질에 관한 훈련은 이러한 모든 서비스의 필요성과 제공되는 서비스 간의 차이에 관한 정보를 제공하였다.

비밀보장이라는 문제는 치료에서 또 다른 곤란한 영역이다. 학교 장면에서 아동을 만나기 때문에, 대개 아동은 부정적 감정을 인정하기를 꺼리거나 곤란에 처하는 것을 두려워하는 경향이 있기 마련이다. 집단미술치료에서의 역동은 큰 영향을 받게 되는데, 이는 이러한 아동의 경우 학교 급우와의 긍정적·부정적 관계에 있어 오랜 역사를 가지고 있기 때문이다. 많은 아동이 함께 수업을 받고 있으며, 학년기 전부터 기숙사에서 함께 생활하고 있다. 따라서 비밀보장이 유지되기가 무척 어렵다. 기숙학교의 아동은 서로 이야기하는 데 익숙하고 그들의 문제에 대해 소문을 내거나 험담을 하는 경향이 있다. 따라서 그들은 집단치료 '과정'에 대해 또래와 함께 나누는 것을 자연스럽다고 느낄 수 있다. 또한 많은 아동이 자신의 개인 문제가 나중에 기숙사에서 이야기될 것이라고 생각하기 때문에 집단을 신뢰하지 않았으며, 개인적 주제를 그 속에 다루는 데 대해 저항하였다. 결과적으로 기숙학교의 축소판인 집단치료에서 청각장애 아동을 위한 응집력을 기대하는 것은 어렵다고 할 수 있다.

학교의 관점에서 보았을 때에도 비밀보장은 쟁점이 될 수 있다. 치료에서 아동이 언급하는 대부분의 문제는 치료사에 의해 비밀로 지켜진다. 그러나 아동이 학교에서 문제행동을 보인다면, 학교 관리자는 아동의 치료 내용에 대해 아동과 관련된 모든 사람과 공유해 주기를 기대할 것이다. 비밀정보를 공유하는 것에 대한 기준은 학교 장면과 치료 장면 간에 차이가 있다. 따라서 이러한 차이는 분명히 설명되어야 한다.

기숙학교 체계에서 치료 프로그램을 시행하면서 직면하게 되는 결정적인 어려움은 부모와의 관계를 유지하는 것이다. 치료는 부모의 동의에 따라 제공된다. 그러나 학교와 집 사이의 거리가 멀기 때문에 치료적 성공과 발전을 조화시키는 것은 어려운 일이기도 하다. 이러한 치료적인 격차를 해결하기 위해 나중에 가족미술치료를 실시하게 되었다.

임상 자료

청각장애 아동은 미술치료를 통해 표현하는 법을 알게 되고 이와 관련되어 표현적인 미술치료는 일반적인 상담보다 훨씬 쉽게 느껴질 수 있으며, 그들에게 더 즐겁기도 하다. 미술은 또한 아동이 쉽게 자각하지 못한 감정을 표현하거나 인식할 수 있도록 자극한다. 다음의 정보는 매우 똑똑한 청각장애 아동이 그 자신과 자신의 청각장애를 어떻게 인식하고 있는지 그의 미술작품을 통해

볼 수 있는 전형적인 예가 될 것이다. 'A'는 16세 소년으로 풍진을 앓았지만 좋은 IQ를 가지고 있었다. 또래관계가 힘든 편이었는데, 그는 종종 괴롭힘의 대상이 되었다. A는 플레이스토세 점토를 고르고는 2개의 안테나를 가진 다양한 색깔의 로봇 심상을 표현했다. 그는 다음과 같은 이야기를 만들어 냈다.

> 이것은 UFO(미확인 비행 물체)이고 미술치료사를 공격한다. 나는 UFO가 무섭고, UFO는 사람들을 공격한다. UFO는 500세이며, 600만 년 동안 살 것이다. UFO는 배가 고프고 강력하며 위험하다. UFO는 모든 것을 먹어치우고 당신은 UFO를 공격할 수 없다. UFO가 산성을 마시면 핵미사일조차 UFO에게 피해를 입힐 수 없다.

이 아동의 미술 및 관련 이야기를 통해 드러난 상징적 메시지가 몇 가지 있다. 매우 기본적인 수준으로, 아동은 그 자신에 대한 감정을 반대로 나타냄으로써 강력하고 공격적이며 불사신이 되고자 하는 그의 욕구를 표현하였다. 다른 청각장애 아동은 (예를 들어 불에 대한 공포, 교통차량에 대한 두려움, 관련된 소리를 듣지 못하는 상황에서 위협이 다가올 때 느끼는 일반적인 두려움과 같이) 청각장애와 관련된 취약성에 대한 감정을 드러냈다. 취약성에 대한 느낌은 그가 또래 집단에서 괴롭힘을 당하고 있다는 사실을 통해 더욱 강해졌다. A는 취약성 외에도 타인을 향한, 특히 미술치료사에 대한 적대적 감정을 안전하게 표현할 수 있었다. 미술치료사는 그에게 보복이나 처벌을 가하지 않는 안전한 대상이었다. UFO에 대한 설명인 '위험하다'는 명백히 자기 투사적인 것이다. 이 특별한 아동은 폭발점에 도달할 때까지는 수동적으로 교육에 저항하였다. 따라서 A는 자기 자신을 통제할 수 없는 '위험한' 존재로 지각하고 있었을 것이다. 또한 UFO는 겁을 주어 사람들을 쫓아 버린다. 이러한 은유 역시 다른 사람이 해칠까 봐 일정한 거리를 두고자 하는 A의 상황에 꼭 들어맞는다. 미술치료사는 이러한 미술작품의 잠재적 의미를 모두 알고 있었지만, 가장 기본적인 분노나 힘에 대한 감정만을 선택해서 반영한다. A는 그 자신의 감정에 대해 이야기하기보다는 UFO가 느끼는 이러한 감정에 관해 더 쉽게 표현하였다.

총명한 청각장애 아동의 경우 상징적인 형상화를 통해 통찰을 얻을 수 있기 때문에 미술치료가 적합하다고 할 수 있다. 그러나 지적으로 뛰어난 청각장애 아동은 치료에 의뢰되는 전형적인 내담자는 아니다. 언어적 능력이 낮거나 기능 수준이 낮은 아동이 자주 의뢰되므로 미술치료 처치는 단어의 사용에 의존하지는 않는다. 16세의 정신지체 청각장애 청소년은 입양된 가정에 적응하는 데 어려움을 겪고 있었다. 그녀의 가정에 대해 질문하자, B는 웃으면서 모든 것이 좋다고 대답하였다. 미술치료사는 가족 역동을 사정하기 위해 그녀 가족의 초상화를 그려 보도록 요구하였다. 그녀는 기본적인 가족 그림을 그렸지만 이에 대해 논의할 수는 없었다. 아동의 지적 수준에 맞게 더 구체적인 작품을 만들 수 있는 기법을 시행하기 위해, 치료사는 가족 그림을 잘라서 B에게 그 그림을 종이인형처럼 사용해 보도록 하였다. 가족을 나타내는 그림을 의사소통 방식으로 사용하면서, B는 그녀 자신과 다른 가족 구성원 간에 거리감을 두었다. 이러한 방식으로 B는 그녀가 입양된 건청인 가족에게서 고립되어 있고 다르다고 느끼는 것을 보여 줄 수 있었다. 그려진 B 자신의 심상은 다른 가족 구성원의 신체상에 비해 발달되지 않은 모습으로 나타났으며, 이는 또한 낮은 자기 가치감을 가리킨다. 미술치료사는 B에게 가족이 서로에 대해 어떻게 생각하는지 보여 달라고 요구했고, 그 뒤 그녀는 가족이 어떻게 느끼기를 바라는지와 비교해 달라고 요청하였다. 자신의 생각대로 스스로 디자인할 수 있는 이러한 기법은 B가 그녀의 입양 가족에 대한 현재 감정과 가족 친밀성에 대한 그녀의 소망을 이해하도록 돕는 효율적인 수단이 되었다. 이러한 사랑, 친밀성, 갈등에 대한 개념은 추상적이지만, 미술 경험을 통해 지체된 청각장애 아동이 만지고 이해할 수 있는 형태로 바뀌게 된다.

때때로 아동은 극놀이에서 자연스럽게 나타난 미술 심상으로부터 시작하기도 한다. 생의 초기에 신체적으로 학대를 받았던 6세의 한 청각장애 아동은 큰

구름과 비, 번개로 둘러싸인 집의 심상을 그렸다. 그는 수화로 다음과 같이 이야기를 기술하였다. "비가 내린다. 큰 구름. 번개. 바람이 세게 분다. 집의 지붕은 날아갔다. 엄마가 다쳤다. 그녀는 죽었다." 이 이야기는 짧고 간결하지만 아동의 매우 강력한 감정을 표현하고 있다. 아동의 모가 정서적으로 불안정하고 변덕스러웠지만 아동은 모와 함께 살고 있었다. 1년이라는 기간 동안 그와 모는 10회나 이사를 하였다. 이러한 아동의 경우 일관성이 성장에 도움이 되는데, 불행하게도 그의 삶에 그러한 것은 존재하지 않았다. 그의 그림을 통해 표현된 심상은 가정환경에서의 불안정에 관해 그가 느끼고 있는 감정을 잘 반영하고 있었다. 이 아동은 모에 대한 분노와 무력감을 느끼고 있었다. 따라서 그의 그림은 복잡한 감정을 간결한 방식으로 표현하고 있었다. 이러한 감정을 종결하기 위해 치료사는 쉽게 만들고 부술 수 있는 매체인 점토를 통해 집을 만들어 보도록 하였다.

또한 학생들은 사회화 기술의 향상과 부정적 감정을 더욱 적절하게 표현할 수 있는 방식을 배우기 위해 집단미술치료에 자주 의뢰된다. 한 집단에서 15세의 재능 있는 청각장애 학생(D)은 그의 모가 집단이 열리기 하루 전에 여동생을 출산했다고 말했다. 그러한 가족 사건에 대해 어떻게 느끼는지 물어보자, 그는 어떤 부정적 감정도 없다고 부인하였다. 그러나 집단 미술활동 시간 동안, 그는 지뢰나 수중기뢰, 다이너마이트, 그리고 거기에 불을 붙일 성냥과 같은 일련의 무기를 만들었다. 처음에 D는 그의 작품과 아기를 가진 모에 대해 잠재한 분노의 감정 사이에 어떤 연결도 찾을 수 없었다. 다른 집단 구성원은 그의 미술 심상이 분노를 표현하고 있다는 것을 알 수 있도록 도왔다. 집단 지도자는 그 후에 새로운 형제자매가 태어났을때 종종 일어나는 감정인 질투의 감정에 대해 토론하였다. 미술 양식은 D의 감정에 대한 시각적 증거를 만들었고, 따라서 D를 화나게 하거나 상처 입히는 것에 대한 두려움 없이 더욱 쉽게 집단 구성원과 토론할 수 있도록 하였다.

동일한 집단의 다른 회기에서는 또 다른 청각장애 청소년(E)이 피로와 우울을 표현하였다. 그는 그의 머리를 탁자 위에 누이고 말을 하거나 미술작품을 만드는 것을 거부하였다. 다른 학생은 그를 집단에 참가시키려고 노력하였지만, 그는 흥미를 보이지 않았다. E는 점토 조각 하나를 들고는 치료실 구석에 앉아 무언가를 만들기 시작하였다. E는 다른 집단원과 전혀 상호작용하지 않았지만, 집단 시간 마지막에는 집단과 함께 탁자에 앉아서는 좀 더 편안한 얼굴 표정을 짓고 있었다. E는 그가 만든 해골의 머리 모양을 보여 주었다. 그는 미술작품의 내용에 대해 집단과 이야기 나누기를 원하지 않았지만, 후에 때때로 죽고 싶을 만큼 화가 난다고 치료사 중 한 사람에게 털어놓았다. 이것은 E가 처음 표현한 자살에 대한 명백한 심상이었다. 이 사건은 집단치료사에게 E의 잠재적인 폭력성을 알려 주었으며 한 치료사가 E를 집단회기뿐만 아니라 개인 회기에서까지 만나도록 하는 계기가 되었다.

청각장애 학생에게 매우 효과적으로 작용하는 표현예술 기법 중 하나는 영화 만들기다. 집단이 함께 어떤 캐릭터를 개발하고 영화 대본을 구성하였다. 집단 구성원은 성인에 관한 이야기를 만들기로 결정하였는데, 줄거리는 술주정뱅이 아버지와 낭비벽을 가진 어머니에 대한 이야기였다. 부모 사이에는 다툼과 폭력이 발생했다. 집단 구성원은 부모의 싸움과 이혼에 대한 그들의 두려움과 걱정을 드러냈다. 알코올 남용, 금전 문제, 가정 폭력, 가정 불화와 같은 주제가 집단 구성원이 정서적으로 고민하고 있는 주제였다. 영화가 만들어지면, 아동은 이러한 걱정에 대한 해결점을 다시 체험하게 된다. 대본의 마지막에 집단은 부모가 키스하고 그들의 갈등을 해결하는 행복한 '소망'으로 종결하기로 결정하였다. 영화에서 의상을 입고 연기를 하며 즐기고 난 뒤, 학생들은 가정 폭력과 음주 문제에 대한 심각한 두려움의 감정에 대해 토론하였다. 또한 학생들은 (예컨대, 상담과 같이) 가족 문제의 해결책에 대해 창의적으로 브레인스토밍을 하였다. 그들은 키스를 통한 결말은 비현실적인 해결책이라고 하면서, 실제 세계의 어려운 문제에 답하기 위해서는 더 많은 지식이 필요하다고 인식하였다.

비디오 미술의 사용도 청각장애인이 그들 자신과 그들의 문제에 대해 정신적 거리를 두도록 함으로써 매우 효과적인 것으로 나타났다. 성적 학대 경험이 있는 청각장애를 가진 11세 아동(F)은 'TV'를 위한 다음과 같은 이야기를 만들어 냈다.

〈여왕 자매: 누구?〉

옛날 옛날에 아름다운 여동생을 둔 여왕이 있었어요. 두 자매는 매우 부자였고 예쁜 옷도 많았어요. 동생은 매우 친절해서 여왕을 도왔고, 언젠가 그녀도 여왕이 되기를 바랐어요. 그러나 동생은 여왕이 오직 한 명이라는 것을 알고 있었지요. 그래서 그녀는 슬펐고 때로는 미칠 지경이었어요. 여왕은 임신을 했고 남자아이를 낳았어요. 동생은 그녀의 아이가 자신의 아이이기를 바랐지만 그렇지 않았고, 그녀는 더 슬프고 괴로웠어요. 동생은 또 남편이나 남자친구가 있었으면 했어요. 어느 날 밤 여왕이 잠을 자는 동안, 동생은 여왕의 마술 신발을 훔쳐 남편을 찾아 떠났어요. 여왕은 동생이 작별의 말도 없이 떠나서 매우 슬펐어요.

수년 후에 누군가 방문을 두드렸는데 동생이 여왕이 되기 위해 돌아왔어요. 그녀는 변장을 하고 있었고 여왕은 동생을 알아보지 못했어요. 그녀는 여왕의 집에 뛰어 들어가서 주인처럼 행동했어요. 그녀는 여왕의 왕관과 그녀의 옷, 돈을 훔쳤고, 여왕은 아무것도 남지 않았어요. 그녀는 결국 불행한 여왕과 이혼한 여왕의 남편까지 훔치기를 원했어요.

이 특별한 예시는 성적 학대의 피해자로서의 그녀의 감정에 바탕을 두고, 오이디푸스 단계 동안의 정상적인 경쟁적 감정과 관련된 아동의 갈등 감정 및 모를 대체하고자 하는 소망과 복합된 경쟁적 질투심의 감정을 나타내고 있다. 분노와 힘에 대한 감정도 이 극에서 나타난다. 확실하지는 않지만, 이 특별한 아동은 극적 연기를 통해 그녀 자신과 그녀의 상황을 잘 다루며 설명하고 있었다. 치료사와 함께 비디오테이프를 살펴보면서, F는 희생된 감정과 무력함을 느꼈던 이전의 감정에서 벗어나 상황에 대한 지배력을 얻을 수 있었다. 이 예시에서 분명히 볼 수 있듯이, 상징적 위장의 층은 매우 얇다. 필자는 많은 청각장애 아동에게서 이러한 경우를 관찰하였다. 종종 청각장애 아동은 캐릭터를 너무 잘 적용해서 자아에 대한 자기 노출이 명백하지 않은 경우도 있다. 그러나 필자는 또한 이야기의 진행과 이야기에 내재된 감정이 주로 아동의 현재 감정에 대한 직접적 표현이라는 것을 관찰하였다.

효율적이라고 알려진 미술치료의 또 다른 변형은 사진치료다. 가족미술치료 회기 동안, 여러 가지 부적절한 행동이 한 어머니와 그녀의 청각장애 아동 사이에서 나타났다. 부모는 이러한 행동에 대해 인식하지 못하고 있었고, 아동에게 어떤 영향을 미치고 있는지 알지 못했다. 미술치료사는 아동의 요구적인 울화 행동과 그에 대한 모의 반응이 포함된 치료 회기의 장면 중 몇 장면을 사진으로 찍었다. 현상된 사진을 아동이 보게 되었고, 그는 이러한 행동이 그를 미성숙하게 보이게 한다는 것을 깨달았다. 그의 모도 자신의 중재가 적절하지 않았다는 것에 놀랐다. 이러한 형태의 개입 결과, 아동은 모에게 아기처럼 보이기를 원하지 않는다고 말할 수 있게 되었다.

다른 사례에서는 폴라로이드 즉석사진이 정신지체 청각장애 청소년에게 다양한 감정과 그로 인해 초래되는 행동에 대해 교육하기 위해 사용되었다. 필자는 아동에게 다양한 정서에 대한 행동을 보여 달라고 하고 그 행동을 사진으로 찍었다. 필자는 아동에게 감정에 관한 책을 만들어 주었고, 아동은 미술이나 놀이 상황에서 특정한 감정을 표현하고자 할 때 그 책을 사용하였다. 이 감정의 책은 아동에게 중요한 참고 자료가 되었고, 그녀는 감정을 구분하고 적절하거나 적절하지 않은 행동을 판단하는 방법을 학습하게 되었다. 언어적 의사소통 기술이 낮고 지능이 낮은 아동은 사진이나 비디오 치료와 같이 매우 구체적이고 시각적 방식으로 제공되는 미술치료 기법에 잘 반응한다.

■ 결론

결론적으로 이 장에서는 기숙학교 장면에서 미술치료 프로그램을 진행하는 데 대한 이론적 측면과 실제적 측면 모두에 대해 검토하였다. 치료사가 청각장애 아동과 함께 효율적인 치료 프로그램을 고안하는 데 선호되는 치료적 수단에 대한 통계적인 연구는 없었다. 어떤 단일 기법도 청각장애 아동에게 똑같이 잘 적용될 수는 없고, 기술과 의사소통 수준에 따라 다양하게 적용한다. 현재 다양한 미술치료 기법을 시험하며 시행착오를 통해 배우고 새로운 기법에 대해 브레인스토밍하는 것은 청각장애 인구 집단에 접근하는 최상의 방법이라 할 수 있다. Rubin(1984)이 말했듯이, 장애를 가진 사람에게 가장 효과적인 접근은 '실용적' 접근일 것이다. 다시 말해, 치료사는 내담자의 방식에 따라 가장 잘 작용하고 적용되는 기법을 사용해야 한다. 창조적인 즉흥성과 융통성이 의사소통 장애를 가진 아동과의 효율적 작업을 위한 핵심적인 치료적 기술이다. 청각장애 아동을 대상으로 한 필자의 치료적 작업은 무엇이 가장 효과적인지에 관한 일련의 생각에서 시작된 것이 아니라 사진치료와 같이 내담자의 문제와 더 잘 연결하고자 하는 필요에서 발달한 개념이었다.

참고문헌

Anderson, F. (1978). *Art for all the children.* Springfield, IL: Charles C Thomas.

Axline, V. (1947). *Play therapy.* New York: Ballentine Books.

Bell, J. (1971). Visual language. *Volta Review, 73*(3), 157-160.

Forquer, S., & Gibney, L. (1984). *Report on mental health needs of hearing impaired children and youth in Pennsylvania.* Submitted to: Office of Mental Health, Commonwealth of Pennsylvania.

Friedemann, V., & Morgan, M. (1985). *Interviewing sexual abuse victims using anatomical dolls: The professional guidebook.* Eugene, OR: Migima Designs.

Ginott, H. G. (1961). *Group Psychotherapy with children: The theory and practice of play therapy.* New York: McGraw-Hill.

Goulder, T. (1985). Pa. Speech and Hearing Association.

Harrington, J., & Silver, R. (1968). Art education and the education of deaf students. *Volta Review, 70*(3), 475-480.

Henley, D. (1987). An art therapy program for hearing impaired children with special needs. *American Journal of Art Therapy, 25*(3), 81-89.

Horovitz-Darby, E. G. (1988). Art therapy assessment of a minimally language skilled deaf child. Proceedings from the 1988 University of California's Center on Deafness Conference: *Mental Health Assessment of Deaf Clients: Special Conditions.* Little Rock, AR: ADARA.

Jenson, P. (1959). Art helps the deaf to speak. *School, Arts, 58*(9), 9-10.

Kramer, E. (1979). *Childhood and art therapy.* New York: Schocken Books.

Kunkle-Miller, C. (1985). *Competencies for Art Therapists whose clients have physical, cognitive or sensory disabilities.* University of Pittsburgh Dissertation.

Laughton, J. (1979). Non-linguistic creative abilities and expressive syntactic abilities of hearing-impaired children. *Volta Review, 81*(6), 409-420.

Naumburg, M. (1947). Studies of the "Free" art expression of behavior problem children and adolescents as a means of diagnosis and therapy. *Nervous and Mental Disease Monograph,* No. 71.

Naumburg, M. (1966). *Dynamically oriented art therapy: Its principles and practices.* New York: Grune and Stratton.

Pang, H., & Horrocks, C. (1968). An exploratory study of creativity in deaf children. *Perceptual and Motor Skills, 27,* 844-846.

Robinson, L. (1978). *Sound minds in a soundless world.* Washington, DC: U.S. Department of HEW.

Rubin, J. A. (1984). *The art of art therapy.* New York: Brunner-Mazel.

Rubin, J. (2001). *Approaches to art therapy: Theory and techniques.* New York: Brunner-Routledge.

Sachs, B., Robinson, L., & Sloan, M. (1978). The mental health needs of deaf Americans: Report of the special populations subpanel on mental health of physically handicapped Americans. *Mental Health in Deafness, 2,* 6-13.

Schlesinger, H., & Meadow, K. (1972). *Sound and sign: Childhood deafness and mental health.* Berkeley: University of California Press.

Silver, R. (1976). Using art to evaluate and develop cognitive skills. *The American Journal of Art Therapy, 16,* 11-19.

Singer, D., & Lenahan, M. L. (1976). Imagination content in dreams of deaf children. *American Annals of the Deaf, 121,* 44-48.

Warren, C., & Hasenstab, S. (1986). Self-concept of severely to profoundly hearing-impaired children. *Volta Review, 88*(6), 289-295.

제10장

정서장애를 가진 청각장애 청소년을 위한 미술치료

–Ellen G. Horovitz

■ 사례 1: CG에 대한 소개

필자가 일하고 있는 청각장애인 거주형 요양기관인 생활치료시설(residential treatment facility: RTF)에 입소한 15세 남자 청소년 CG(가명)에 대한 이 사례는 매우 복잡하기 때문에, 의뢰 시의 병력 및 총체적 임상 자료 모두 소개하고자 한다. (이 장에서 담고 있는) 차후 소개할 사례 또한 모두 RTF라는 장소를 배경으로 하고 있으며, 이들 청소년을 대상으로 한 학제 간 작업은 그들의 회복에 세심한 주의를 기울이고 중요성을 둔 것이었다. 아래 제시한 사례에서 다음의 몇 가지 요인은 볼거리로 인한 심도 양측 감각성 난청(profound bilateral sensory hearing loss following mumps)이라는 2차 진단 가능성에 영향을 미치고 있다.

(1) 상실, 유기, 거부를 포함하여 매우 어린 나이부터 진행되는 복잡한 가족 문제
(2) 성추행 (피해) 및 타인에 의해 계속된 성적 학대
(3) 거주시설이나 정신병동에서 무단이탈 및 무단결석 이력
(4) 정체감 장애

표출 문제

CG는 3세 때부터 심도난청을 앓아 왔으며, 수년 동안 청각장애인 학교 세인트 메리 스쿨의 학생이었다.

CG는 5세 때 불장난과 더불어, 7세 때부터 (예컨대, 담배, 장난감, 다이아몬드 반지와 같은 종류에) 도벽의 이력이 있었다. 11세 때에는 가정집 방화로 보호관찰을 받기도 하였다. 또한 보고서에는 자기 자신에게 불장난을 한다는 기록은

있었으나 상해는 없었다. CG는 (예컨대, 다른 거주자와 성적 놀이, 자신보다 어린 거주자에 대한 공격, [자기 노출을 통해] 그의 형제나 발달장애가 있는 성인에 대한 추행 등) 성적 행동화와 관련한 수많은 사건에 가담하였다.

CG가 이전에 있었던 곳으로, 그는 13세와 14세에는 일리노이 주의 데스플레인즈 소재 포리스트 병원(Frest Hospital)과 청각장애인 센터(Center for the Deaf)에 있었다. 부모는 CG가 달아나거나 가출하는 경향이 있다고 보고하였는데, 14세 때 결국 귀가 조치를 당했다. CG는 이곳에 오기 전에는 서부 세네카 정신의학센터(West Seneca Psychiatric Center)에 있었으며, 집중개입 과정에 차도를 보였다.

(앞으로 제시되겠지만) CG의 심리평가 결과에 따르면, 그의 지능 수준은 우수한 범위에 속하였다. CG의 어머니 보고에 따르면, 그는 학교에서 뛰어났지만 학교 교직원에게 계속해서 반항하거나 정기적으로 무단결석을 하기도 하였다.

CG와 부모에게 초기 상담 및 면담의 필요성이 제기되었고, 이에 따라 추가 배경 정보로 CG의 가계도와 연대표를 제시한다.

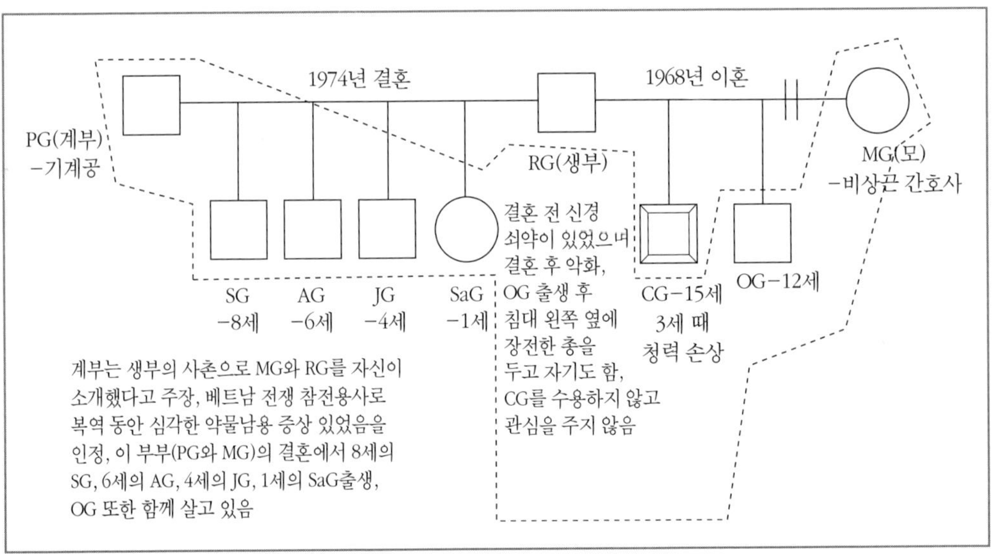

CG의 가계도

CG의 연대표

- CG는 1969년 10월 4일 MG와 RG 사이에서 출생; MG 모는 지화 및 약간의 수화 사용—PG는 제스처와 개인적으로 사용하는 수화 활용.
- 유문협착증을 가지고 태어나, 식이요법을 통한 조절이 요구됨.
- CG는 7개월에 걷고, 말 또한 빨리 시작함.
- 큰 어려움 없이 배변훈련 끝냄.
- CG는 3세 때 볼거리 후 청력이 손상되었고 양측 신경 손상으로 심도난청으로 발전하게 됨. 모에 따르면 이전에는 어휘력이 잘 발달되고 있었다고 함.
- 3세 때 청각 관련 전문가를 만난 이후 귀 내에 관 삽입술 시행.
- CG는 유아기 과잉행동으로 짧은 기간 동안 멜라릴(Mellaril), 이후 사일러트(Sylert) 복용. (약물치료는 결국 CG의 알약 거부 반응으로 중단됨)
- CG가 3세 때 OG 출생, 생부는 가족을 떠나 전혀 방문하지 않거나 자녀양육비를 부담하지 않음. (생부는 침대 옆 장전된 총을 두고 잠)
- CG는 4세 때 청각장애인 학교인 세인트 메리 스쿨에 입학함.
- CG가 5세 때 PG와 MG 결혼; CG가 불장난을 시작한 시기 5세.
- CG는 5세 때 그의 왼쪽 다리 앞쪽 부분 힘줄을 절단함.
- CG는 7세 때부터 도벽이 시작됨(예, 담배, 장난감, 다이아몬드 반지).
- CG는 8세 때 성인 남성 거주자와의 성경험을 강요당했고, 그 후부터 다른 성인 남성 거주자와 성을 탐색하기 시작함.
- PG(계부)는 CG의 행동이 무척 당황스러우며 그와의 관계가 좋지 못하다고 기술함. 지난 몇 해 동안, PG는 자신이 매우 난폭했고, 그러한 자신의 신경질적인 기질 때문에 CG가 8세 때 입원치료를 받았다고 말함. 그때 이후로 PG는 CG에 대해 좀 더 긍정적인 반응을 하게 되었다고 언급함. PG는 자신을 엄격한 규율주의자로, MG(모)에 대해서는 쉽게 포기하고 일관성이 없다고 보고함.

- CG는 10세 때 그의 행동으로 인하여 세인트 메리 스쿨의 기숙 프로그램에서 쫓겨남. 2년 동안 가정에서 통학한 후 복귀가 허락됨. 다시 1년 이내에 그는 어린 소년에 대한 강간 혐의가 있는 또 다른 소년과 연루되어 쫓겨나게 됨(CG의 나이 11세 때).
- CG가 10세 때 그와 매우 친밀하고 애정 어린 관계를 맺고 있었던 외할아버지(MGF) 사망.
- CG는 11세 때 자기 자신에게 불장난을 시도하였으나 상해는 입지 않음.
- CG는 11세 때 (예를 들어, 다른 거주자와의 성적 놀이, 어린 거주자에 대한 공격, [자기 노출을 통해] 그의 형제나 지체가 있는 성인에 대한 추행과 같은) 성적 행동화와 관련한 수많은 사건에 가담함.
- CG는 13, 14세 때 일리노이 주의 데스플레인즈 소재 포리스트 병원과 청각장애인 센터에 배치됨. 부모는 CG가 달아나거나 탈출하는 경향이 있음을 보고하였는데, 결국 14세 때 퇴소당한 이후 서부 세네카 정신의학센터로 옮겨짐. 집중적 치료 개입에는 차도를 보임.
- CG가 13세 때 이복형제인 SG는 CG가 자신을 추행했다고 보고하나 그 빈도나 추행의 종류는 밝혀지지 않음.
- CG는 14세 때 12세의 사촌을 강간하였으나 기소되지 않음.
- PG는 Lapp Insulator 회사의 기계공으로 근무, MG는 비상근 간호사로 일함.
- CG는 생활치료시설로 재배치되고, 미술치료를 시작하게 됨.

가족력

CG는 MG(모)와 RG(생부) 사이에서 출생하였다. 또한 이 결혼에서 OG가 태어났으며 현재 OG는 12세다. RG와 MG, 이 친부모는 결혼을 한 지 4년 만에 이혼하였다. 모는 RG가 결혼 전 신경쇠약을 경험하였다고 보고했다. 그녀

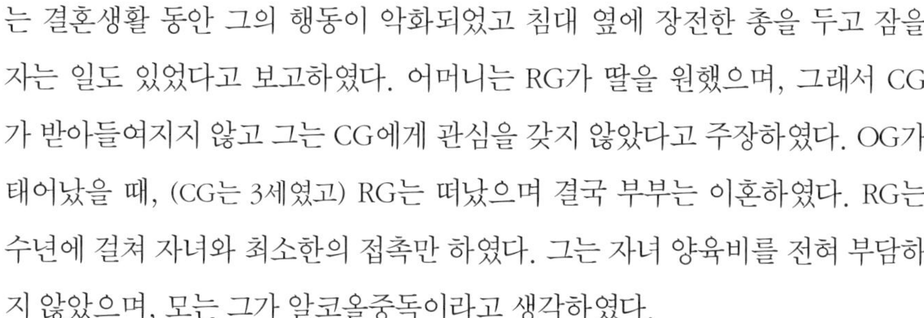

는 결혼생활 동안 그의 행동이 악화되었고 침대 옆에 장전한 총을 두고 잠을 자는 일도 있었다고 보고하였다. 어머니는 RG가 딸을 원했으며, 그래서 CG가 받아들여지지 않고 그는 CG에게 관심을 갖지 않았다고 주장하였다. OG가 태어났을 때, (CG는 3세였고) RG는 떠났으며 결국 부부는 이혼하였다. RG는 수년에 걸쳐 자녀와 최소한의 접촉만 하였다. 그는 자녀 양육비를 전혀 부담하지 않았으며, 모는 그가 알코올중독이라고 생각하였다.

모는 CG가 5세 때 PG(계부)와 결혼하였다. 이 부부는 원래 고등학생 때 연애를 했던 사이였다. PG는 (성이 같은) RG의 사촌이었다. 그는 (RG와 MG) 두 사람을 자신이 소개했다고 주장하였다. PG는 베트남 전쟁 참전용사였으며 복역하는 동안 심각한 약물 남용 증상을 가지고 있었다고 인정하였다. 이 부부의 결혼에서 8세의 SG, 6세의 AG, 4세의 JG, 1세의 SaG가 태어났다.

PG(계부)는 CG의 행동에 대해 당황스러웠으며 친밀한 관계를 형성하지 못했다고 보고하였다. 지난 몇 해 동안, PG는 자신이 매우 난폭했고 그러한 신경질적인 기질 때문에 (CG가 8세 때) 3개월 동안 입원하였다고 진술하였다. 그때 이후로 PG는 CG에 대해 더 긍정적인 반응을 하게 되었다고 언급하였다. PG는 자신은 엄격한 규율주의자로, 반면 모에 대해서는 쉽게 포기하고 일관성이 없다는 식으로 표현하였다.

현재 계부는 기계공으로 고용되어 있으며, 모는 비상근 간호사로 일하고 있다.

발달 지표

모는 CG의 출생에 대해 자녀의 출산을 원하고 계획하여 이루어진 것이며, 임신과 분만이 정상적이었다고 보고하였다. CG는 유문협착증을 가지고 태어났으며, 이는 식이요법을 통한 조절이 필요했다.

유문협착증(pyloric stenosis)은 음식 및 기타 위의 내용물이 소장으로 들어가는 통로가, 즉 위의 아랫부분인 유문이 좁아지는 것을 일컫는다. 영아가 유문협착증을 가지고 있으면 유문의 근육이 음식이 위 밖으로 나가 위가 비워지는 것을 방해하게 된다. 또한 영아 비후성 유문협착증(infantile hypertrophic pyloric stenosis) 또는 위 외구부폐색(gastric outlet obstruction)은 유문협착증의 일반적인 형태로, 미국에서 신생아 1000명 중 3명의 비율로 발생하고 있다. 유문협착증은 맨 먼저 태어난 남아에게 4배 정도 흔하게 나타나며, 또한 유전력을 가진 선천적 병으로 부모가 유문협착증을 가지고 있다면 그 자녀의 발병 위험률은 20% 이상을 차지한다. 유문협착증은 다른 인종에 비해 백인에게 더 흔하게 발생하며, 혈액형이 B나 O인 영아에게 자주 나타난다. 대부분의 영아가 대개 2주에서 2개월 사이에 유문협착증을 발달시키며, 출생 후 3주 사이에 또는 3주 후부터 증상이 나타난다. 영아기에 장폐색을 일으킬 소지가 있으므로 외과적 수술을 요한다.

(출처: http://kidshealth.org/parent/medical/digestive/pyloric_stenosis)

CG는 7개월에 걸었고, 말 또한 빨리 시작하였다. 배변훈련은 어려움 없이 이루어졌다. CG는 3세 때 볼거리를 앓은 후 청력을 상실하였고, 양측 신경 손상으로 인해 심도난청에 이르게 되었다. 모의 보고에 따르면, 그러한 장애를 가지기 전에 CG는 어휘력이 잘 발달하고 있었다.

CG는 유아기 과잉행동으로 짧은 기간 동안 멜라릴을 복용하였으며, 이후 사일러트를 복용하였다. (약물치료는 결국 CG의 알약 거부 반응으로 중단되었다.)

CG가 5세 때 왼쪽 다리 앞쪽 힘줄을 절단하였고, 그 결과 왼쪽 다리가 다소 작게 발달하였으나 기능은 원활하다. 3세 때에는 귀 속에 관삽입술을 시행하였다.

교육

CG는 4세부터 청각장애인 학교인 세인트 메리 스쿨에 다니기 시작하였다. 모는 CG가 그곳에 있는 동안 자신보다 어린 아동을 괴롭히는 행동을 보이기 시작했다고 보고하였다. 8세가 되었을 때는 자신보다 나이가 많은 남성 거주자로부터 성관계를 강요당했고, 이후 CG는 나이 많은 다른 남성 거주자와 성적인 탐색을 시작하였다. 10세 때에 CG는 행동 문제로 인해 세인트 메리 스쿨의 기숙 프로그램에서 쫓겨났다. 2년 동안 가정에서 통학한 후에 그의 재입학이 허락되었다. 다시 1년 이내에 그는 어린 소년에 대한 강간 혐의가 있는 또 다른 소년과 함께 연루되어 쫓겨나게 되었다.

과거 학교에서는 CG가 일대일 상황에서는 작업 수행이 이루어졌지만 집단 상황에서는 종종 파괴적인 행동을 보인다고 기록되어 있었다. 그는 권위에 대한 존중이 부족했으며 자신의 행동에 대해 책임지기를 거부하였고 징계처분이 주어진 후에도 행동은 나아지지 않았다.

모는 CG가 포리스트 병원에 들어가기 전 13세 때 학교에 대한 흥미를 잃게 되었다고 보고하였다. 그는 종종 꾀병을 부리거나 무단결석을 하였다. 그럼에도 13세 때 치른 표준학력고사에서 CG는 수학계산 과목에서 3.0 GE를 받기도 하였다.

과거 심리평가

13.5세 때, 청각장애인 학교인 세인트 메리 스쿨의 학교 심리학자는 CG에 대한 심리평가를 하였다. 웩슬러 아동용 지능검사 개정판(WISC-R)에서 그는 동작 IQ 121을 획득하였다.

그럼에도 심리학자는 CG에 대해 다음과 같이 보고하였다.

CG는 청각장애를 가진 소년이 보통 보이는 기본적인 증상을 나타내고 있으나, 충동적 성향이 강하고 자신에 대한 억제 능력이 부족하다. 그는 성에 관한 선입관을 전혀 나타내지 않고 있으며 성인의 관심, 특히 남자의 관심을 얻기 위해 극단적 행동을 하는 경향이 있다. CG는 충동성이나 죄를 짓지 않으려는 인식 부족을 드러내는 행동과 그의 계부에게서 보호/지도를 받기 위한 행동을 하였다.

주제통각검사(TAT)에서 CG의 이야기에 나온 주요 주제는 '환경적 지지의 부족으로 인한 슬픔, 내적 부적절감, 절망'을 다루고 있었다. 로르샤흐 검사에서 CG는 그와 동일한 생활연령을 가진 건청 아동의 평균 반응보다 많은 반응을 하였는데, 이는 좋은 개념화와 독창적 사고를 반영하는 것이었다. 그러나 그림에서 나타나는 자극의 정도가 증가할수록 CG는 잘 통합하지 못하는 경향을 나타내었다. 그는 매우 미숙하게, 단지 표면적인 반응을 하면서 현재 관계를 맺고 있는 사람들과 자기 자신 사이에 거리를 두려는 경향을 보였다.

이전의 정신병리 평가

CG는 13세 때 포리스트 병원에 들어가 그해 12월에 품행장애 전 단계로 사회화되지 않은 행동장애 진단을 받았고, 한 달 후에는 기분 부전장애 진단이 추가되었다.

압박받는 상황에서 달아나고자 하는 CG의 과거 반응 때문에, 폐쇄 시설에서 처치가 이루어져야 한다는 권고를 받게 되었다. 이는 또한 기관이 규제법에 있어 선택 사항을 제공해야 하며 청각장애에 대해 완전히 이해하고 있어야 한다는 것을 의미하였다. 만약 CG가 가정으로 돌아가기를 바라는 경우에는 주별 치료에 가족이 함께할 수 있도록 하였다.

기타 정보

CG는 13.2세에 포리스트 병원에 들어가게 되었다. CG는 입원기간 첫 몇 주간은 체계적으로 회기가 진행되는 데 대해 적응하는 모습을 보였지만, 나머지 회기에는 점점 적대적이고 공격적으로 변해 갔다. 그때 그는 거짓말, 속이기, 도벽, 폭언, 공격적 행동을 나타내었다. 그는 체계를 앞지를 수 없는 것을 자신의 나약함으로 지각하면서, 달아날 수 없는 자신의 모습에 엄청난 좌절감을 보였다.

이러한 행동을 보인 몇 주 후, CG에게는 일대일의 더욱 밀접한 관리감독과 주의가 가능한 집중치료병동이 적합한 것으로 판단되었다. 자극이 적은 환경에 배치되자, 그는 점차 우울함을 나타냈고 사랑받지 못하고 버려진 자신의 감정에 대해 이야기하기 시작하였다. 그를 위해 고안된 치료 프로그램은 엄격히 제한된 환경에서 이루어졌지만 가능한 한 많은 양육적 요소가 결합되었다. 흡연을 허락하자, CG는 불안을 덜 느끼기 때문에 자신이 이렇게 할 수 있었다고 말하며 협조하기 시작하였다. 한 달 동안, CG의 행동은 나날이 향상되었으며 집중보호에서 벗어난 때에도 진전하는 모습을 보여 주었다. 마침내 그는 청각장애인으로 이루어진 집단으로 다시 돌아갈 수 있게 되었다.

CG는 여러 다른 프로그램에 잘 순응했으며, 매우 영리하게 일상생활에도 쉽게 잘 적응하는 것으로 보고되었다. 때때로 그는 규율 어기는 것에 대한 핑계로 (예를 들어, "무슨 말을 하는지 이해하지 못했어요."라고 하며) 자신의 청각장애를 이용하기도 하였고, 센터 직원의 수화 기술 부족에 대해 불평하기도 하였다.

자신보다 지적으로 떨어지는 동료에 대해 적대적으로 대하는 CG의 태도가 관찰되었다. 그는 자신의 행동으로 집단을 와해시키곤 하였다. 또한 직원의 요구에 따르지 않는 등 자발적으로 행동하였다. 이전에 전혀 포착되지 않았던 또 다른 남성 거주자와의 성적 일탈 행동이 의심되었다. 그러한 행동이 발생한 후에는 한 달에 1회 집에 가는 것을 금지하는 조치를 취해야 했다.

이렇게 중차대한 시기임에도 부모의 개입은 어려운 것으로 판단되었다. 가족상담이 제공되었지만 부모는 잘 지키지 않았다. 계부는 CG에 대해 가정에서 형편없이 행동한다고 보고하였고 모는 좀 더 관대한 반응을 보였다.

미술치료 처치 전 초기면담

CG가 14.9세 때 CG와 그의 부모를 초기면담에서 만나게 되었다. CG는 곱슬머리에 중간 정도 체격의 백인이었으며 티셔츠를 입고 있었다. 그는 꽤 우울해 보였지만, 질문에는 대답하였다. 부모에게 많은 질문을 하였으며, 구두로 대답하도록 하였다. 모는 CG가 이전에 있었던 정신병원(서부 세네카 정신병원)에 대한 염려를 표현하였는데, 그 이유는 수화를 통한 개인 훈련이 부족하다고 보았기 때문이었다. 부모 모두 서부 세네카 정신병동 직원이 'CG를 제지할 때 그를 너무 거칠게 대했다'고 하며, 과거의 일에 대해 형식적으로 불평하는 모습을 보였다. 그 당시 그들은 또한 면회나 방문을 할 수 없었고 사회복지사를 전혀 만날 수 없어 속상했다고 말하였다.

CG는 자신이 우울했다고 인정하였고, 정신병원에서는 자신을 '소중히 다루어 주지 않았다'고 진술하였다. 그는 제지당했던 아픈 경험과 그로 인해 자신이 조롱 대상이 되었다고 이야기하였다. 새로운 RTF에 참여할 준비가 되었는지에 관한 질문을 하자, CG는 '어느 정도 준비가 되었다'고 수화로 표현하였다.

CG가 RTF에서 점심식사를 하는 동안, 부모는 각자 개인 면담을 하였다. 부모 모두 과거에 CG를 일리노이 주에 있는 포리스트 병원에 맡겨야 했던 데 대해 죄책감을 느끼며 그들이 살고 있는 뉴욕 주에서 단지 분노할 수밖에 없었던 안타까운 상황에 대해 말하였다. 부모는 (그들이 생활하고 있는 뉴욕에서) 너무 멀리 떨어져 있다는 사실을 깨닫게 되었고, 특히 CG의 무단이탈을 알고는 무력감을 느꼈다. 도망을 친 CG는 결국 경찰에 의해 붙잡혔고, 한 달 후 그는 부

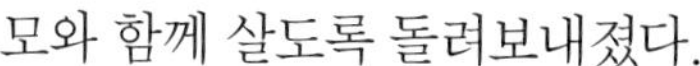
모와 함께 살도록 돌려보내졌다.

집에 있을 때, 모는 CG로 하여금 PG(계부)를 따르고 규칙을 준수하는 방법을 스스로 선택할 수 있도록 했다고 말했으며, PG는 CG가 결코 자신에게 복종하지 않았다고 표현하였다. 모는 자신의 남편이 완벽해질 것이라 생각했으며, CG가 가정에 도움이 되어 왔다는 사실을 뒤늦게 알게 되었다는 말도 덧붙였다.

CG는 14세 때 단지 6주간만 집에 있었는데, 모의 보고에 따르면 그가 12세의 여자 사촌동생을 강간하려 했기 때문이었다. 경찰을 부르기는 했지만, (모의 요구가 있었음에도) 그는 기소되지 않았다. 또한 CG는 13세 때 그의 어린 이복형제 SG와 성적인 놀이를 하였다. 비록 SG가 부모에게 알리기는 했지만, 그들은 CG가 SG를 얼마나 자주 괴롭혔는지, 또는 그것이 어떤 종류의 성적 행동이었는지를 확인할 수 없었다. 그들은 SG가 매우 화가 난 상태임을 느꼈고, 왜 자신이 희생양이 되었는지에 관해 의문을 가지고 있다고 어렴풋이 생각하였다. 두 부모 모두 CG가 집에 방문하기 전에 SG의 행동화가 증가한다는 데 주목하였다. 이에 대해 부모는 어린 동생이 CG를 두려워한다고 생각하게 되었다.

모는 CG가 자신이 청각장애를 가지고 있는 것에 대해 절대 수용하지 않았으며 몹시 싫어하기까지 하였다고 진술하였다. 그녀는 또한 CG가 10세 때 사망한 외할아버지(MGF)와 매우 가까운 사이였다고 보고하였다. MGF는 CG의 손상된 청력이 다시 회복되리라고 생각하였으며, 또는 CG의 청각장애를 고칠 수 있는 수술이 있을 것이라고 믿었다. 그녀는 CG 또한 이러한 믿음을 가지고 있었다고 보고하였다.

RTF 기숙사(시설)를 방문하고 돌아온 이후 CG는 미소와 행복감을 나타냈다. 그는 자신이 본 것이 좋았고 기숙사의 게임방이 즐거웠다고 표현하였다. 그는 그곳에 있는 동안 친구를 만들 수 있을 것이라고 느꼈다. CG에게 RTF로 가는 것에 대해 어떻게 생각하는지 질문하자, 그는 확신이 서지 않는다고 빠르게 대답하였다. 결정을 내리도록 하자, CG는 일리노이 주에 있는 곳으로 돌아가는 것보다는 RTF가 더 낫다고 생각한다고 말하였다.

초기면담에서의 인상

CG는 슬퍼 보였으며 좌절로 인한 낮은 인내 수준을 가진 분노 성향의 청년으로 보였다. CG는 어렸을 때부터 충동적인 행동을 보였을 뿐만 아니라 3세 때 청력을 잃는 외상을 경험하였다. 그는 친부에게 거부당했으며, 그와 가장 가까운 관계를 공유했던 외할아버지(MGF)마저 잃었다. CG는 13~15세에 공격적이고 폭력적인 행동 폭발로 인하여 정신의학적 개입이 필요하게 되었다. CG는 시간이 흐르면서 집중과정 치료에 차도를 보였지만, 그 체계를 통제하려는 수단으로 무단이탈 행동을 보이기도 하였다.

두 부모(PG와 MG)는 과거의 기관 관계자 및 전문가에게로 자신들의 행동을 투사하는 경향을 보이며 말로만 걱정하는 부모의 모습을 나타냈다. 계부(PG)는 CG와의 불편한 관계뿐만 아니라 그의 행동에 대해 매우 곤혹스러웠던 과거 감정에 대해 시인하였다. PG는 완고하고 처벌적인 부모로서의 기능을 담당하였고, 반면 MG(모)는 CG의 행동화에 대해 최소의 제재만을 가하였다. 두 부모 모두 비록 초기에 헌신적이었지만 시간이 흐를수록 일관되지 못하고 비난의 감정에 민감해져 갔다. 부모는 RTF 배치에 대해 수용적이며 긍정적인 감정을 표현하였다. 그럼에도 그들은 치료의 효과를 보기 위해 지속적이고 강한 치료적 접근이 필요할 것이다.

CG는 그의 성적인 일탈 행동, 빈약한 또래관계, 권위에 대한 부적절한 반응, 청각장애의 존재에 대한 미해결된 감정으로 인하여 RTF에 배치되었다. 부모는 CG가 가정으로 돌아오는 문제에 관해 모호한 태도를 보이며 양가감정을 드러내고 있는 것처럼 보였다. 따라서 CG와 부모에게 지속되고 있는 문제에 대한 탐색이 필요할 것으로 보인다.

실시된 심리검사

- 웩슬러 아동용 지능검사 개정판(WISC-R)의 동적 검사
- 레이븐 누진행렬지능검사(Raven Progressive Matrices)
- 비구어적 지능검사(Test of Nonverbal Intelligence: TONI)
- 벤더 시각운동형태검사
- 시각-운동 통합발달검사(Developmental Test of Visual-Motor Integration: VMI)
- 인물화 검사(Draw A Person: DAP)
- 주제통각검사(Thematic Apperception Test: TAT)

배경 및 관찰 정보

15세 때, CG는 3세 때 앓았던 볼거리로 인하여 심도의 양측 감각신경성 난청을 가진 것으로 보고되었다. 그는 구어와 수화를 조합하여 의사소통을 하였다. 그는 그와 의사소통하기 위해 구어를 사용할 때 대화를 더 잘 이해하는 것으로 보였다.

CG는 현재 청각장애인을 위한 RSD/RTF 생활치료시설에 있다. 이 평가는 공식적으로 RTF의 교육 부분인 RSD에 배치를 하기 위한 과정이었다. CG는 15.8세 때 그의 자유의사에 따라 RTF 생활이 시작되었다.

앞서 제시했던 보고는 '여러 번의 이탈 경험, 직원과 동료를 향한 공격성, 불안정한 감정, 자살성 사고'를 포함하여 그에게 나타나는 수많은 문제를 보여주고 있다. 또한 다른 보고에는 '가정에서 다루기 힘든, 그리고 남성 및 여성 동료에 대한 성적인 공격 행동'도 포함되어 있다. CG는 옷을 단정하게 잘 차려입는 것으로 보고되고 있는데, 이는 그가 외모에 대해 자부심을 가지고 있다는 것을 나타낸다. 그리고 그는 다부진 체격을 가지고 있었다. CG는 평가를 위해 2개의 보청기를 착용하였는데, 그가 원하는 기타나 드럼 소리를 들을 때를 제외하고는 보청기가 그에게 별 도움이 되지 않는다고 보고하였다.

정신상태 평가에서 그는 명확한 사고 과정과 올바른 지남력을 보여 주었다. 그는 수면 시 자주 몸을 뒤척이거나 돌려 눕고 섭식에도 아무 문제가 없다고 보고하였다. 그리고 과거에는 음주, 대마초 흡연, 싸움, 절도와 같은 문제를 가지고 있었다고 보고하였다.

CG는 우호적이며 열린 태도로 상호작용하였다. 그는 검사에서 자신의 수행에 대해 만족하는 것처럼 보였다. 그는 확신을 가지고 최선을 다했으며, 지속적으로 주의집중을 하기도 하였다. 또한 평균적으로 빠른 수행률을 나타냈으며 과제에 대해 능숙하고 계획적이며 논리적인 해결력을 보여 주었다. 그는 자신이 실수한 것에 대해 신중하게 점검하였다. (아침에 실시한 청력평가 이후 이루어진 이 평가에서) CG는 3시간에 걸쳐 우수한 협력적 자세를 일관되게 나타냈다.

검사 결과

CG는 WISC-R에서 동적 IQ 129를 획득하였으며, 이는 그와 동일한 연령 집단과 비교하여 상위 3% 이내(백분위수 97)의 우수한 범위에 속하는 것이었다. 동적 하위검사에서 인지 능력은 평균에서 우수한 범위에 위치하여 약간의 가변성을 보였다. 문제해결 능력에 대한 지적 능력을 측정하는 비언어적 지능검사 TONI에서는 지수 108을 획득하였으며, 이는 백분위수 70에 해당하는 것이었다. 레이븐 검사에서는 IQ 110에서 118 정도의 수준에 해당하는 결과를 얻었으며, 이는 백분위수 75에 해당하였다. 모든 검사에서 평균 수준 이상의 인지 능력을 나타냈다. 비록 TONI와 레이븐 검사 결과가 WISC-R의 동적 척도보다 다소 낮기는 하지만, 이러한 차이는 점수 간의 불일치보다는 인지 능력의 다양한 영역을 반영하는 것으로 해석하는 것이 바람직할 것이다.

이미 언급하였듯이, WISC-R의 하위척도 사이에는 가변성이 관찰되었다. CG는 부분을 친숙한 모양의 통합된 전체로 조직화하는 능력을 측정하는 모양 맞추기(Object Assembly) 소검사에서 각 문항마다 최고의 가산점을 받으며 완벽한 수행을 보였다. CG는 이 소검사를 완성하는 데 요구되는 특정 기술과 속도를 입증해 보였으며, 과거 평가와 관련된 기억에서도 점수를 얻을 수 있었다. CG는 빠진 곳 찾기(Picture Completion), 차례 맞추기(Picture Arrangement), 토막짜기(Block Design) 소검사에서도 우수한 성취를 보였다. CG는 빠진 곳 찾기 소검사에서 대부분의 항목을 정확한 단어로 반응할 수 있었고, 빠른 속도로 반응하였다. 차례 맞추기 및 토막 짜기 소검사에서도 매우 빠르고 능숙하게 처리하였다. CG는 시각운동 능력, 시각-운동 통합, 맥락을 연합하여 새로운 정보 학습을 측정하는 부호화(Coding) 소검사에서 평균에 비해 가장 낮은 점수를 획득하였다. 이 소검사에서 그는 기억을 사용하여 빠른 속도로 작업하는 것처럼 보였지만, 오로지 끝내기 위해 서두르는 것 같기도 하였다. 시간에 대한 압박이 증가하면서, CG의 불안이 그의 집중력에 영향을 미쳤다.

벤더 시각운동형태검사와 VMI로 측정된 시각-운동 통합 기술은 적어도 그의 연령 수준에 적합한 것으로 나타났다. 그는 VMI에서 24개 중 23개를 정확하게 그렸으며 딱 한 문제에서 작은 오류를 범하였다. 벤더 검사에서는 모든 도형을 정확하게 그렸으며, 또한 기억을 통해 6개를 그릴 수 있었다.

CG는 매우 정교하게 인물상을 그렸다. 그는 그 인물상이 Adolph Hitler를 묘사한 것이라고 설명하였다. 그는 그림에 완장, 장갑, 모자, 총, 리본, 단추 등을 갖춘 제복과 콧수염을 그려 넣었다. 그림에 대한 질문이 주어지자, 그는 Hitler가 유대인과 청각장애인을 학살했고 자신이 Hitler를 좋아하지 않기 때문에 그를 그렸다고 설명하였다.

TAT에서의 이야기는 폭력, 죽음, 슬픔과 같은 주제에 초점이 맞추어졌다. 또한 한 이야기는 탈옥 후의 자유와 행복에 관한 주제에 초점이 두어졌다. 예를 들어, 한 이야기는 돈 때문에 아들을 죽이고 돈 때문에 행복해하는 내용이었지만 그 이야기의 결론은 더 이상 계속되지 않았다. 이보다 좀 더 건전한 결과를 상상해 낸 이야기는 자살한 남자친구를 따라 죽으려 하는 한 여자의 이야기였다. 이 이야기의 결과는 여자가 도움을 받게 되고 다른 남자친구를 찾게 된다는 데 초점이 맞춰졌다. 그는 이야기에 건전한 관계, 특히 가족 구성원 간의 건전한 관계는 포함하지 않았다. 가족과 가장 강력하게 연관되어 있는 이야기 중 하나는 가족이 불에 타 죽은 집 출입구에 앉아 있는 외로운 소년에 관한 것이었으며, 이 소년이 그의 부모에 대한 기억을 간직한 채 성장한다는 이야기였다. CG에게는 가족관계가 잠재적으로 매우 혼란스러운 것이었다. 그는 공격적인 충동에 사로잡혀 있는 듯 보였다. 미래에 관한 소망을 표현할 때, 그는 대부분 모호하고 의미 없는 환경을 반영하는 관점을 취하고 있었다.

정신의학적 평가

CG는 15세 때 RTF 입소를 허가받았으며 이와 연계되어 정신의학적 평가를 받게 되었다. 과거 평가 결과는 CG가 (동적 IQ가 121에서 129로 변경된 점으로 볼 때) 잠재적으로 영리한 청소년이라는 점을 나타내고 있었다. 그 외에 그는 자신의 청각장애 수용에 있어 상당한 문제와 낮은 자존감으로 인해 고통스러워하였고, 좌절에 대한 낮은 인내력을 보였으며, 특히 성적 충동성 또한 문제에 포함되었다. 그는 그의 활동성이 유지될 수 있는 구조화된 환경 속에서 가장 잘 적응하는 것으로 보였다. 서부 뉴욕 아동정신의학센터(Western New York Children's Psychiatric Center)에서 그는 하루에 4회, 세렌틸(메조리다진) 25mg 복용이 처방되었으며, 신경이완제는 현재까지도 복용 중이다.

CG는 캠퍼스에 있는 학교에 다녔으나, 청각장애인을 위한 로체스터 학교(Rochester School for the Deaf: RSD)에 다니려고 시도하였다. CG가 체류하던 초기에는 무단이탈이 몇 번 포착되었지만 이렇게 도망치거나 이탈을 실행에 옮기는 행동은 더 이상 일어나지 않았는데, 그 이유는 그가 자신에 대해 RTF

에 들어온 이후 '더 많은 자유'를 가지고 있다고 여겼기 때문이다. 그러나 그는 과거에 가장 좋았다고 생각하는 장소를 떠올리며 시카고에 있는 청각장애인 센터를 언급하였으며, "그곳은 나를 더 잘 통제했다."라고 하였다. 그가 집을 방문하는 것은 순조롭게 이루어졌으며 이복형제 역시 그가 그들을 성적으로 괴롭히지 않아 이제 두려움을 덜 느낀다고 말하였다. CG는 고카트(gocarts)[1]나 오토바이, 기계류에 큰 흥미를 가지고 있다. 그의 꿈은 벌목꾼이나 생체공학 기술자, 기계공 또는 로봇 기술자가 되는 것이었다. 아무튼 그는 자신이 손수 작업하는 것을 선호하였다. 학교 장면에서 그는 스스로를 수학에 취약하다고 생각하였으며, 읽기와 사회, 과학 공부를 좋아하였다. 그는 그의 과거 성적인 문제에 대해서는 집으로 갈 때 여자친구와 성적 교제를 하게 된 이후로 그 문제가 사라졌다고 믿고 있었다.

정신 상태

통역사를 두고 실시된 면담의 초반부 동안, 둥근 얼굴의 한 청소년은 담배를 피우고 있었다. CG는 가장 협력적이었으며 상당히 지적인 인상을 풍겼다. 그는 여러 개선책을 마련하고 RTF에 있는 동안 그러한 방향을 지속해 나가겠다고 말하며 진지한 태도를 보였다. 그는 자기 자신에 대해 남의 말을 잘 경청하는 사람으로 보았으며, 규칙을 잘 따르고자 시도하고 무단이탈 행동을 중단하려고 노력하였다. 그러나 그가 규칙에 어느 정도 반감을 가지고 있다는 점은 여전히 드러났다. 예를 들어, 그는 그를 따라다니며 규칙을 기억하도록 알려주는 특정 직원에 대해 싫다고 표현하였다. 게다가 그의 행동에는 모순이 있었는데, 그는 잘 통제된 환경에서 자신이 최선을 다할 수 있다고 말하면서도 규제가 거의 없는 환경을 더 선호하였다. 그는 과거 그의 공격적 방식이나 위반

1) 역주: 어린이가 타고 노는 소형 자동차나 지붕 · 문이 없는 작은 경주용 자동차.

한 부분에 대해서는 이제 그러한 것을 극복했다거나 또는 자신의 방식대로 잘 하고 있다고 빠르게 말하고 지나갔다. 예를 들어, 그는 이제 돈을 가지고 있기 때문에 절도는 더 이상 문제가 되지 못했다. 동시에 그는 자신이 구입한 오토바이를 부모가 알지 못하도록 친구의 집에 보관하였는데, 이에 대해 자신이 부모를 속이고 있다는 사실을 자각하지 못했다. 그가 11세 때 낸 오토바이 사고로, 부모는 그러한 것을 타지 못하도록 금지령을 내렸는데도 말이다. 또한 CG는 어떠한 두려움이나 불안도 가지고 있지 않다고 부인하였지만, 밤에 그가 들은 소리의 원인은 유령인 것 같다고 말하였다. 예를 들어, 그는 자신이 냄비와 프라이팬이 서로 부딪히는 소리나 또는 그의 뒤에서 나는 발자국 소리를 들었다고 믿었다. 그는 밤에 백일몽을 꿀 때 자동차 경주를 했다고 하면서 시각적 이미지에 관해 기술하였다. 이어서 그는 유령의 존재에 대해 부인하기 시작했고, 그의 청각적 · 시각적 환각이 단지 상상일 뿐이라는 것을 인정하게 되었다. 특정 텔레비전 프로그램을 볼 때, 특히 성관계를 위하여 소녀를 죽이는 남자에 대한 이야기가 나올 때는 자신이 죽게 될까 봐 두려워하였다. 또다시 그는 수면 문제나 악몽을 꾸는 것에 관해 부인하는 증상을 보였다. 그러나 정신병적 사고장애와 같은 임상 증후는 보이지 않았다. 가끔은 다소 너무 차분한 듯했지만, CG에게 정동장애는 없는 것으로 보였다. 또한 그는 관계를 맺는 능력을 갖게 되었다. 그러나 그는 자신이 거부되는 것에 상처받거나 취약할 수 있다는 점에 대해 매우 조심스러워하였다. 성인에 대한 그의 불신은 그로 하여금 시험하게 만들었으며, 심지어 그가 성인으로부터 거절당한 것이라는 생각을 유발하였다. 그의 경우에는 통찰지향 상담과 (직접 해 보거나 손을 사용하는 경험이 주어지는) 창조적인 미술치료에서 이점을 취할 수 있을 것이며, 더불어 그에 대한 기대와 그 한계가 명확히 정해지고 설명된 빈틈없는 프로그램이 운영되어야 할 것이다. 일관성과 공정성이라는 이 두 요소는 CG가 성인에 대한 신뢰를 구축하고 자신감을 얻을 수 있도록 하기 위해서는 그에게 꼭 필요한 것이라고 할 수 있다.

RTF 입소 시 받은 진단

- 축 I: (진단부호) 313.82 청소년 정체성 장애
- 축 II: 경계선 성격 특성
- 축 III: 볼거리에 의한 심도의 양측 감각성 난청

진단적 미술치료 사정 단축형

- 대상: CG
- 생활연령: 15.9세
- 실시 검사: 동적 가족화(KFD)
  유채색 및 무채색 방식의 집-나무-사람 그림 검사(HTP)
  인지적 미술치료 사정(CATA)
  실버그림검사(SDT)

HTP 결과

CG에게 집-나무-사람 그림 검사(HTP)를 실시하였다. 유채색 및 무채색 방식 모두 유사한 반응을 보였다. 안정성 욕구가 3개의 상징(집, 나무, 사람)을 통해 전반적인 양식에서 나타났다. 그의 나무 그림은 종합심리검사에서 그가 보인 일반적인 접근 방식을 나타내고 있었다. 비록 나무는 (그의 안정성 욕구와 같이) 기본적이고 바탕이 되는 것을 가리키지만, 나무 그림에 그려진 꽃은 단절과 혼돈을 나타내는 것이다(Hammer, 1980; Oster & Crone, 2004). 나뭇가지는 절단되어 있거나 잘려져 있었는데, CG는 위쪽 가지를 '썩었다'고 묘사하였다. 나무에 비해 너무나 작아 보이는 나뭇가지의 형태는 자기 자신을 중요하지 않고 약한 존재로 보는 CG의 시각을 강조하고 있었다. 다음으로 CG가 사

람을 그렸을 때, 그는 록 가수인 Bruce Springsteen이라고 설명하였다. 그가 이렇게 음악가를 표현한 것은 주류 사회의 일부가 되고자 하는 그의 바람과 자신의 장애에 대한 저항을 강조해서 나타내는 것이라 할 수 있다.

KFD, SDT 및 CATA 결과

동적 가족화(KFD), 실버그림검사(SDT), 인지적 미술치료 사정(CATA)의 점토 소검사가 일주일 간격으로 실시되었다. CG가 받은 총점수는 35점으로 10학년 수준에서 백분위수 66에 위치하였다. 이 점수는 지루함이나 전신피로에 의한 것이라기보다는 그의 낮은 수행 수준을 반영하는 것으로 나타났다.

[그림 10-1]에서 볼 수 있듯이, CG는 SDT의 예측화 하위검사 반응에서 집을 적절한 수직 상태로 배치하지 못하고 산중턱에 박혀 있는 형태로 묘사하고 있다. 동일한 [그림 10-1]에서 (탁자 표면과 기울어진 물이 평행하도록 만드는) 수직성을 예측하는 능력과 그의 연령에서 볼 때 산에 직각으로 집을 위치시킨 이러한 그의 반응은 뜻밖의 일이었으며, 그것은 보존과 계열적 순서 능력이 요구되는 훨씬 어린 아동에게나 볼 수 있는 전형적인 반응이었다.

SDT의 다음 하위검사에서도 그는 또다시 놀랄 만한 반응을 하였다. 그의 바로 앞에 있는 것을 표현하도록 하자 CG는 왼쪽뿐만 아니라 오른쪽에 있는 원통을 투명하게 속이 들여다보이도록 그렸는데, 이는 훨씬 어린 아동이 보이는 반응이었다.

마침내 SDT의 마지막 하위검사인 상상화에서 제공된 그림으로부터 이야기를 선택하고, 결합하며, 표상하는 CG의 능력은 중등도의 부정적 주제를 표현하고 있었으며 피해자와 공격자로서의 동일시를 반영하였다.

CG는 KFD 반응을 자세히 나타내는 데 대부분의 시간을 소비하였다. 그림에서 CG의 모와 계부는 그에게 등을 돌리고 있었는데, 이는 그들에 대한 단념을 가리키는 것이라고 할 수 있다. 흥미로운 것은 CG의 이복형제자매의 얼굴

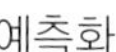
예측화

주스가 가득 찬 컵이 있는데, 조금씩 점차적으로 컵이 텅 비워진다고 가정해 봅시다. 당신이 마실 때마다 어떻게 주스가 점차적으로 변해 가는지 그림으로 그려 볼 수 있겠습니까?

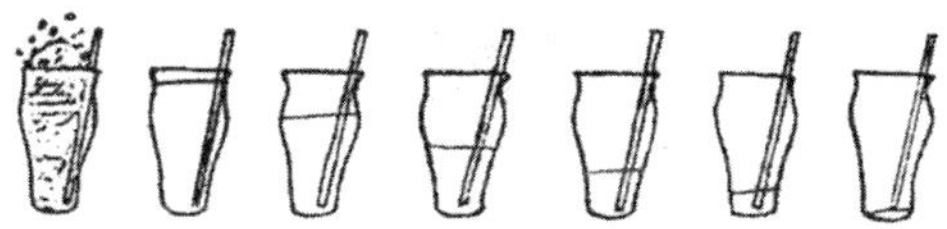

병에 물을 반쯤 채운다고 가정해 봅시다. 물이 들어 있다는 것을 어떻게 나타내야 하는지 각각 선으로 그려 봅시다.

여러분이 X 표시가 된 지점에 집을 짓는다고 생각해 봅시다. 어떻게 그릴 수 있을까요?

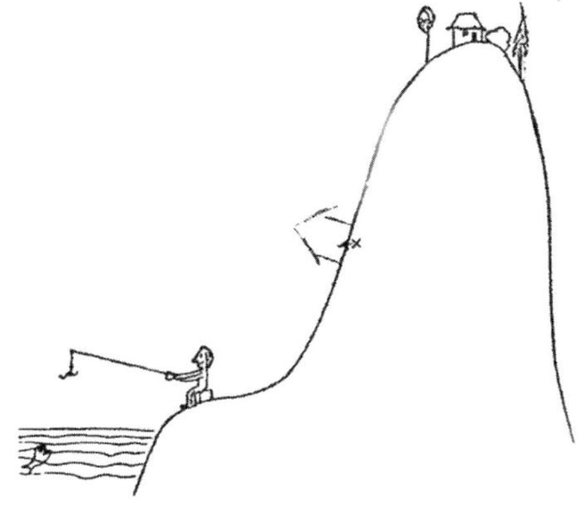

[그림 10-1]

에서 이목구비가 생략된 사실을 치료사가 지적해 주기 전까지 그가 '잊어버리고' 있었다는 점이다. 이를 통해 가족 체계에 대한 CG의 미해결된 감정을 재차 확인할 수 있었다.

관찰화

물건을 보이는 그대로 그리려고 해 본 적이 있습니까? 여기에 몇 개의 물건이 있습니다. 자세히 살펴본 후, 아래의 공간에 보이는 내로 그려 주세요.

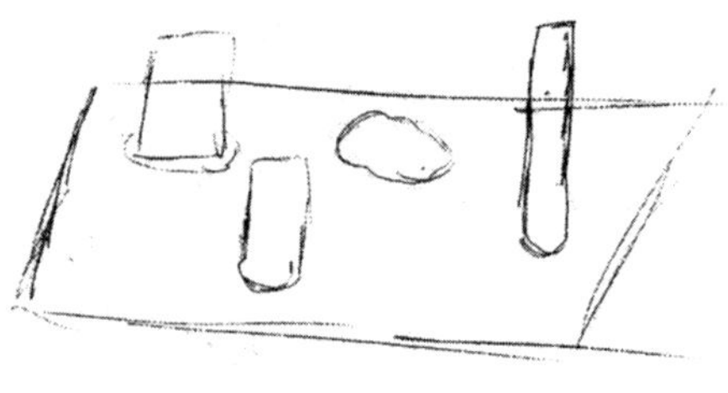

[그림 10-2]

KFD를 완료한 후에 실시한 CATA는 가족 체계와 연관된 공격적인 성향을 불러일으켰다. CG는 점토 매체를 선택하고는 군도를 만들었다. 칼이라는 것은 분명히 CG의 내적 적대감과 공격성을 표현하는 것이었다. KFD와 마찬가지로, 그것은 가족 역동과 관련된 그의 공격적인 감정을 나타내는 것으로 해석할 수 있을 것이다.

CATA 채색 반응에서는 매체를 만지작거리며 장난하거나 튀기는 행동을 통해 퇴행을 나타냈다. 그는 '미래의 삶, 오염물질로부터의 해방'으로 기술하면서 혼돈된 요소는 덜 나타냈다. 다만 혼돈은 그가 '더러운'이나 '무질서한'이라고 아무렇게나 휘갈겨 쓴 낙서에서 나타났다. CG가 자신의 세상을 재정리하고자 했던 시도는 주류 사회와 그의 가족에게 자기 자신을 맞춰 조정하고자 하는 내적 투쟁을 암시하고 있었다.

CATA에서 CG의 그림은 이러한 딜레마에 대한 그의 저항과 부정을 분명히 보여 주고 있었다. CG는 갈고리 손에서부터 안대를 한 애꾸눈에 이르기까지 다양한 장애를 가진 후크선장 그림을 그렸다. 그림에 표현된 장애를 가진 남자는 그가 자신의 청각장애를 궁극적으로 부인하고 있다는 것을 전형적으로 나

상상화

다음 2장의 종이에는 사람, 동물 및 사물을 나타내는 몇 가지 그림이 있습니다. 이 중에서 2개의 그림을 골라 무슨 일이 일어나고 있는지 가능한 이야기를 상상해 보세요. 준비가 되면, 이 종이 하단에 여러분이 상상한 이야기를 그림으로 그려 봅시다. 선택한 그림을 똑같이 그릴 필요는 없습니다, 마음대로 바꾸거나 더 추가해서 그려도 좋습니다.

그림 그리기가 끝났다면, 아래 줄에 그림의 제목을 적어 주세요.

이야기 제목_______________

[그림 10-3]

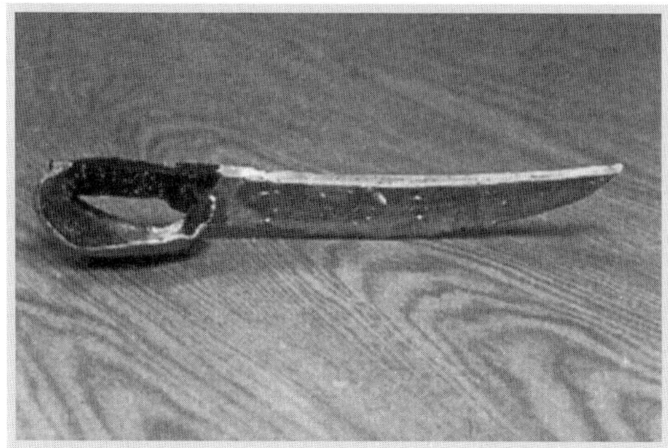

[그림 10-4]

타내는 것처럼 보였다. 이는 그림에 대한 그의 설명에서도 명백하게 나타났다.

■ 요약 및 권고 사항

CG는 똑똑하고 매력적인 심도난청의 10대 소년으로, 품행장애로 인해 곤란에 빠진 여러 가지 심각한 이력을 가지고 있었다. 그는 얼핏 보기에는 잘 조절되고 있는 것처럼 보였지만, 미술작품에 대한 그의 비언어적 반응이나 수화/언어화 반응을 통해 내적 혼란에 대한 표현이 쏟아져 나왔다. CG는 구조화된 정신보건 서비스 환경에 배치되고자 하는 요구를 나타냈으며, 실제로 그러한 정신보건시설에서 제공되는 구조화되고 명백한 지침을 통해 치료의 이점을 취할 수 있는 능력 또한 보여 주었다.

학업적으로 CG는 우수한 인지적 능력을 가지고 있었고, 이미 진술했던 이전 심리검사나 미술치료 종합사정에서 볼 수 있듯이 동기와 흥미가 있다면 높은 수준의 수행을 지속해 갈 수 있었다. 따라서 교육 환경은 치료적 쟁점뿐만 아니라 교육에도 초점을 맞출 수 있는 분위기를 제공하는 것이 필요하다고 판단되었다. (CG의 개인력에 대한 문서기록을 살펴보면, 그의 정서적 요구는 교육을 받는 데 지장을 초래하였으며, 심지어 그의 청각장애에 대한 요구를 충족하도록 고안된 상황에서도 그러하였다.)

CG는 매우 창의적인 10대였으며, 미술 매체를 통한 자기 표현에 좋은 반응을 보였다. 그는 이차원과 삼차원적 표현 모두에서 (14~17세 정도의) 청소년기 발달 단계로 분류되어(Lowenfeld & Brittain, 1975) 인지적으로 매우 높은 기능을 보여 주었다. 이미 앞에서 다루었던 종합심리검사에 대한 그의 반응과 미술작품과 관련된 그의 언어적 반응이나 글을 통해 제시된 바에 따르면, 분명 CG는 다수의 내적 스트레스 요인을 가지고 있었다. 가족미술치료를 병행한 개인미술치료가 CG에게 자아정체감, 자아 기능의 성숙, 공격적 충동과 성적 충동

의 승화, 가족 개입, 청각장애의 수용을 위한 길을 제공할 수 있는 효과적인 수단으로 추천되었다.

진단적 미술치료 검사 후 진행된 치료와 관련한 회의[2)]

CG의 담당 보건전문가

(1) CG는 그의 계부(PG)처럼 되고 싶다는 욕구와 그에 의해 수용되기를 바라는 욕구를 지속적으로 표현하였다.

(2) CG는 계속해서 자신의 (동성애적인) 성적 감정을 부인하였다.

정신과적 요약

(1) 계부는 CG의 친구들을 싫어하였다. 계부는 갈등을 보고하였으나 동시에 그들과 함께 무언가를 하고 있었다.

(2) 생부에 대한 감추어진 부정적 감정이 계부에게로 대체되었다. CG는 계부에 대한 긍정적 감정을 인정하지 않으려 하였다.

(3) CG은 많은 정서를 드러내지는 않았지만 제시된 정서와 대립되는 행동은 없었다.

RTF의 관리자

(1) CG는 계부를 버스정류장에서 기다리지 않았다. (대신에 집을 방문하는 동안에 사촌을 만났다.)

(2) CG는 계부와의 주말 동안의 갈등을 보고하였다.

(3) CG는 서로의 충돌 시기에도 화를 악화시키지 않고 가라앉히는 부의 능

2) 편저자 주: 진단적 미술치료 회기 다음에 시행되는 회기를 시작하기 이전에 치료와 관련한 회의를 먼저 실시하였다. 아래는 CG와 함께 작업한 다양한 임상가가 강조했던 내용이다.

력을 인식하였다.

RSD, 교육치료사 보고

(1) CG는 청각장애를 가진 동료들 중에서 긍정적인 리더십을 발휘하는 행동을 보여 왔다.
(2) 과제를 완수하고자 하는 CG의 의욕이 감소하였다. 그는 산만했으며 조직적이지 못하고 재빨리 흥미를 잃곤 하였다. 시작하기 위해서는 그에게 구조화된 접근이 필요하였다. (이와는 반대로 미술치료는 이상하게도 그에게 충분히 잘 적용되었다.)

사회복지사 보고[3)]

(1) CG의 청각장애 관련 문제가 증가하였다.
(2) 사회복지사는 충동성 통제에 초점을 맞추려고 시도하였다.
(3) 사회복지사의 CG 부모와의 의사소통 문제. 부는 치료에 참여하지 않았지만 CG는 이 문제를 잘 다루었다.
(4) CG는 우울해 보였다. CG는 문제에서 벗어나지 못하는 자신의 무능한 모습에 대해 표현하였다.
(5) CG와 사회복지사는 (그가 과거 접촉했던 소년이나 소녀와 관련하여) 그의 이전 성적 행동에 관해 논의하였다.

임상 직원과의 논의

(1) (담당 보건전문가나 학교, 사회복지사 등의 의견에 따르면) 자기 가치와 관련된 문제가 자주 관찰되었다.

---

3) 편저자 주: 사회복지사는 청각장애인으로, 역할 모델링에 도움이 되었으며 이 어린 청소년과의 향상된 의사소통에 기여하였다.

(2) (정신과 의사에 따르면) 부적절한 행동에 대한 자기비판 등과 같은 정서적 위축이 관찰되었다.

(3) 계부는 상담자와 만나는 것을 중단한 반면, 모는 사회복지사와 지속적인 연계를 가지고 있었다.

① 부모의 상이한 감정의 종류를 확인해야 한다.

② 부모에게 상담자와의 접촉이 필요하며, 치료계획을 따르도록 할 필요가 있다.

주요 회기[4)]

2회기: CG

CG와 필자는 곧 다가올 그의 부모의 RTF 방문에 대한 그의 감정과 이 방문에 대한 그의 불안에 관해 논의하였다. 그는 이러한 상황에 대한 긴장감을 인정하였다. 이 논의가 아마도 의사소통 증진을 통해 가족 체계 내의 격차를 좁힐 수 있을 것이라고 설명하였지만, 그럼에도 그는 불안해하였다.

논의에서 방향을 바꾸어, CG는 그의 칼에 광을 내고는(CATA 반응인 앞의 [그림 10-4] 참조) 이후 그가 무엇을 하기 원하는지 결정하기 어려워하는 모습을 보였다.

그는 점토 진열장 안에 있는 몇 가지 물건을 살펴보더니 점토 작업을 택하였다. 그는 '우주 공간'의 생명체를 상상하여 만들어 냈다. 그에게 자신이 외계인처럼 느껴지거나 외계 생물체와 동질감을 느끼는지 질문하자, CG는 주저없이 '예'라고 대답하였고 〈지구가 멈추는 날〉이라는 영화에 관해 이야기하였다. CG는 이 영화에 심하게 동화되어 있었다. 이러한 외계 생명체에 대한

4) 편저자 주: CG와 함께 43회기를 진행하였으며, 여기에는 그의 가족이 포함된 회기도 다수 존재한다. 시간에 따른 변화를 보여 주는 주요 회기를 제시하고자 한다.

[그림 10-5]

동일시는 청각장애, 그를 둘러싸고 있는 가족 맥락이나 주류 사회 내에 존재하는 이질감, (외계인이라는) 공격자로서의 정체감, 낮은 자존감, 정체감 장애와 같은(Burns & Kaufman, 1972; Hammer, 1980; Henley, 1987; Kramer, 1975; Oster & Crone, 2004; Rubin, 1984) 다수의 문제를 내포하고 있었다.

CG는 외계인을 위해 공기공급 장치와 후두를 만들었다. 이러한 것은 외계인의 '영어로 변환'하는 능력을 지원하기 위한 것이었다. 필자는 (예를 들어, 후두는 사람들과의 의사소통을 위해 필요한 것이고 외계인은 건청인과의 대화에 곤란을 겪는 그와 비슷해 보인다고 하며) 외계인과 CG의 유사점에 대해 해석하였다. 그는 잔뜩 인상을 쓰고는 눈 맞춤을 회피하였는데, 분명 화난 모습이었다. 이것을 받아들이기가 어려운지 질문하자, 그는 "아니요."라고 말하며 방어하였는데 스스로에게 이 메시지를 전달하려는 듯 계속해서 그 말을 반복하였다. 우리는 이것이 그에게 얼마나 좌절감을 주는지에 관해 검토하였다. 그는 미래에는 아마도 "모든 사람이 그 언어를 알게 될 것이다."라고 언급하였다.

앞서 말한 외계인의 다른 특성 또한 흥미롭다. 즉, 독을 품은 날카로운 이빨, 입 밖으로 튀어나온 거대한 혀와 같은 특징은 구강 공격적인 문제에 집착하고 있음을 알려 준다(Burns & Kaufman, 1975; Hammer, 1980; Oster & Crone,

2004). 또한 이 대상은 툭 튀어나온 뇌수, 원뿔 모양의 머리/다리, 구불구불한 꼬리를 가진 마치 뱀 같은 특징을 지니고 있었으며 사실상 완전히 남근 형태를 띠고 있었다. 이를 표현하며 상상력을 발휘하는 동안, 외계인은 그에게 중요하고 심오한 의미를 감추도록 했으며 다른 언어로 말하는 외계인에게는 상이한 문화가 존재할 것이라는 의견을 통해 자기 내면의 정신세계를 분명히 나타내었다. 따라서 이러한 모든 요소는 CG가 소속된 청각장애인의 세계와 건청 세계로 나아가려는 그의 시도를 뚜렷히 반영하는 것이라 볼 수 있다.

슬프게도 그 주가 지난 후에 CG의 부모는 나타나지 않았으며, 게다가 그의 치료와 유기의 감정이 복잡해져 그는 위에서 언급했던 작품을 없애 버렸다.

8회기: 모, CG, 통역사와 함께한 가족미술치료

가족 모두가 점토를 사용하였다. 앞서 이루어졌던 RTF 관리자와 사회복지사와의 만남에 근거하여, 이 복지사는 (미술치료로 한정한 다음) CG와 그의 모가 만남에 대해 어떤 것을 만들어 보는 작업을 하도록 추천해 주었다. 모와 CG와의 상호작용을 중심으로 약간의 논의가 있었다. 그들은 꽤 좋은 의사소통을 하고 있는 것처럼 보였다. (예컨대, 그의 모는 실제로 수화를 사용하는 인구 12%에

[그림 10-6]

속하였다. 그러나 모의 노력이 대단하다고는 할 수 없는데, 그녀는 최소한의 수화와 지화로 참여하였다.)

CG는 작은 집을 만들기로 하였으며 자기 자신은 집에서 날아가는 새로 표현하기로 결정하였다. 그러나 이 새는 철사 줄로 집과 연결되어 있었다.

이 회기에서 필자는 그가 '날아간다'는 바람을 표현했음에도 작은 집에 대한 애착으로 해석하였다. 흥미롭게도 철사로 이어진 끈을 통해 양육과 가족관계에 대한 분명한 바람이 정확히 그려지고 있었다(Burns & Kaufman, 1972; Hammer, 1980). 모는 저녁 식탁에 둘러앉아 있는 자기 자신과 계부(PG), CG를 만들었다. 그러나 식탁에 필요한 도구(음식, 접시, 먹을 때 쓰는 도구)를 제외했을 뿐만 아니라 다른 가족 구성원도 생략하였다. 이는 모(MG)가 현 상황을 가족 문제로 보지 않고 CG와 PG, 그리고 자기 자신 사이의 싸움으로 본다는 것을 의미할 수 있다. 대화를 위해 모두 양손을 뻗치고 있지만 어느 누구도 접촉하고 있지는 않았다. 또한 오로지 1명의 가족 구성원(CG)만이 웃고 있었으며, MG와 PG는 오히려 근엄하거나 침통한 표정에 가깝게 묘사되어 있었다. CG는 집에 가고 싶은 바람을 반복해서 표현하였고, 모는 이러한 대화에 반응하지 않았으며 긍정도 부정도 하지 않은 채 CG를 두고 떠났다.

[그림 10-7]

10회기: CG와 어머니

필자는 일단 준비를 한 다음 CG와 모에게 그들이 무엇을 하기 원하는지 질문하였는데, 그 누구도 이에 대해 결정을 내리지 못했다. 필자는 그들이 함께 할 수 있는 일에 관해 생각해 볼 것을 제안하였다. (물론 그들은 함께 할 무언가를 찾는 데에도 어려움을 겪었고, 그래서 필자는 연휴가 임박했기 때문에 크리스마스트리의 장식품을 만들어 보자고 제안하였다. 때때로 미술은 지난 회기에 대해 잡담을 나누는 것과 같이 서먹한 분위기를 푸는 얼음 깨기 활동으로 작용하기도 한다. 일단 영향력이 발휘되기만 하면, 도중에 실패하거나 진전하지 못할 것이라는 불안은 가라앉거나 억제되는 듯하였다.)

모는 산타클로스 장식([그림 10-8] 참조)을 만들었고 CG는 '노엘'이라고 부르는 아름다운 장식액자([그림 10-9] 참조)를 만들었다. 함께 작업하는 동안, 모는 CG에 대한 좋은 기억과 나쁜 기억에 관해 회상하며 이야기를 하였다. 그녀는 어렸을 때 CG가 보였던 놀라운 모습에 대해 떠올렸다. 4개월에 스스로 똑바로 섰고, 7개월에 걸었으며, 3세에 빗자루를 사용해 걸쇠가 걸린 문을 열고 나왔다. 아픈 기억으로는 청각장애를 갖게 된 것, 그리고 그 분노로 그가 유리창을 부순 것이다. 물론 CG는 이것을 기억하지 못했는데, 필자는 그 이유에 대해 해석해 주었다. 이 시점에서 그들이 함께 만든 것은 (비록 CG가 듣지는 못하지만 트럼펫을 불고 있는 모습의) [그림 10-10]의 천사라는 작품이었다.

이 일은 필자가 이 분야를 선택한 이유, 어쩌면 이 길이 필자를 선택했을지도 모를 이유에 대해 다시 한 번 생각해 볼 수 있는 계기가 되었다. 모는 마지막에 필자에게 감사하다고 하였고, 이는 우리 모두에게 보기 드문 대단한 순간이었다.

상황은 점점 좋아지기 시작하였다. CG의 모와 계부 모두 사회복지사와의 부모 참여 회기에 정기적으로 출석하였고, 두 부모가 함께 참여하는 가족회기 또한 더 많아졌다. 그럼에도 필자가 다른 출판물(Horovitz, 1999, 2004, 2005)에서도 언급했듯이 건강을 향한 궤도를 지속해 나가는 것은 어려운 일이다. 그

[그림 10-8]

[그림 10-9]

[그림 10-10]

이유는 생각보다 간단하다. 한 사람이 끊임없이 계속되는 질병이나 질환 상태에 있을 때에는 건강을 향해 나아가기보다는 '아픈' 채로 있는 것이 더 쉽기 때문이다.

따라서 이다음에 일어난 사건은 필자에게 그리 놀랄 만한 일도 아니었다. CG와 다른 한 시설 거주자가 RTF 사무실에서 500달러를 훔쳐 공항으로 달아나서는 비행기 표를 산 다음 시카고로 날아가 버렸다.

필자는 최소한 이 젊은이의 계획성과 대담함에는 감탄하지 않을 수 없었다. 그러나 (찾아낸 다음에야) 돌아온 CG는 계약서를 써야 했고, 24시간 내내 직원의 엄중한 감시를 받아야 했다.

이후 가족이 만나게 되었고, PG는 자신이 CG를 얼마나 사랑했고 CG가 범죄나 감옥의 삶을 피할 수 있기를 얼마나 바랐는지에 대해 이야기할 수 있게 되었다. [그림 10-11]은 수감된 CG로, PG에 의해 만들어진 작품이다.

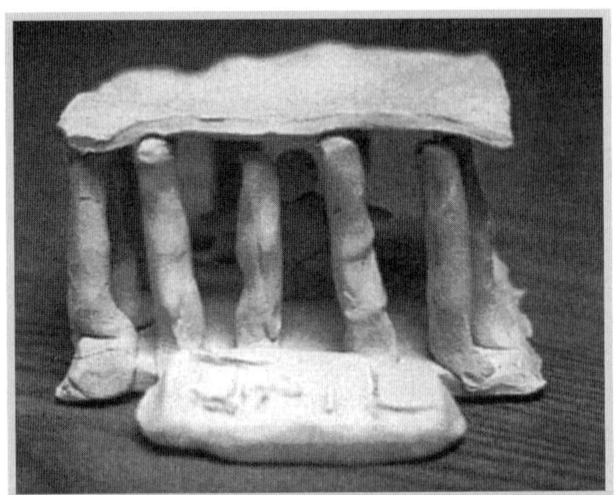

[그림 10-11]

10~13회기: IP(확인된 환자)의 교체

가족 체계에서 흔히 일어나는 일 중 어떤 것은 매우 흥미롭다. 가족 중 누군가는 가족이 치료 상황에 계속 남아 있도록 하기 위해 항상 아픈 상태로 있기 때문이다. CG가 점차 나아지자, 그의 친동생인 OG가 행동의 악화를 보였다. OG는 담배를 훔치기 위해 자동차 문을 억지로 열었다. 이러한 형제자매 간의 교체 현상은 꽤나 자주 나타나며, 사실 이 사례의 치료적 쟁점에서 볼 때 충분히 예측할 만한 일이었다. 이를 통해 OG는 자연스럽게 가족 작업의 중심으로 들어오게 되었다.

한편 CG는 점점 나아지고 있었으며, 그의 미술작품은 표창을 받기도 하였다. [그림 10-12]는 그가 받았던 상에 대한 신문 기사이며 [그림 10-13]은 개인미술치료 회기에서 그가 만든 말 머리로, 이 상을 받게 한 작품이다.

그러나 그는 그의 행동을 계속해서 유지하기 어려운 것처럼 보였고, 또한 형제 OG에 대한 관심을 끊어 버렸다. 우리는 그가 집을 방문했던 최근 일에 대해 이야기를 나누고는 이 방문이 얼마나 그를 화나게 했는지에 대해 토론하였다. 비록 처음에 CG는 아무 문제도 없다고 부정했지만, 필자는 그에게 그의

Daily News / Wednesday

Sculpture Picked For Show

A sculpture by C , 16, son of Mr. and Mrs G of has been selected for the 44th annual Scholastic Art Awards Exhibit at Sibley's in Rochester.

The teen is a junior at the Rochester School for the Deaf.

His sculpture of a horse's head is on display through March 1 at the Sibley's Award Gallery, fourth floor of the department store's downtown Rochester building.

C draws and paints in addition to working with clay, his mother said. "He's a very talented young man. We're proud of him."

[그림 10-12]

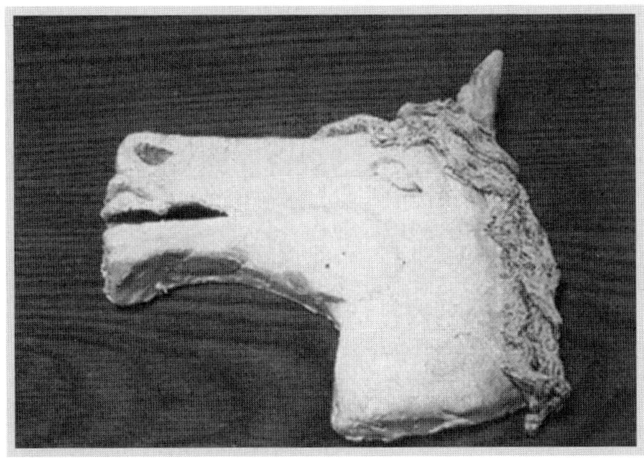

[그림 10-13]

아버지와 이미 이야기를 나누었으며 그가 허락 없이 아버지의 옷을 빌려 가고 아버지의 사냥 장갑과 양말을 훔쳐간 것에 대한 아버지의 분노를 전해 들었다고 말했다. (우리는 그가 아버지를 위한 점토 머그컵을 만드는 동안 이에 대해 논의하였다.) 필자는 그의 계부와의 상황에 대해 그가 분명 슬퍼하고 있다는 점을 다루었다. 그는 그 문제에 관해 누구와도 상의할 수 없었다고 말했다. 필자는 그가 얼마나 슬프고 외로움을 느끼는지에 관해 말하도록 공감해 주었다. 처음

[그림 10-14]

에 그는 슬픔을 부정했지만, 후에 그는 이에 관해 그의 사회복지사에게 말할 수 있게 되었다고 인정하였다.

그러나 사회복지사와 이 이야기를 나누는 것이 문제의 해결은 되지 않았다는 점은 분명한 사실이었다. 필자는 그에게 곧 필자와 그리고 그의 부모와도 이러한 일에 관해 이야기를 나눌 수 있게 되기를 바라며, 이를 위해 단지 작업만을 하고 비언어적 표현을 허용하는 미술 시간을 사용해도 괜찮다고 말하였다. 그는 그의 슬픔을 인정하였고, 기분이 훨씬 좋아졌다고 말하며 떠나기 전에 필자를 포옹하였다. [그림 10-14]는 이 회기 중에 그가 계부를 위해 만들었던 머그컵이다.

머그컵은 CG의 양육에 대한 무조건적 욕구의 분명한 대체물로서 매우 흥미로웠다. 요새처럼 생긴 왼쪽의 머그컵은 분명히 이러한 표현의 가능성을 숨기고 있었고, 그러나 컵의 테두리가 작은 포탑으로 되어 있어 컵으로는 거의 활용할 수 없어 보였다. 그 옆의 사슴 머그컵은 탄피로 장식되어 있어 역시 공존하는 공격성과 잠재적인 우울을 보여 주었다.

31회기: CG, OG, 모, 계부

OG는 (훔치기 등과 같은 최근 그의 부적절한 행동에 초점을 두었을 때) 회기 동안 많이 울었고, 필자는 모두에게 OG가 집에서 도망가고 싶을 만큼 위태로울 때 그를 위해 무엇이든 만들어 주자고 제안하였다. CG는 그에게 '마이애미 악당의 총'을 만들어 주었다. PG는 그에게 음식을 만들어 주었다. 모는 그를 따뜻하게 보호해 줄 상의를 만들어 주었다.

그러던 중에 PG는 CG가 배에서 낚시하는 모습을 만들었다. CG는 PG의 작업에 동참하여 낚시 줄에 걸린 커다란 물고기를 만들었다. (관심과 양육에 대한 CG의 무조건적 욕구가 재차 강조되었다; [그림 10-15 참조]). OG는 몇 가지를 시도했지만 어떤 것도 완성하지 못했는데, 이는 그의 부정과 낮은 자존감을 시사하였다.

PG는 OG에게 자신은 OG를 싫어하며 나중에도 그럴 것이라고 말함으로써 그를 좌절시켰고, CG에게는 '나중에도' 그를 '자랑스러워하고 매우 사랑할 것'이라고 말했다.

이 가족회기가 끝난 후 얼마 지나지 않아, OG의 경우 또 다른 위반 행동이 경찰에 의해 발견되었고, CG는 RSD에서의 교육과정을 계속하고자 집을 떠나

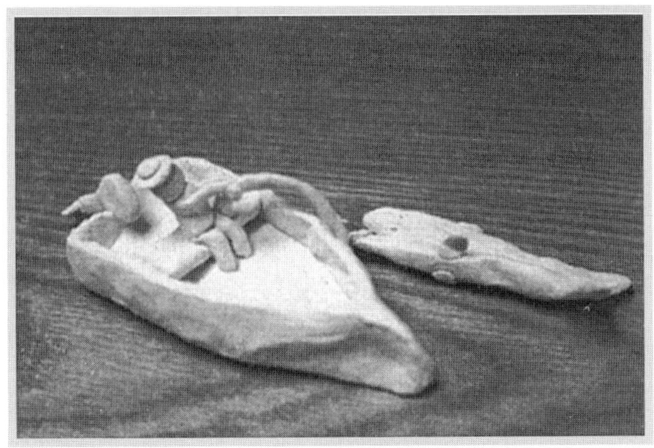

[그림 10-15]

는 것이 허락되었다. 다음 가족미술치료 회기는 CG의 퇴원 후로 계획되었는데, 부모는 치료적 과정을 따르지 않고 CG를 외래환자 진료에 데리고 오지 않았다. 따라서 사회복지사와 필자는 이 사례를 종결하였다.

퇴원 후 CG는 학교에서 뛰어난 모습을 계속해서 보였으며, 미술 작업을 하는 데 있어서도 활동적이었다. 이는 개별 및 가족 미술치료와 결합된 다학제적 환경이 CG에게 그의 가족이 원래 가지고 있었던 문제를 해결하고, 자아 성숙과 자존감을 증가시키고, 그의 청각장애에 대한 정체감을 회복할 수 있도록 풍부한 수단을 제공했기 때문인 것으로 판단된다. 분명 더 많은 것이 이루어질 수도 있겠지만, 사람들이 다룰 수 있는 범위 내에서 그 작업은 이루어져야 한다. 이 경우에 필자는 단지 희망을 가질 수 있을 뿐이다. Emily Dickinson의 시로 바꾸어 말하자면 다음과 같다.

> "'희망'은 한 마리 새, 영혼 위에 걸터앉아, 가사 없는 곡조를 노래하며, 그칠 줄 모른다…." (Franklin, 1951)

■ 사례 2: EP

이 사례에서는 청각장애인으로서 자신을 받아들이는 데 혼란을 겪고 있는 한 재능 있는 청소년에 관해 다루고자 한다. 대부분의 청각장애 아동과 마찬가지로, EP는 대략 9세 전까지, 즉 그녀의 청력 손상이 악화되어 청각장애 아동을 위한 교실에 배치되기 전까지 '구두적'으로 자라왔고 주류 사회에 편입되어 있었다.

13세 때 우울과 철회로 그녀가 철수하면서 복잡한 문제가 드러나게 되었다. 그녀는 기분부전장애와 이에 수반되는 격렬한 분노 상태로 인해 입원이 필요하게 되었다. 이는 모의 알코올중독뿐만 아니라 그녀 자신에 대한 정체성 혼

란, 농 사회 또는 건청 사회에 적응하는 것에 대한 무능력 또한 부분적으로 기여하였다. (가계도 및 연대표를 참조하라.)

정신의학적 평가

연대표에 나와 있듯이, EP는 말의 지연, (이전 7세까지 리탈린 약물 처치를 받은) 과잉행동 이력, 좌절에 낮은 인내 수준, 분노 발작, 빈약한 사회적 기술, 성인에 대한 과잉의존성을 동반한 사회적 고립, 가상 친구에게서 전화가 오는 상상과 가공의 친구를 통한 보상 등과 같은 증상으로 인해 정신병원에서 입원생활을 하였다. 가족은 그녀의 청각장애를 수용하는 데 어려움을 보였다.

EP는 모(AP)가 음주 문제에서 벗어나도록 하기 위해 그리고 또래와 다른 점에 있어 성공적으로 대처할 수단을 찾기 위해 RTF로 들어가겠다고 마음을 먹었다. EP는 건청 사회에서 살아남을 수 있는 이가 있다면 그것은 자기 자신이라고 생각하였지만, 농 사회에 잘 맞는다는 생각이 서서히 증가하고 있었다. 더욱이 그녀는 부모가 그녀로 인해 '당혹스러워한다'고 인식하였다. (예를 들어, 그녀가 메릴랜드 주에 있는 세퍼드 & 에녹 프랫 병원에 있었을 때, 부모는 EP의

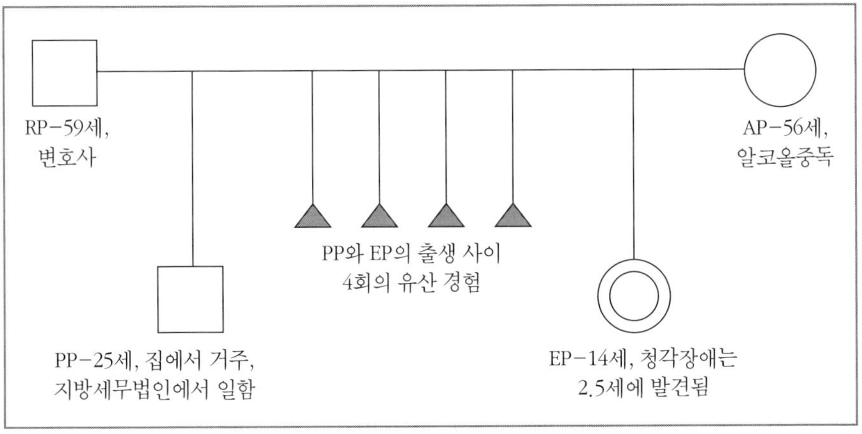

EP의 가계도

소재를 아는 어떤 친척도 오지 못하게 하였다.) 그럼에도 EP는 이러한 입원기간 동안 자신에 대해 더 많은 것을 알고자 노력하였고, 그 결과 그녀는 더욱 솔직하게 표현하는 법을 습득해 갔다.

EP의 청력은 (그녀가 구두적인 의사소통 기술에 의존한 만큼) RTF의 다른 청각장애 거주자보다는 훨씬 나았는데, 이러한 특수한 상태는 확실히 문제를 일으킬 소지가 있었고, 사실 동일시 문제와 같은 그녀를 가장 괴롭히는 문제에 있어 오히려 해가 되는 것이었다.

연대표 및 개인력

- EP의 임신기간 동안 체중이 40파운드가 줄어든 모(AP)는 EP의 출생 전 4회의 유산 경험이 있었다. 또한 그녀는 임신 중에 아시아 독감을 앓기도 하였다. EG 출생 시 모의 연령은 40세였다.
- AP는 임신이 어려웠다고 보고하였다. 출생 시 EP의 건강은 매우 좋지 않았다. EP의 폐는 출생 전에 이미 이물질로 꽉 차 있었으며, 출생 후 첫 4일 동안은 그녀의 생존 여부를 확신할 수 없었다. EP는 신생아실로 옮겨졌고 10일 후에 집으로 갈 수 있게 되었다.
- EP는 우유로 자랐으며 생후 6개월에 이유를 시작하였다. 고형식을 먹는 것은 늦어졌다.
- 발달적으로 EP는 다소 지연되었는데, 기는 것은 가능했지만 1.5세까지 걷지 못했다. 배변훈련에 있어서 주간에 가리기는 4세에 획득했으나 야간에 가리기는 9세까지 획득하지 못했다.
- 청각장애는 2.5세에 발견되었다.
- 6세 때, EP는 갑상설관낭종(thyroglossal cyst)으로 간단한 수술을 받기 위해 입원하였고, 같은 시기에 편도절제술(tonsillectomy)과 선양절제술(adenoidectomy)을 받았다. 그녀는 상후호흡기감염(upper respiratory infection)과 이염(otitis)으로 인해 양측 고막절개술이 필요하였다.

- 종골 골단염(Siever's disease), 즉 왼쪽 발뒤꿈치의 이상은 12세 때 발견되었다. 압력이 균등하게 분산되도록 플라스틱으로 된 뒤꿈치 형태의 컵이 제공되었다.
- 일부 향수와 양모에 대한 알레르기 반응이 있으며, 과잉행동으로 3.5~7세까지 리탈린(Ritalin) 약물치료를 하였으나 현재는 복용하지 않는다. 모의 보고에 따르면, EP는 학습장애(learning disabled: LD)로 진단받았다.
- 수영으로 인한 귀 감염이 자주 있었다.
- 3~5세 때, Elizabeth는 청각장애인을 위한 BOCES 프로그램에 참여하였으나 유치원에서는 주류반에 속해 있었다.
- 6~9세 때, EP는 학습장애 학급에 소속되어 있었다. 9세 때 그녀의 청력은 감소되었고 그녀는 청각장애 학급으로 분류되었다. EP는 이에 대해 '비참한 시간'으로 기술하였다. 그녀는 9세 이전에는 수화를 사용하지 않았으며, 모든 의사소통을 구두적으로 수행하였다. EP는 이야기하도록 격려받았지만 그녀의 모든 반 친구에게 말할 수 없었으며, 그것은 사실 그녀에게 너무나도 잔혹한 상황이었다. 결과적으로 EP는 건청 아동과 친구관계를 구축하였다.
- 13세 때에 그녀는 기분부전장애, 혼합형의 특수발달장애, 양측 청력 손상으로 셰퍼드 & 에녹 프랫 병원(sheppard and Enoch Pratt Hospital)에 배치되었다. 또한 간헐적 폭발과 철회가 보고되었다. 그녀는 욕구불만이나 좌절 상태가 되면 파괴적이 되었으며, 한번은 흔들의자를 내던지고 머리 들이박기(headbanging) 행동 증상이 나타나기도 하였다.
- EP는 자신이 어느 곳에 어울리는 사람인지 혼란스러워하였다. 그녀는 주류 사회 내에서 작업하기를 선호한다고 말했지만 자신이 '다르다'고 느끼고 있었다.

진단

축 I: 313.82 정체감 장애

축 II: 315.50 혼합형의 특수발달장애

히스테리성 성격 특성

축 III: 양측 청각 손상

진단적 미술치료 사정을 통한 결과 요약

실시 검사

- 인지적 미술치료 사정(CATA)
- 실버그림검사(SDT)

의뢰 사유

- 낮은 자존감, 미숙한 자아상
- 예술적인 경향성
- (이전 기관에 입각해 볼 때) 미술치료 처치에 대한 거부
- 히스테리적 행동
- 청각장애에 관한 정체성 문제

행동 관찰 및 인상

초기에 EG는 미술치료 참석에 관한 반대 의사를 전하였다. 검사 상황이 끝나자, EG는 언어로 그리고 미술 매체를 통해 선뜻 참여 의사를 밝혔다.

실버그림검사(SDT)

예측화　　8

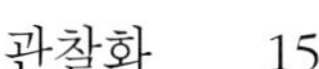
관찰화 15

상상화 8

총점 31, T점수 44.46; 10학년 수준의 전체 44%에 해당

예측화

주스가 가득 찬 컵이 있는데, 조금씩 점차적으로 컵이 텅 비워진다고 가정해 봅시다. 당신이 마실 때마다 어떻게 주스가 점차적으로 변해 가는지 그림으로 그려 볼 수 있겠습니까?

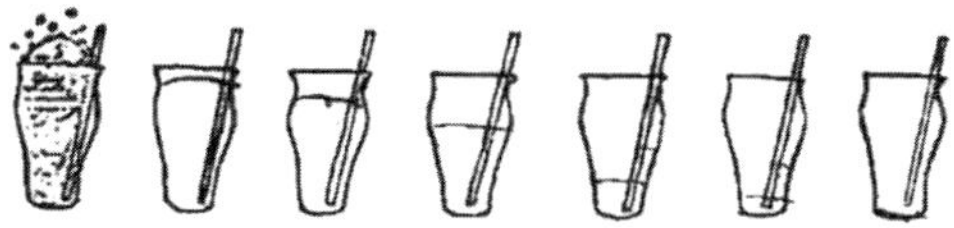

병에 물을 반쯤 채운다고 가정해 봅시다. 물이 들어 있다는 것을 어떻게 나타내야 하는지 각각 선으로 그려 봅시다.

여러분이 X 표시가 된 지점에 집을 짓는다고 생각해 봅시다. 어떻게 그릴 수 있을까요?

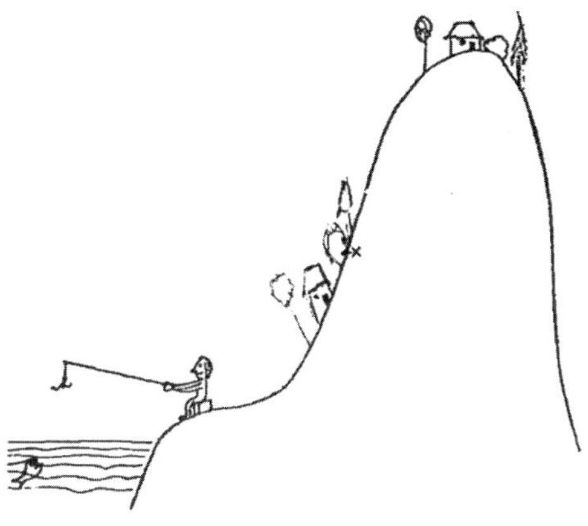

[그림 10-16]

물건을 보이는 그대로 그리려고 해 본 적이 있습니까? 여기에 몇 개의 물건이 있습니다. 자세히 살펴본 후, 아래의 공간에 보이는 대로 그려 주세요.

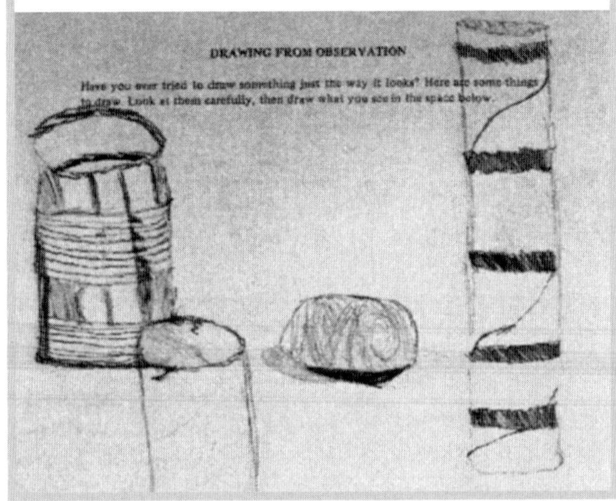

[그림 10-17]

다음 2장의 종이에는 사람, 동물 및 사물을 나타내는 몇 가지 그림이 있습니다. 이 중에서 2개의 그림을 골라 무슨 일이 일어나고 있는지 가능한 이야기를 상상해 보세요. 준비가 되면, 이 종이 하단에 여러분이 상상한 이야기를 그림으로 그려 봅시다. 선택한 그림을 똑같이 그릴 필요는 없습니다, 마음대로 바꾸거나 더 추가해서 그려도 좋습니다.

그림 그리기가 끝났다면, 아래 줄에 그림의 제목을 적어 주세요.

이야기 제목________________

[그림 10-18]

SDT의 예측화 하위검사에 대한 EG의 반응([그림 10-16] 참조)은 예상치 못한 것이었다. 관찰화 하위검사에서 얻은 그림([그림 10-17] 참조)의 경향을 감안한다면, 그녀의 보존 개념과 계열적 순서 개념은 최상이라는 것을 알 수 있지만, 대신 그러한 것은 훨씬 어린 아동의 능력을 나타내는 것이었다. 그러나 두 번째와 세 번째 (상상화) 하위검사에서 그녀의 높은 인지적 그리고 예술적 능력을 볼 수 있었다. [그림 10-17]에서 볼 수 있듯이, 그녀의 능력과 세부적인 것에 대한 관심은 그녀의 예술적 탐구를 세상에 알리는 전조가 되었다.

CATA 결과

발달적으로 EP는 14~17세의 청소년 발달 단계(Lowenfeld & Brittain, 1975)로 분류되었다. 그녀의 그리기와 채색 반응 모두 많은 공을 들인 것으로 나타났으며 타인에게서의 고립과 소외에 대한 그녀의 감정을 반영하는 것으로 보였다. 그러나 점토 소검사에서의 선착장 횃대 꼭대기에 혼자 있는 갈매기와 같이 대부분 소외, 고립, 허약감에 관한 그녀의 감정을 반영하고 있었다([그림 10-19] 참조).

실제로 위에서 언급한 회기가 이루어지는 동안, 그녀가 '더 나아진다면' 여기에 올 필요성을 느낄 것인지 질문하자 그녀는 미술치료에 대한 저항을 반복해서 나타냈다. 필자는 필자와 작업하는 것에 대한 그녀의 두려움을 해석해 주었고, 그녀가 비구두적으로 작업할 수 있는 회기를 바라고 있다는 점을 분명히 하였다. 이는 치료에서 건강을 회복할 수 있도록, 그녀를 끊임없이 괴롭히는 내면의 목소리를 달래는 것처럼 보였다. 그녀로 하여금 치료의 방향을 통제할 수 있도록 한 것은, 그러한 내면의 악마를 진압하는 역할을 하였다.

[그림 10-19]

■ 요약 및 권고 사항

EG는 미술 매체에 잘 반응하였고, 발달적으로 보았을 때 검사의 결과는 약 14~17세에 해당하는 적절한 인지 기능 수준(Lowenfeld & Brittain, 1975)을 보여 주었다. 전반적인 결과는 EG의 부적절감과 낮은 자존감을 드러내고 있었다. 그녀는 자신의 허약함을 숨기려고 노력하였지만, 그녀의 행동에는 내면의 두려움이 묻어나고 있었다.

마지막 검사 회기에서 EG는 개별 처치가 계속되기를 바라는 그녀의 욕구를

표현하였으며, (특히) 그녀의 모와 함께 가족미술치료 회기를 원한다고 하였다. (일주일에 2회씩의) 개인미술치료와 달마다 이루어지는 가족미술치료가 권장되면서 42회기의 개인미술치료가 이루어졌고, 부모는 이러한 권고를 따르지 않았기 때문에 가족회기는 이루어지지 않았다. 치료적 동맹의 형성과 미술매체의 활용을 포함한 목표는 열등감과 고립, 낮은 자존감에 대한 감정을 표현하는 것이었다. 또한 EG가 존재하지도 않는 쌍둥이 자매를 가지고 있다고 주장했기 때문에, 인지행동 접근을 지향한 회기가 미술 매체를 통해 대체 자아에 대한 욕구를 제거하고 자아감(sense of self)을 향상하며 더 큰 자아 성숙과 만족감을 끌어낼 수 있기를 기대하였다.

주요 회기

치료적 관점에서 그녀로 하여금 자기 관리를 허용하였을 때 일어난 일은 매우 흥미로웠다. 이 사례에서는 EG에게 앞선 진단적 사정이 이루어지는 과정 동안 이에 대해 분개하는 그녀의 강한 감정에 대해 논의할 수 있도록 하였다. EG에게 그녀의 감정을 폭로하지 않아도 된다는 자유를 제공하자, 그녀의 장벽은 무너지기 시작하였다. 다음 몇 주간은 EG와의 대화에 있어 획기적인 변화가 생긴 시점이었다. 그녀는 셰퍼드-프랫 병원에 입원하도록 만든 자신의 정서적인 침체에 관해 이야기하였다. 그때 EG는 모의 알코올중독, 모의 문제에 대해 부정하고 일의 세계로 도피하는 부의 모습, 법과대학원 진학에 실패한 오빠, 자신의 불어나는 체중과의 싸움, 그리고 이러한 모든 요인에 대처하지 못하는 자신의 무능과 같은 많은 것으로 인해 우울해 있었다. 이러한 그녀의 발언은 폭포에서 끊임없이 쏟아지는 물처럼 치료의 흐름을 따라 나타났다. 그녀의 이러한 억눌린 감정이 표출되는 긍정적 과정이 이루어지는 동안, 필자에게도 치료 시에 쓸 장갑이라든가 당연히 따라올 것이 뻔한 그녀의 접근-회피 자세에 대한 준비를 포함하여 일종의 필자만의 무기가 필요하다는 것은 분명하였다. 치료는 때때로 춤과 같았다. 전체적으로는 앞을 향해 나아가지만 뒤로 두 걸음 후퇴할 때도 있었다. 계속해서 나아지고 변화하는 것은 매우 어려운 작업이었다. 이 시기에 표현된 그녀의 작품은 집단 무의식에 한 걸음 다가가게 함으로써 미술치료에서 얻을 수 있는 장점을 분명히 보여 주었다.

약한 흰 토끼를 그린 그림([그림 10-20 참조])에서, EG는 자신과 연관된 부분에 관해 말해 주고 있었다. 『이상한 나라의 앨리스』에 나오는 흰 토끼처럼, EG 역시 자신이 항상 경주하고 있다고 느꼈다(확실히 그녀의 마음은 그러하였다). 그녀는 다른 면에 붉은색 용을 묘사하였는데, 이것은 분노와 진정하려고 노력하는 자신의 모습을 나타내고 있었다. 이렇게 혼합된 비유적 표현은 매우 흥미로웠으나 그보다 더 흥미로운 것은 그녀의 내적 인식과 동일시에 관

[그림 10-20]

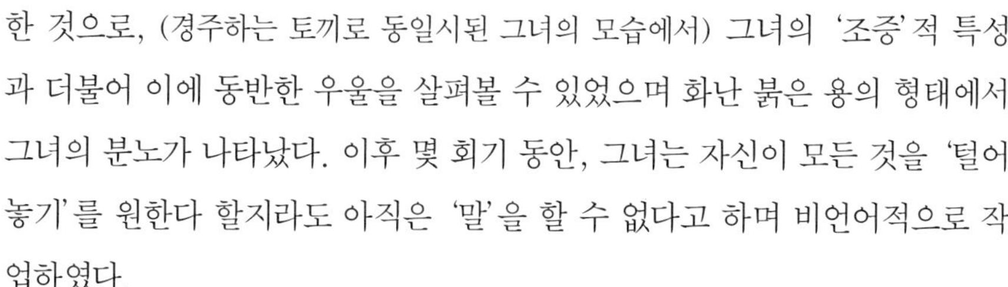

한 것으로, (경주하는 토끼로 동일시된 그녀의 모습에서) 그녀의 '조증'적 특성과 더불어 이에 동반한 우울을 살펴볼 수 있었으며 화난 붉은 용의 형태에서 그녀의 분노가 나타났다. 이후 몇 회기 동안, 그녀는 자신이 모든 것을 '털어놓기'를 원한다 할지라도 아직은 '말'을 할 수 없다고 하며 비언어적으로 작업하였다.

그러나 그다음 몇 주 동안에는 정서에 무게감을 실어서 말했고 연속적이고 경계선적인 히스테리 증상을 보이며 히스테리성 은어를 사용하여 이야기하였다. 주제는 그녀의 신경성 식욕부진증, (자신의 문제와 대조되는) 다른 가족 구성원의 '문제'에 대한 투사, 그녀의 쌍둥이 자매에 대한 끊임없는 환상, 그리고 치료에서 나오는 것을 포함하였다. 그녀가 미술치료의 도움을 받을 수 있었기 때문에, 그녀의 회기는 처음 13회기 이후 주당 3회씩으로 늘리게 되었다. 이것은 그녀에게 필요한 치유로 갈 수 있는 입장권을 얻은 것과 같았다.

EG는 마침내 그녀 가족의 행동 양식을 자신이 변화시킬 수는 없다는 점을 받아들일 수 있게 되었다. 다음 달에 그녀의 작업은 무르익게 되었고, 필자는 그녀가 토요일에 실시되는 뉴욕 주 소재 로체스터 대학 내의 메모리얼아트갤러리(Memorial Art Gallery) 수업에 참석할 수 있도록 장학금을 확보하였다. 그리고 그녀는 NTID(National Technical Institute for the Deaf) 또는 갈루뎃 대학교에 학생으로 입학하기 위하여 적극적인 계획을 세우기 시작하였다. 뿐만 아니라 그녀는 경연대회에 참가하였으며 (뒤에 제시한) 그녀의 굉장히 멋진 작품으로 선외가작으로 뽑히기도 하였다.

그리고 한 번 더 다음 두 번째 단계가 이어졌다. 그녀는 자신의 청각장애에 대해 부인하며 후퇴하였다. 갑자기 다가온 이러한 난관은 '스스로를 돌볼 수 있는 능력이 있다'고 주장하는 무의미한 울림으로 다가왔고 (동시에 그녀의 부모는 그녀를 돌볼 수 없다는 점을 인정하였으며) 그녀는 또한 '정상'적으로 보이기 위해 보청기 착용을 거부하였다. 이러한 문제를 조금씩 해결해 나가는 동안 그녀는 점토로 보청기를 만들었다. 그럼에도 그녀는 그것을 망가뜨린 다음 '아

[그림 10-21]

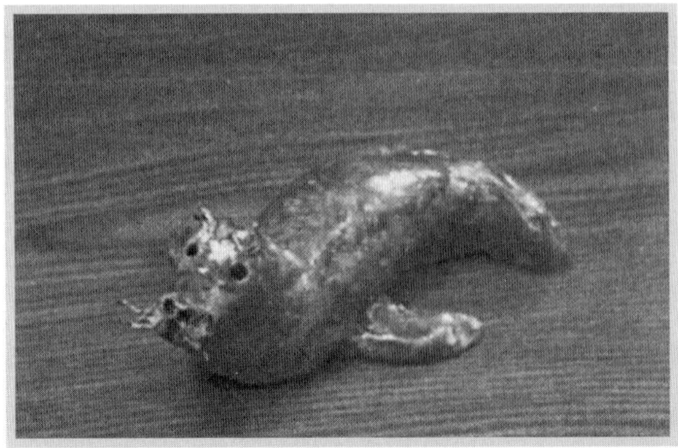

[그림 10-22]

기물개'를 만들었다. EG에 따르면, 이 아기물개는 '항상 죽임을 당했다'. 기묘하게도, 그녀는 아기물개와 그녀의 가족 상황, 그리고 자기 자신 사이의 관계를 비유하거나 통찰하지 못했다.

이러한 시간 동안, EG는 자신의 부모의(특히 모의) 무조건적인 존중을 계속해서 갈망하는 한편, 그러한 일은 일어나지는 않았지만 이러한 사실을 받아들일 수 있게 되었다. 그녀는 마침내 가족미술치료 회기에 대해(또는 그러한 문제에 대한 어떠한 형태의 가족회기든 간에) 부모가 끊임없이 거부하고 있는 상황을 수용하였다. 그녀가 그들에게 경이로운 선물을 줄 수 있다든가 또는 그녀의 미술이 굉장하다든가 하는 그 어떤 말로 표현하더라도 그녀의 미술작품에 대한 표현은 충분하지 않을 것이다([그림 10-21] 참조). 그녀는 청각장애인이었다. 근본적으로 그녀는 그들과 같지 않았다. 이러한 수용은 여전히 그녀에게 고통스러웠지만, 마침내 그녀는 자신의 운명을 받아들였고 결국 청각장애를 가진 자신의 모습에도 불구하고 자기 자신을 수용하였다. 일단 이렇게 수용이 가능해지자, 그녀는 순조롭게 잘 성장할 수 있었고 퇴원하여 NTID에도 실제로 다니게 되었다.

■ 결론

우리가 함께 작업한 이후 EG에게 일어난 일을 알지 못하다가, 생활치료시설에서 대학으로 옮겨갈 만큼 회복하고 성장한 그녀의 능력을 알게 되면서 필자는 상당히 편안함을 느꼈다. 그것은 생활치료시설의 거주형 관리에서 그녀가 도움을 받을 수 있었다는 것을 의미했기 때문이었다. 다학제적 팀의 노력이 함께 연합되어 EG의 성숙과 향상, 정서적 · 행동적 · 인지적 개선을 이끌어 냈다. 미술치료는 알지 못하는 사이에 영향을 미쳐 그녀의 잠재의식에 호소했으며 그녀에게 구두적인 표출의 기회를 제공하였고, 그녀의 정서적 해소를 통해 잠재력을 극대화하였으며, 그녀의 예술적인 재능을 충분히 발휘할 수 있도록 촉진하였다. 그리고 그것은 실로 충분했다.

참고문헌

Burns, R., & Kaufman, S. (1972). *Actions, styles and symbols in kinetic family drawings (K-F-D): An interpretive manual.* New York: Brunner/Mazel.

Franklin, R. W. (Ed.). (1951). *The poems of Emily Dickinson.* Cambridge, MA: Harvard College: Presidents and fellows of Harvard College.

Hammer, E. F. (1980). *The clinical application of projective drawings.* Springfield, IL: Charles C Thomas.

Henley, D. (1987). Art therapy with the special needs hearing impaired child. *American Journal of Art Therapy, 25* (3), 81-89.

Horovitz, E. G. (1999). *A Leap of faith: The call to art.* Springfield, IL: Charles C Thomas.

Horovitz, E. G. (2004). *Spiritual art therapy: An alternate path* (Second Edition complete with new CD-ROM). Springfield, IL: Charles C Thomas.

Horovitz, E. G. (2005). *Art therapy as witness: A scared guide.* Springfield, IL: Charles C Thomas.

Horovitz-Darby, E. G. (1988). Art therapy assessment of a minimally language skilled deaf child. Proceedings from the 1988 University of California's Center on Deafness Conference: *Mental Health Assessment of Deaf Clients: Special Conditions.* Little Rock, AR: ADARA.

Kramer, E. (1975). *Art as therapy with children.* New York, NY: Schocken Books.

Lowenfeld, V., & Brittain, W. L. (1975). *Creative and mental growth* (6th ed.). New York: Macmillan.

Oster, D. G., & Crone, P. C. (2004). *Using drawings I assessment and therapy*

(2nd ed.). New York & Britain: Brunner-Routledge.

Rubin, J. A. (1984). *The art of art therapy.* Levittown, PA: Taylor & Francis.

Silver, R. (2002). *Three art assessments.* New York: Brunner-Routledge.

찾아보기

인 명

내 용

편저자 소개

■ Ellen G. Horovitz, Ph.D., LCAT, ATR-BC

로체스터 Nazareth College의 미술치료 대학원 과정의 교수이자 책임자로 재직 중이다. 그녀는 수많은 내담자와 함께 30년 이상 작업한 경력이 있으며, 특히 청각장애인 가족미술치료의 전문가다. 현재 사설 치료실을 운영하고 있으며, Nazareth College에서 뇌졸중 환자를 위한 실어증 클리닉과 화상을 입은 아동을 위해 핑거레이크 지역 화상 클리닉도 운영하고 있다. 다양한 학술연구물과 책의 저자로서, *Spiritual Art Therapy, An Alternate Path, A Leap of Faith, The Call to Art and Art Therapy As Witness, A Sacred Guide*와 같은 책을 편찬했다. 또한 그녀는 10건의 영상을 감독·제작했는데, 가장 최신작은 2세트의 DVD로 *A Guide to Phototherapy: Artistic Methods*는 청각장애인을 위한 형식으로 되어 있다. 그녀는 미국 미술치료학회 회장을 지내기도 했다.

협력 저자 소개

■ Jacob M. Atkinson

뉴욕 로체스터의 Nazareth College에서 Creative Art Therapies(MCAT) 석사과정을 마쳤다. 그는 Snow College에서 판화, 도예, 조소를 공부하면서 대학 학부과정을 시작했으며, Snow College에서 준학사학위(Associate of Science degree)를 받은 후 Utha State University의 순수 미술 학사과정에서 판화를 전공하였다. 학교에 다니는 동안 서부 유럽을 여행하면서 스위스에서 미술을 공부할 기회를 가졌고 그의 전공은 판화였지만 알래스카, 하와이, 플로리다, 유타, 뉴욕 등 다양한 곳에서 지내며 점토, 나무, 물감, 유리, 사진과 같은 매체를 활용해서 작업하는 경험을 하며 자신의 작품을 미국과 캐나다에서 전시하기도 했다. 그는 미술의 치유적 힘이 경험과 정서를 창조하고 공유하는 데서 온다고 믿었으며, 미술치료사로 일하면서 사람들이 미술의 치유적 힘을 발견하고 느껴 볼 수 있도록 돕기를 희망하고 있다.

■ **Sally Brucker, M.A., MSW., ATR**

1973년에 영유아 특수교육 과정에서 석사학위를 받고 1978년에는 George Washington University에서 미술치료로 석사학위를 받았다. 그녀는 20년 이상 미술치료를 해 왔으며, Gallaudet University에서 미술치료 입문과정을 가르쳤고, 최근 2년 동안은 이탈리아의 Art Therapy Italiana에서 미술치료를 가르치고 있다. 그녀는 미국뿐만 아니라 세계 각지에서 청각장애인을 위한 미술치료의 활용을 주제로 많은 워크숍을 진행하였다. 또한 1980년 이후로 (워싱턴 D.C.의) 성 엘리자베스 청각장애 프로그램에서 일해 왔고 현재는 www.studiodownstairs.org에서 장애인을 위한 특수 작업실을 이끌어 가고 있다.

■ **Sharon M. Duchesneau, M.A.**

Gallaudet University에서 정신건강 상담 전공으로 석사학위를 받았다. 그녀는 워싱턴 DC 수도권 지역 정신건강 장면에서 청각장애인 심리치료사로 12년간 일하였다. 그녀는 Deaf Abused Women's Network: DAWN에서 일하며, 중증 정신장애를 가진 청각장애인을 대상으로 집단 심리치료회기를 매주 이끌고 있고, 지역 대학에서 대학원생을 가르치고 있다. 또한 McCullough 박사와 함께 Alternative Solution Center에서 청각장애인, 청력 손상을 가진 개인 및 그들의 가족을 대상으로 심리치료를 제공하고 있다.

■ **David R. Henley, Ph. D., ATR**

특수 아동 미술치료사이자 미술교사로 15년간 일했다. 그는 많은 학술연구를 하였고, *Exceptioal Children, Exceptional Art, Teaching Art to Special Needs and Clayworks in Art Therapy, Playing the Sacred Circle* 등과 같은 저서를 남겼다. 정서장애, 지적장애, 자폐, 시각장애 등 다양한 장애를 가진 내담자와 함께 작업하였으며, 가장 최근에는 New Jersey School for the Deaf에서 미술치료사로 일하였다. 또한 뉴저지, 뉴욕, 일리노이 주의 Very Special Arts에 자문을 제공하고, 미국과 해외 각지의 대학에서 강의를 하였다. 현재 Long Island University의 미술치료학부 교수로 재직 중이며, 얇은 부조, 종이 캔버스, 회반죽, 점토 등을 이용한 미술활동을 하고 있다. 이 책의 중복장애를 가진 청각장애 아동에 대한 장은 특별한 요구를 가진 아동의 미술치료 교육에 대한 그의 저서에서 활용했던 내용의 일부다.

■ Carole Kunkle-Miller, Ph. D., ATR

공인 미술치료사이자 심리학자이며 개인 코치로서 펜실베이니아 피츠버그에 살고 있다. 그녀는 Carlow College에서 미술치료 프로그램을 지도했으며, Norwich University의 Vermont College, Naropa Institute, University of Pittsburgh 등에서 객원 강사로 활동했다. 또한 University of Pittsburgh Medical Center와 Western Psychiatric Institute and Clinic에서 미술치료사로 일하였고, Western Pennsylvania School for the Deaf에서 미술치료사이자 가족미술치료사로 일하였다. 그녀는 펜실베이니아의 미술을 통한 특수교육 프로젝트에 자문을 제공하였고, *American Journal of Art Therapy*의 편집위원으로 활동하였으며, 명예롭게도 1999년 올해의 미국 미술치료 임상가에 선정되었다. 그녀는 많은 책과 저널을 발간하였으며, Judith Aron Rubin의 *Approaches to Art Therapy*와 Carol Thayer Cox와 Peggy Osna Heller의 *Portrait of the Artist as a Poet* 발간에도 협력저자로 참여하였다.

■ Candace A. McCullough, Ph. D.

청각장애 심리치료사로 메릴랜드의 베데사와 프레더릭에 있는 Alternative Solution Center에서 일하고 있다. 그녀는 Gallaudet University에서 정신건강 상담 전공으로 석사학위를 받고 임상심리학으로 박사학위를 받았으며, 메릴랜드의 스케스빌에 있는 Springfield Hospital Center에서 박사후 과정을 지내고 볼티모어의 Veterans Affairs Medical Center에서 박사 인턴십을 마쳤다. 이후 사설 치료, 지역사회 정신건강 장면, 대학, 사법 재판 장면, 정신의학 병원 상황 등 다양한 정신건강 영역에서 15년 이상 일해 왔다. 그녀는 Gallaudet University의 상담학과 겸임교수이기도 하며, 메릴랜드의 웨스트민스터에 있는 McDaniel College에서도 강의를 하고 있다.

■ **Rawley Silver, Ed. D., HLM, ATR**

*Developing Cognitive and Creative Skills Through Art*와 *The Silver Drawing Test of Cognitive and Creative Abilities* 등 많은 전문 저널에 연구물을 게재하였다. 그녀는 U.S. Department of Education, National Institute of Education, New York State Department of Education의 공인 미술치료사다. 미술치료 분야에서 그녀는 교사이자 수련감독자로서 자문, 강사 등의 역할을 수행하고 있으며, 미국 미술치료학회의 평생 명예 회원이다.

■ **Amy A. Szarkowski, Ph. D.**

워싱턴 D.C.의 Gallaudet University에서 임상심리학으로 학위를 받았다. 그녀는 현재 일본 Miyazaki International College에서 비교문화학 교수로 재직 중이다. 그녀의 관심은 청각장애와 농 문화, 긍정심리학, 평화 연구 등으로 평화연구회 고문으로 있으며, 학생 개발을 위한 지원에도 참여하고 있다. 최근 협력저자로 Sign Language and Service Learning이라는 장을 쓰기도 했다. 그녀는 여행, 탐험, 끊임없이 배우는 것을 굉장히 즐기는 유형으로 마지막으로 일본식 수화를 배우고 일본인 청각장애 공동체에 합류하고자 최선의 노력을 다하고 있다.

역자 소개

■ **최은영**

대구대학교 재활심리학과 이학사

대구대학교 재활과학대학원 심리치료전공 이학석사

대구대학교 대학원 정서 · 행동장애아교육전공 문학박사

1급 재활심리사, 수련감독 미술치료전문가, 수련감독 다문화상담사

전 한국재활심리학회장

현 대구대학교 재활심리학과 부교수

대구대학교 재활과학대학원 미술치료전공 책임지도교수

대구대학교 미술치료연구소 소장

한국재활심리사협회 기획위원장

한국미술치료학회 총무위원장

■ **정명선**

영남대학교 심리학과 문학사

경북대학교 대학원 심리학전공 문학석사

대구대학교 재활과학대학원 미술치료전공 이학석사

대구대학교 대학원 재활심리전공 재활심리학박사

1급 재활심리사, 미술치료전문가, 청소년상담사, 임상심리사

현 중부대학교 조교수

중부대학교 교육대학원 상담심리교육전공 주임교수

생명장심리상담센터 소장

한국재활심리학회 이사

■ 박지순

대구대학교 재활심리학과 이학사

대구대학교 대학원 재활심리전공 이학석사

대구대학교 대학원 재활심리전공 재활심리학박사

1급 재활심리사

현 BK21 장애인과 고령자의 차별해소 및 Empowerment 연구팀 연구원

대구대학교 미술치료연구소 연구원

대구교도소, 대구직업능력개발원, 대구의료원 등 미술치료 강사

■ 이진숙

수원대학교 서양화과 미술학사

성신여자대학교 대학원 미술학과 미술학석사

나사렛대학교 재활복지대학원 국제수화통역학과 재활학석사

대구대학교 대학원 재활심리전공 박사과정 수료

청각장애인 수화 통역사, 2급 재활심리사, 2급 사회복지사

현 나사렛대학교 시간강사

청음회관 미술치료 강사

청각장애인을 위한 미술치료
-시각적으로 말하기-
Visually Speaking: Art Therapy and the Deaf

2013년 1월 25일 1판 1쇄 인쇄
2013년 1월 30일 1판 1쇄 발행

엮은이 • Ellen G. Horovitz
옮긴이 • 최은영 · 정명선 · 박지순 · 이진숙
펴낸이 • 김진환
펴낸곳 • (주) 학지사
121-837 서울시 마포구 서교동 352-29 마인드월드빌딩 5층
대표전화 • 02-330-5114　　팩스 • 02-324-2345
등록번호 • 제313-2006-000265호

홈페이지 • http://www.hakjisa.co.kr
커뮤니티 • http://cafe.naver.com/hakjisa

ISBN 978-89-997-0013-2 93180
정가 17,000원

역자와의 협약으로 인지는 생략합니다.
파본은 구입처에서 교환해 드립니다.